步军 著

国俗语言研究

——以通行汉语综合教材为例

重庆大学出版社

图书在版编目（CIP）数据

国俗语言研究：以通行汉语综合教材为例 / 李步军
著. -- 重庆：重庆大学出版社, 2025.7. -- ISBN 978-
7-5689-5191-3

Ⅰ. H136.4

中国国家版本馆CIP数据核字第2025YX3109号

国俗语言研究——以通行汉语综合教材为例

GUOSU YUYAN YANJIU —— YI TONGXING HANYU ZONGHE JIAOCAI WEILI

李步军　著

策划编辑：陈筱萌

责任编辑：李桂英　　版式设计：陈筱萌

责任校对：邹　忌　　责任印制：张　策

重庆大学出版社出版发行

社址：重庆市沙坪坝区大学城西路 21 号

邮编：401331

电话：(023) 88617190　88617185 (中小学)

传真：(023) 88617186　88617166

网址：http://www.cqup.com.cn

邮箱：fxk@cqup.com.cn (营销中心)

全国新华书店经销

重庆升光电力印务有限公司印刷

*

开本：720mm×1020mm　1/16　印张：17　字数：259 千

2025 年 7 月第 1 版　2025 年 7 月第 1 次印刷

ISBN 978-7-5689-5191-3　定价：88.00 元

前言 QIANYAN

国俗语言本体研究向来为语言学界所关注，随着汉语国际教育事业的发展，汉语教学在保证语言教学的前提下，逐渐重视文化教学在汉语教学中的意义，并加大教学比重。体现在汉语教材中，国俗语言及文化项目的设置与分配比重加大，在相关研究增多。同时，汉语教材中国俗语言及文化项目因无统一大纲可依，在选取和分布上表现出极大的随意性和非科学性。教材是汉语教学各个环节的基础和纽带，其分布和设置应科学合理，而国俗语言在教材中暴露出来的设置缺陷为本书的研究提供了切入点。

本书在本人博士毕业论文的基础上修改而成，以《汉语国际教育用音节汉字词汇等级划分（国家标准·应用解读本）》词汇大纲为主要参考，对词汇大纲中的国俗语言的分配及其所对应的文化项目的归属进行了穷尽式的统计。然后再选取典型的汉语教材和新汉语水平考试（简称"新HSK"）模拟试题，对它们中的国俗语言的分配及其所对应的文化项目的归属也进行了穷尽式的统计，对比词汇大纲与实际教材编写、汉语水平考试模拟试题中国俗语言分布情况的异同，再以对比结果为依据，通过问卷调查，查看它们的共选词汇和异选词汇与留学生词汇掌握的吻合与出入情况，根据这些异同点的比较，查看大纲与教材国俗语言选择、分配的合理之处与欠妥之处，最后提出国俗语言研究与教学的建议及后续研究方向。

全书共分七章，包括概说、正文五章和结语。

第一章，概说，明确了国俗语言的界定与分类，阐述了语言与文化的各自特点及其相互关系，并简要介绍了语言—文化互动理论、中介语理论、语言迁移理论，将其作为本书的理论基础，明确本书研究的对象、目标、方法、意义和价值，以及语料来源，为本书的研究工作明确基调。第二章，将《等级划分》中的国俗语言分为物质文化类、关系文化类、精神文化类3大类，23小类。经分等级统计分析，物质文化类国俗语言主要集中在中级词汇中，选词总体来说是一种从具体到抽象的渐变过程；关系文化类国俗语言主要集中在普及化等级词汇中，选词分布总体来说是一种锐减的走势；精神文化类是国俗语言主体，比重巨大，总体呈现出迅猛增长的走势。将《等级划分》词汇大纲中的文化项目具体分为14大类，30小类。经统计，生活方式类、社会交际类中的称谓语、象征观念类、风俗习惯类文化项目及对应的国俗语言数量比重较大。第三章，精选了三套综合汉语教材，对其国俗语言及对应的文化项目进行统计分析：各套教材中的国俗语言数量均呈现出从低到高的走势。三套教材中的国俗语言整体分布主要集中在语言文字、社会交际、象征观念、生活方式、风俗习惯5大类上，小类分布主要集中在熟语、社会观、称谓语、饮食、动植物、节令、风俗7小类上。从阶段性分布来看，初级汉语阶段中，称谓语、饮食、数字、风俗习惯、动植物、建筑等国俗语言项目共选比例更高；中级汉语阶段中，称谓语、价值观念、成语、风俗习惯、动植物、俗语等国俗语言项目共选比例更高；高级汉语阶段中，精神文化类国俗语言占据绝对优势。其中，成语成为代表国俗语言的重要项目，数量庞大。从初级到中、高级，国俗语言呈现出物质文化类国俗语言向精神文化类国俗语言过渡的走势。这与《等级划分》词汇大纲中的国俗语言分布状况基本吻合。从教材中的共选国俗语言来看，三选和二选的国俗语言大多数分布在初级阶段的教材中，中、高级阶段教材中的共选国俗语言数量甚少，且重合率低。第四章，是对成语与新HSK模拟试题中的国俗语言的统计分析。以28个高频成语为例，经统计，在语音方面，均属完全合律型及基本合律型搭配；在语法方面，多为具有动词性或形容词性的成语，均为"2+2"式的组合方式；在感情色彩方面，具有正能量的、反映内容积极向上的成语更容易成为高频成语的首选；在意义方面，相当于形容词性、数量词性以及能够作插入语表评价总结的类别的成语出现频率更高，交际性的成语更容易成为高频成语。经对新 HSK 17 套模拟试题中的国俗语言项目的统计，从整体来看，从三级到六级的模拟试题，国俗语言的丰富度越来越高，国俗语言及其对应的文化项目也与《等级划分》词汇大纲和三套教材中的安排保持着一致；从考查形式来看，在六级试题中，成语大量出现，且超纲词汇甚多，不只出现在语料中；从综合的角度考量，成语整体呈现出大纲、教材、试题"各自为政"的状态，其他类别的国俗语言的选择也出现了相同的情况。第五章，以之前的教材、词汇大纲的国俗语言统计结果为依据，并结合汉语教学与汉语使用的实际情况，分别设计了国俗语言调查问卷和成语理解调查问卷。在国俗语言调查问卷方面：问卷调查与教材中的国俗语言在熟语、社会观、动植物、节令、风俗等方面共选度高；调查显示，教材中的国俗语言及其文化项目的设置并没有引起留学生足够的兴趣；留学生希望在眼见为实、亲身可触的文化环境中"心有所动"地学习国俗语言知识；留学生在国俗语言的 P 值分布中，基本上保持着一致的走势，分级均偏低；国俗语言，特别是文化类国俗语言绝对是留学生国俗语言学习的难点。在成语理解调查问卷方面，字面意思与深层意思越等值的成语、汉字越简单的成语越容易被理解，字面意思与深层意思越不等值的成语、汉字越难的成语越难被理解。第六章，针对全书对国俗语言相关问题的分析，从国俗语言词表的研制、文化项目大纲的研制、成语词表大纲的编写、国俗语言的教材编写、国俗语言教学的策略与方法五个方面提出合理建议。第七章，总结本书研究的成果与不足，并指出后续的研究方向。

　　本专著受到昆明理工大学国际学院科研资助基金、昆明理工大学国际学院团队项目"国际中文教育专业复合型人才培养"、中外语言交流合作中心项目"国际中文教育融入老挝国民教育体系可行性基础研究"等项目基金支持，一并表示感谢！

李步军

2024 年 3 月 12 日

目 录 MULU

第一章 概说

第一节 选题缘起

对外汉语教学是以汉语以外的语言为母语的国家或民族的人为教学对象的教学活动，也称作汉语作为外语教学或者汉语作为第二语言教学。新中国的对外汉语教学起步于 20 世纪 50 年代，随着中国改革开放时代的到来，80 年代之后，对外汉语教学事业得到突飞猛进的发展，时至今日，已经成为一门专门的、综合型和应用型相结合的学科。它以汉语教学为学科研究的核心内容，以研究汉语作为第二语言的教育原理、教育过程和教育方法为任务，以求揭示汉语作为第二语言学习和教学的本质特征以及学习规律和教学规律，从而制定出对外汉语教学的基本原则和实施方法，并用来指导教学实践，以提高教学效率。发展汉语教育事业是一项国家和民族的事业，有助于实现"汉语走强"的战略。

对外汉语教学的目标、教学内容、教学方法也随着相关理论研究的深入而不断发展，"培养出能用目的语进行交际的人才"[1] 成为对外汉语教学的最终目标；语音、词汇、语法、文字、中国文化被普遍认定为教学的主要内容；交际法等教学方法也得到重视。但是，在对外汉语教学的具体环节中，我们总是不难发现，绝大多数留学生都存在不可与其"深入交谈"的现象，也就是说，在实际交际过程中，留学生可以做到准确无误的浅层交流，但是话题一旦深入，却不能准确表达自己的观点以及准确理解对方话语的意思。如：

场景一：一位留学生和他的中国语伴聊天。

中国语伴：我向那个公司的人打听消息，他总是和我打太极，过了好几天了，

---

[1] 周小兵、李海鸥：《对外汉语教学入门》，广州：中山大学出版社，2004 年，第 17 页。

也没有什么结果。

　　留学生：看来他是个太极爱好者。

　　场景二：两个男性留学生课下聊天。

　　留学生 A：你这个二百五。

　　留学生 B：我现在真的很胖吗？

　　场景一中，作为文化体验课，很多留学生到中国之后都会学习太极拳，然而由于太极拳的博大深邃，多数留学生并不能体会到太极拳的养生修性之道，只能学其形，而不能得其神。背景文化的缺乏，使他们更难理解到"打太极"放入汉语交际中，借用太极推手的动作比喻圆滑委婉地推托或周旋这层含义。

　　在场景二中，我们都知道，古人把银子按两划分，用纸包好，包五百两为"一封"，而二百五十两就是"半封"，因为"封"与"疯"的谐音关系，所以后来人们也把疯疯癫癫的"半疯"之人叫作"二百五"。这是骂人的话，是指傻瓜或者说话不正经、办事不认真、处事随便、好出洋相的人。留学生来自不同国家，留学生 A 说出"你这个二百五"这样的话，并没有生气或轻视对方的情绪流露，可见他或者只是开玩笑，或者并没有真正理解"二百五"一词所带有的侮辱性的文化含义。留学生 B 则完全不知道"二百五"的深层含义，将其误解为重量，交际活动不能进行下去。

　　留学生出现诸如此类的错误，并不是汉语词汇或语法掌握有误造成的，而是因为他们不能理解某些汉语中的国俗语言所蕴含的文化含义，不了解中国人的表达习惯。可见，要想获得得体的交际，不仅要有过硬的汉语语音、语法、词汇、文字等语言知识，还要具备得体使用汉语的语用能力，而良好的语用能力的获得需要丰富的文化知识的储备，国俗语言的掌握及灵活运用则成为语用能力能否转化为语言交际的重要支撑点。留学生的语用能力普遍较低，抛开留学生文化背景、思维方式、交际习惯等自身因素，从教学角度而言，以下两方面成为限制留学生语用能力的重要因素。

第一，教师教学理念及教学方法的滞后。当下，汉语界越来越重视留学生汉语交际能力的培养，但是口头的呼吁与实际情况的落实却形成较大的反差，在实际教学过程中，结构主义语言学仍为教学思想的主流。究其原因，中国汉语研究深受索绪尔语言观影响。现代语言学之父索绪尔区分了语言和言语，指出语言学的研究对象应为语言，应对语言结构进行分析描写，而不是言语。自此，中国面向汉语言文学专业学生的主流现代汉语教材均以结构主义语言学为理论框架，在实际的汉语教学中强调汉语结构的分析描写，重视语言要素的教学，忽视或者轻视了语用教学。虽有功能主义语言学、认知语言学等语言学流派的引入，但始终未能占据汉语研究的主流位置。

第二，在对外汉语教材方面，从总的情况来看，多数教材更多关注语言要素的设计，"主要体现在语法点的设计上，多数教材都设计了'语言点''语法注释'这样的项目"[1]。语法先行的教材编写理念导致的结果便是教材词语的选取取决于语法设置的需要，从而忽略了词汇的体系性和规律性。作为语言教学，语法教学固然重要，须夯实基础，但长期忽视文化教学也必然影响甚至阻碍留学生汉语水平的提高和汉语交际能力的发展。当然教材编写者也注意到了这个问题，在尽力改善文化教学滞后的不足，主要有以下几种方式："一是课文不对文化作任何明确的介绍，而是专门设计'文化板块'，这种情况多出现在初中级教材中，比如《博雅汉语》（初级起步篇）、《新实用汉语课本》等都出现了'文化知识''你知道吗'这样的文化板块；二是在课文中直接展示文化，这类教材多半是为中高级水平学习者编写的，比如《汉语中级口语教程》等；三是通过注释对课文中涉及文化的内容加以解释、说明，比如《初级汉语口语》；四是将文化内容与练习形式结合起来，比如《汉语初级口语教程》在课文后面'语音'练习中，设计了'熟读下列谚语（或格言、古诗）'等项目，将汉语谚语、格言和古诗等用朗读材料的方式介绍给学习者。"[2]虽然在课文或练习中都加入了文化知识介绍的部分，但是从以上四种做法中我们可以看出，除了第三点以外，其余三种做法，文化知

1　朱志平、江丽莉、马思宇：《1998—2008 十年对外汉语教材述评》，《北京师范大学学报（社会科学版）》2008 年第 5 期，第 131-137 页。
2　朱志平、江丽莉、马思宇：《1998—2008 十年对外汉语教材述评》，《北京师范大学学报（社会科学版）》2008 年第 5 期，第 131-137 页。

识与课文内容无紧密关系，比如在《新实用汉语课本》的 19 篇课文中，有 14 篇"文化知识"与课文内容相关，5 篇无关或关联不大，且存在着文化设计的随意性大、与课文的关系较为松散等问题，汉语知识与文化知识近乎各自为政。如此一来，留学生只能机械地记忆一些文化知识，但并不能与自己习得的语言知识融合在一起，也不能自如地运用到语言交际当中去。上述教材中设置的文化项目对留学生的作用其实不大。

教学理念与教学方法在学界已有诸多讨论，本书不再作为研究的重点。从上述文化知识的设置方式可以看出，为介绍文化知识而设置文化知识的方式并不能取得预期的效果，只有让留学生在汉语学习的同时，有意识或无意识地去思考文化知识，留学生才可能真正将汉语知识和文化知识融为一体，自然吸收，融会贯通。在课文中体现文化，除了课文直接介绍文化以外，汉语词汇中所蕴含的丰富的文化意义是自然传授文化知识的最佳方式。因此，本书选题定位于汉语教材中的国俗语言的选取与编排问题。我们将选取 3 套共 18 本有代表性的综合汉语教材，以《汉语国际教育用音节汉字词汇等级划分（国家标准·应用解读本）》等词汇大纲为参考依据，对其国俗语言进行统计及对比分析，并以对比分析结果作为依据，设计留学生国俗语言的问卷调查，对比现行教材中国俗语言的设置与留学生实际掌握情况的差异，进而提出科学合理的国俗语言词表大纲、文化项目大纲、成语词表大纲的编写建议，并对国俗语言在教材中的设置及国俗语言教学等问题提出合理建议。

第二节　国俗语言的界定与分类

本书以"国俗语言"为研究对象，所要解决的问题是通行汉语综合教材中具有国俗语义的语言成分。要想探索该问题，先要明确国俗语言的概念及其分类，以便在后文对教材中的国俗语言展开统计讨论。

作为俄语重要教学原则的语言国情学的建立，目的在于培养学习者的俄语交际能力，要求在对外俄语教学中必须保证学生获得足够的所学语言国的文化背景知识。其最初只是作为一种俄语教学方法，随后，在语言学摆脱了结构主义的束缚、重视研究"语境中的语言"和"运用中的语言"的宏观理论背景下作为语言学理论而出现，以苏联学者维列夏金、科斯托马罗夫的《语言与文化》（1973年，第一版）一书的出版为理论诞生标志，主要思想在两部权威著作《语言与文化》和《词的语言国情学理论》中得到了全面、系统的阐述。语言国情学将语义同文化知识结合起来进行研究，它的主要任务就是揭示词语、句子或语篇中的民族文化语义，探讨语言与文化（即国情）的关系。

王德春先生于20世纪70年代介绍这一新学科时，把它称为"语言国俗学"。自此，国内有关蕴含文化意义的词汇研究在汉语本体、跨文化交际、外语教学、语言对比、翻译等多方面展开，对该类词汇的称谓、概念界定、分类从不同角度进行了研究，着眼点五花八门，成果不断。但至今，关于它的概念和分类标准学界并未达成统一标准，这在另一方面也限制了该类词汇研究体系化发展及在语言学各领域的运用。

一、 国俗语言的界定

1.国俗语言的多种称谓

（1）"文化词语"或"文化词汇"的说法

维列夏金和科斯托马罗夫把文化词语定义为"作为民族文化信息载体和渊源的语言名称单位"[1]。之后，多位学者对"文化词语"或"文化词汇"概念作出界定。

许国璋从中国英语教学实践出发，划分了三种不同的意义环境：外语教学环境、中国文化环境、外语国家环境。他认为在英语教学中，"对词义的解释通常仅限于英语教学环境中的意义，这很不够，应充分注意英语国家的文化"[2]。可见，他强调重视文化背景在外语教学中的重要性。曲彦斌把文化词语的范围主要限定在俗语、隐语、土语、禁忌语、譬语、习语、俗语、口头禅、人名、绰号、体态语、行话、咒语、谶语、谜语、歌谣等方面。李丽生、马艳认为："文化词

1　俞约法：《语言国情学及其背景——从语言及文化的背景看苏联的文化语言学》，载胡文仲：《文化与交际》，北京：外语教学与研究出版社，1994年，第51页。
2　许国璋：《词汇的文化内涵与英语教学》，《现代外语》1980年第4期。

语蕴含丰富的社会文化意义。社会文化意义则指社会所赋予词或短语的引伸义、比喻义、联想义、象征义、感情色彩与语体色彩以及特有的含义。"[1] 孟子敏[2]、张高翔[3] 把语义分为语言意义和文化意义，孟子敏指出："所谓文化词语，是指具有文化意义的词或短语。比如'走后门、眼高手低、狼心狗肺、胡说、甘薯'等等。"[4] 常敬宇给出的定义是："文化词汇是指特定文化范畴的词汇，它是民族文化在语言词汇中直接或间接的反映。"[5] 吴利琴也持相同的观点。王国安则认为，文化词语"当指那些直接反映中国独特文化（包括精神文化和物质文化）的词语"[6]。杨德峰指出："文化词语是指在一定的文化背景下产生的词语，或与某种特定的文化背景相联系的词语。……字面上的意思往往不是它们的真正的含义，要理解它们，必须结合一定的文化背景。"[7] 张高翔、姜游提出与此相类似的观点。英国著名翻译理论家纽马克（Newmark）将文化定义为"使用特定语言的群体的独特的生活方式和表现形式"。张志强认为文化词语是指那些"较为突出地表现源语文化中人们的宗教信仰、价值观及生活方式的词语，它们或是在译入语文化中不存在或原先不存在、现阶段仍为译入语读者所不熟悉，或是在文化意象上与译入语文化相冲突，或是与译入语中某些词貌合神离"，其具有历史性，随时代的变化而发展[8]。张公瑾等认为，所谓文化词汇是指"被使用该语言的民族赋予某种特殊内涵，或是反映某个时代、某个事物、某个事件的代名词"[9]。杨元刚指出："所谓文化语义，就是词语的概念意义所包含或附着的反映该语言使用民族的价值观念、宗教信仰、生活方式、审美心理、人文地理、风土人情等民族文化因素的那部分内容。"[10] 赵淑梅认为："文化词语包括历史地理、人物

1　李丽生、马艳：《谈外语教学中的文化词语教学》，《云南师范大学学报（哲学社会科学版）》1998年第1期，第81-85页。
2　孟子敏：《对外汉语教学中的文化词语》，载陈建民、谭志明：《语言与文化多学科研究》，北京：北京语言学院出版社，1993年，第318页。
3　张高翔：《对外汉语教学中的文化词语》，《云南师范大学学报》2003年第3期，第61-65页。
4　孟子敏：《对外汉语教学中的文化词语》，载陈建民、谭志明：《语言与文化多学科研究——第三届社会语言学术讨论会文集》，北京：北京语言学院出版社，1993年，第318页。
5　常敬宇：《汉语词汇文化》，北京：北京大学出版社，2009年，第2页。
6　王国安：《论汉语文化词和文化意义》，载中国对外汉语教学学会：《中国对外汉语教学学会第五次学术讨论会论文选》，北京：北京语言学院出版社，1996年，第402页。
7　杨德峰：《汉语与文化交际》，北京：北京大学出版社，1999年，第135页。
8　张志强：《双语词典中的"文化词语"释义》，《四川外语学院学报》2002年第1期，第123-124页。
9　张公瑾、丁石庆：《文化语言学教程》，北京：教育科学出版社，2004年，第203页。
10　杨元刚：《英汉词语文化语义对比研究》，华东师范大学博士论文，2005年。

服饰、节令习俗、礼仪、饮食、成语等。"[1]王海平指出，文化词语是"产生在特定社会文化背景下，只有文化意义，没有一般的语言意义"的词语，如"华表""闰"等。[2]

（2）"文化词"或"词的文化义"的说法

谢荣认为："文化义是指词语的形式和内容，在其结合、表达和演化过程中所隐含着的有关政治经济、思想意识、审美情趣、价值观念、宗教信仰、思维方式和表达习惯等方面的意义。"[3]李大农认为文化词既包括反映汉民族独特的民族文化内容的词语，也包括含有比喻义、象征义、褒贬义及语体色彩的词语。[4]张绍麒认为："不同文化的影响主要表现在词义的所指范围、词义的聚合、词义的组合、词义的发展和词义的背景等方面。文化因素可以造成词义在这些方面的差异，这些差异就是词义的文化特征或词义的文化标记。"[5]赵明定义文化词的文化意义为"社会赋予词或短语的感情色彩、风格意义、比喻意义、借代意义以及特有的概念意义"[6]贾淑华指出："所谓文化词，是带有文化标记性的词语，表征词义特点，反映民族特色、习俗民情，跟社会制度变革密切相关，是折射社会生活的词语。"[7]

（3）"国俗词语"的说法

王德春先生在20世纪70年代介绍苏联的语言国情学时，把它叫作"语言国俗学"，倡导建立国俗语义学，对国俗词语的定义是："与我国的政治、经济、文化、历史和民族风情有关的，具有民族文化特色的词语，简言之，即具有国俗语义的词语。"[8]梅立崇指出，所谓国俗词语，就是"别的语言中无法对译的词语，或者说是别的语言中很难找到与之完全对应的'非等值词语'"[9]李明、周敬华、

1　赵淑梅：《对外汉语教学中民俗文化语汇的渗入与导读》，《辽宁教育行政学院学报》2008年第9期，第100-102页。
2　王海平：《"文化词语"和"国俗词语"的概念及其翻译》，《天水师范学院学报》2010年第6期，第73-75页。
3　谢荣：《论词的文化义》，《韩山师专学报》1992年第2期，第93-98页。
4　李大农：《韩国留学生"文化词"学习特点探析——兼论对韩国留学生的汉语词汇教学》，《南京大学学报（哲学·人文科学·社会科学）》2000年第5期，第142-147页。
5　张绍麒：《词义的文化标记及其在跨文化交际中的语用策略》，《烟台师范学院学报（哲学社会科学版）》2001年第1期，第74-82页。
6　赵明：《对俄汉语文化词教学初探》，《中国校外教育（理论）》2008年第S1期，第399-400页。
7　贾淑华：《文化词的分类及其词典释义中的翻译原则》，《牡丹江大学学报》2010年第6期，第46-48页。
8　奥其尔：《蒙汉语颜色词之国俗语义对比研究》，上海外国语大学博士论文，2007年。
9　梅立崇：《汉语国俗词语刍议》，《世界汉语教学》1993年第1期，第33-38页。

赵金铭、戴文静、任晓霏都持相同观点。

（4）"特有词"的说法

林宝卿指出："特有词指的是汉民族特有的，能反映出汉民族独特文化、独特民俗风情的词，其他语言里找不到现成的词语来对译。"[1]

（5）"文化负载词汇"的说法

廖七一指出："文化负载词汇（culture-loaded words）是指标志某种文化中特有事物的词、词组和习语。这些词汇反映了特定民族在漫长的历史进程中逐渐积累的、有别于其他民族的、独特的活动方式。"[2] 张华根据杰弗里·利奇（Geffrey Leech）对词义的分类，定义文化负载词为"具有附加的联想意义的词汇"[3]。

综合上述五种对"国俗语言"称谓的说法，可归纳出以下几点：

第一，主体研究对象相同，称谓不同。虽然以"词""词语""词汇""特有词""文化负载词汇"等不同名称命名，其主要关注对象均为语言中含有本民族特有文化意义的各类词和短语，强调国俗语言的民族性，即其中所蕴含的与其他民族语言不同的文化特性，研究对象的主体相同。但"词""词语""词汇""特有词""文化负载词汇"等名称所包含词汇范畴不同，说明各家观点对国俗语言的概念及范畴界定不尽相同。

第二，文化义对词汇义的意义重大。各家学者都意识到文化义表现在国俗语言的民族性、特有性、差异性、历史性等方面，是某一人类社会生活经验与智慧的结晶，甚至对词义的所指范围、词义的聚合与组合、词义的发展，以及词义的背景等多个方面具有决定性的作用，成为词汇的文化标记。足见，文化义是词汇意义中独特而不可或缺的组成部分，受到专家学者的高度重视。

第三，词汇中的语言义与文化义的关系不同。大多数学者都认为语言义中"隐含""反映""代表""具有""标志"着一个民族的文化因素，语言义与文化义是一体的。吴友富则认为是词汇的概念意义上添加了文化义，张华的观点是在语言义的基础上附加了联想意义，即文化义。单从定义的角度看，两位学者从概

1　林宝卿：《汉语与中国文化》，北京：科学出版社，2000年，134页。
2　廖七一：《当代西方翻译理论探索》，南京：译林出版社，2002年，第232页。
3　张华：《文化负载词及其教学方法》，《山东师范大学外国语学院学报（基础英语教育）》2007年第3期，第52-55页。

念上将词汇中的语言义和文化义看作相对独立的两部分，语言义为基础，文化义为添加或补充。这与苏联的"语言国情学"观点相似，把语言的文化语义从语言体系中抽取出来，作为与交际功能平行的功能。这种观点在理论上混淆了语言功能和语言体系的本质区别，使国俗语言的语义脱离整个语言体系。用"添加""附加"等字眼来给国俗语言下定义有失妥当。

第四，国俗语言认识程度不同。多数学者认为语言义和文化义是融合在语言词汇之中的一体的两方面，但是对于二者之间的紧密程度，不同学者有不同的观点，如王国安认为文化词语当指那些直接反映中国独特文化的词语，常敬宇则认为文化词汇是民族文化在语言词汇中直接或间接的反映，也有学者采取折中观点，如杨元刚指出文化语义是词语的概念意义所包含或附着的反映该语言使用民族的民族文化因素的那部分内容，认为词汇的语言义和文化义可合可分。

第五，确定国俗语言范畴不一。大多数学者的研究主要限定在汉语词汇范畴，主要研究汉语中的词和短语。部分学者只将部分词汇看作国俗语言，如王海平认为只有如 "华表""闾"这样的没有一般的语言义的词汇才是国俗语言；相反，部分学者认为凡是反映民族文化的语言皆可算作国俗语言，所划范围甚至超出了词汇的范畴，如曲彦斌将咒语、谶语、谜语、歌谣，杨承淑将诗歌都划入了国俗语言的范畴。以"文化"为标准界定语言词汇间的差异，尽管将其狭义化、特定化，也难免导致理解和使用上的混乱，对理论分析及教学实践没有实质的积极意义。

2. 国俗语言的界定

在前述的研究中，并没有"国俗语言"这一称谓，本书中"国俗语言"的定名，基于以下几方面的考虑。

（1）文化词汇研究中的超词汇现象

在研究文化词汇时，很多时候相关研究都已经超出了词汇的范畴。我们以常敬宇所著《汉语词汇文化》一书中的文化项目为例说明。在礼俗词语章节中，"此贺旅居多福、恭颂全家康泰万福、祝全家安康幸福、祝早日痊愈"等祝福语 [1]，"太谢谢您了！谢谢你的美意。对您的盛情款待，谨表示衷心的感谢！不

1　常敬宇：《汉语词汇文化》，北京：北京大学出版社，2009 年，第 121–122 页。

麻烦，我们很高兴你来！对不起！请多原谅！"等感谢语、答谢语、道歉语[1]，已经完全超出了词汇的范畴，是以句子形式出现的表达形式，更多地属于语用学的范畴，而不是词汇学范畴要解决的问题。《汉语词汇文化》一书增订后新增的对茶文化、酒文化、玉文化的介绍，如茶、酒、玉的产地、类别等知识的介绍，属于文化常识，只能说这些常识需要依托词汇来表述、传达，而不属于词汇知识。这些内容都被划入了文化词汇的范畴。

（2）汉语教学中的超词汇现象

从汉语本体出发，一般而言，词汇是一种语言中所有词和固定短语的总和，是语言三大要素之一。在汉语国际教育学科背景下，留学生汉语教学中的词汇范畴是否会与汉语本体研究中的词汇范畴一致呢？在留学生汉语学习中，有一些词句的表达造成了留学生汉语学习的困扰。例如：面对他人的赞美、赞扬、夸奖时，中国人通常采用"哪里哪里、过奖了、过誉了、不敢当、惭愧惭愧、承蒙夸奖、彼此彼此"等自谦语回应；看到或听到不好的消息，心里不舒服时，常常说"心里不是滋味儿"；描写一个人着急、发怒或激动面部颈部红胀时，常常说"脸红脖子粗"；比喻放了心，再没有顾虑时，常常说"一块石头落了地"；当面对对方感谢自己时，我们要表达彼此关系极为密切，不分彼此，不用客气时，常常说"咱俩谁跟谁啊！"；表示非常艰难地完成了某事时，常常说"费了九牛二虎之力"；等等。这样的例子不胜枚举。对前面几个例子做简单分析："哪里"作为疑问代词，重叠之后则成为自谦语，已成为一种固定表达；表难过的表达方式为"心里不是滋味儿"，而心情愉悦时，却从不会说"心里是滋味儿"；"脸红"与"脖子粗"均为外貌描写，二者组合后则成为兼顾心理描写与外貌描写的词句，或者说是借助外貌描写反映内心活动；英文中，短语"load off my mind"即为"一块石头落了地"的意思，如：It's a load off my mind to know that father's arrived safely—I was very worried about the icy road.（知道爸爸已经平安到达了，我心上的石头才落了地——这结冰的道路真让人担心。）汉语中常常采用这样的比喻义；"九牛二虎之力"用来比喻力气极大，而在实际使用时，却不是说因力气极大而容易地完成

1 常敬宇：《汉语词汇文化》，北京：北京大学出版社，2009年，第128—132页。

了某事，而是指费尽人力、物力，勉强完成某事。这些词句在使用过程中一般均与词的功能相当，但是并不属于词或固定短语，或者说形式上接近固定短语，作用相当于词，具有一定的完整定型性，但是又不属于词或者固定短语，有些可直接作为句子来使用，处于汉语词汇的边缘而未进入词汇行列。

（3）汉语教材中的超词汇现象

我们从《新实用汉语课本》和《发展汉语》两套综合教材中选取生词表中的部分生词来说明问题。

《新实用汉语课本》"好久不见（15）、不见不散（26）、优生优育（37）、独生子女（48）、头痛医脚（49）、漫漫长夜（51）、男主外女主内（52）、由此可见（53）、柔声柔气（70）"，《发展汉语》（初Ⅱ）"急急忙忙（18）"，《发展汉语》（初Ⅱ）"春夏秋冬（21）"，《发展汉语》（中Ⅱ）"稀哩呼噜（11）"，《发展汉语》（高Ⅰ）"傲气凌人（15）、放他一马（3）"[1]。

"好久不见、不见不散"为四字格的交际寒暄语；"优生优育、独生子女"为四字格的国家政策法规；"男主外女主内"是中国传统的家庭分工；"四世同堂"是中国人理想的家庭生活模式；"急急忙忙"为固定的口语表达；"春夏秋冬"指四季交替；"稀哩呼噜"为拟声词；"头痛医头、脚痛医脚""柔声下气""盛气凌人""长夜漫漫"是成语，缩略或改写之后的"头痛医脚""柔声柔气""傲气凌人""漫漫长夜"只能是临时表达含义，算不得成语；"由此可见"为插入语；"负负得正"是数学公式，后也常用于语言交际，成为固定格式的四字短语；"放他一马"虽有出处，但是未划入成语范畴。这些短语均为四字格形式，但是都不是成语，除了"稀哩呼噜"外，也均不是词汇的范畴。而在词汇大纲或汉语教材生词表中，却将它们放入了词表中供汉语学习者学习，我们不能将这类四字格短语称为"国俗词语"。但是这些短语涉及了交际寒暄、中国政治制度、家庭结构、家庭观念、语言造词模式等多方面的文化项目，是汉语学习者需了解掌握的，也是语言交际中经常接触的话题，有必要出现在教材之中，是本书研究的对

1　注：四字短语后小括号中的数字代表该短语所在各教材中的课数。

象。这种语块带有强烈的汉民族思维和表达习惯，在日常生活中频繁使用，留学生在汉语学习中也无法回避，是汉语学习的重点和难点。由上可见，从汉语本体出发所划分出来的词汇范畴与从汉语教学实际出发划分出来的词汇范畴是不一致的，为达到教学目标，我们需要有选择地将这些语言成分适量加入汉语教学及教材编写的"词汇"范畴。

在各种文化词汇的说法中，王德春的说法集各家之长，几乎涵盖了文化的各个方面，概括较为全面，本书倾向于王德春的说法。汉语学习者在学习汉语时，造成其学习困扰或阻碍的汉语语言单位并不仅仅局限在词语的层面上，有些带有中华文化的语言成分超出了词汇的范畴，但又是教材中需要设计编排的，也是汉语教学中需要完成的教学任务。基于本书研究需要，我们将带有文化特性的词汇及汉语国际教育学科领域中需要处理的带有文化特征的语言成分定名为"国俗语言"，即将与我国的政治、经济、文化、历史和民族风情有关的，具有民族文化特色的，具有国俗语义的，汉语教学需要的词汇及超词汇的语言成分称为国俗语言。从教材中选取的待研究的国俗语言需满足以下条件之一：

①所选国俗语言反映出汉民族独特文化、独特民俗风情，其他语言里找不到对译词语。

②所选国俗语言在其他民族语言中亦存在，但文化范畴有差异。

③所选国俗语言具有独特的含义。

④所选国俗语言为汉语教学所需。

二、国俗语言的分类

1.国俗语言的多种分类

由于概念范畴不一或界定标准各异，在对国俗语言分类这一问题上，众多中外学者历经半个多世纪、从不同角度加以阐述，可将这些分类标准概括为以下四种。

（1）从狭义角度对国俗语言进行分类

维列夏金和科斯托马罗夫把国俗语言分为七类：①无等值词；②有背景意

义词；③有文化感情色彩词；④成语典故；⑤格言警句，包括俗语、谚语、名言、政治口号及科学公理；⑥礼节用语和客套语；⑦非有声语言。[1]

梅立崇把国俗语言划分为名物词语、社交词语、熟语、制度词语、征喻词语等类别。[2]

孟子敏把国俗语言分为三类：①根据感情色彩分为两类，即褒义词和贬义词；②根据风格意义分为两类，即口语和书面语；③语言意义转化或消失之后产生文化意义的文化词语，又分为二十四类，如动物、植物、人物等。[3]

王德春把国俗语言分为七类：①反映我国特有事物，外语中没有对应词的词语；②具有特殊民族文化色彩的词语；③具有特殊历史文化背景意义的词语，它们的意义与某种历史典故有关；④国俗熟语；⑤习惯性寒暄用语；⑥具有修辞意义的人名；⑦兼有两种以上国俗语义的词语。[4]

常敬宇把国俗语言分为十五类：①表达辨证观念的词语；②表达伦理观念的词语；③反映中庸和谐委婉意识的词语；④反映汉民族心态特征的词语；⑤典籍文化词语；⑥宗教文化词语；⑦民俗文化词语；⑧礼俗词语；⑨形象词语；⑩象征词语；⑪饮食文化词语；⑫数词；⑬颜色词；⑭人名和地名；⑮茶文化、酒文化、店名文化等词语。[5]

（2）从广义角度对国俗语言进行分类

胡明扬以对外汉语教学中的文化因素为切入点，把直接影响语言学习与使用的文化因素在词语方面的体现总结为以下五个方面：①受特定自然地理环境制约的语汇；②受特定物质生活条件制约的语汇；③受特定社会和经济制度制约的语汇；④受特定精神文化生活制约的语汇；⑤受特定风俗习惯和社会心态制约的表达方式。[6]

1　俞约法：《语言国情学及其背景——从语言及文化的背景看苏联的文化语言学》，载胡文仲：《文化与交际》，北京：外语教学与研究出版社，1994年，第52页。
2　梅立崇：《汉语国俗词语刍议》，《世界汉语教学》1993年第1期，第33-38页。
3　孟子敏：《对外汉语教学中的文化词语》，载陈建民、谭志明：《语言与文化多学科研究——第三届社会语言学术讨论会文集》，北京：北京语言学院出版社，1993年，第322页。
4　王德春：《国俗语义和〈汉语国俗词典〉》，载吴友富：《国俗语义研究》，上海：上海外语教育出版社，1998年，第39-40页。
5　常敬宇：《汉语词汇文化》，北京：北京大学出版社，2009年，目录。
6　胡明扬：《对外汉语教学中的文化因素》，《语言教学与研究》1993年第4期，第103-108页。

王国安把国俗语言分为五类：①表现中国独有的物质文化的词语；②表现中国独特的精神文化的词语；③表现中国独特的社会经济制度的词语；④反映中国独特的自然地理的词语；⑤反映中国独特的风俗习惯的词语。[1]

杨德峰直接把文化词语分为十五类：历史、地理、政治制度、宗教、人物、文艺、服饰、饮食、节令、习俗、礼仪、器具、建筑、成语、其他。

纽马克将国俗语言称为"Cultural Words"，并将其分为五类：①生态；②物质文化（人工制品）；③社会文化（工作和休闲）；④机构、风俗、活动、程序、观念；⑤举止和习惯。[2]

杨跃把国俗语言分为五类：①生态文化词；②语言文化词；③宗教文化词；④物质文化词；⑤社会文化词。[3]

张高翔综合各家对国俗语言的分类，从文化结构的四层说出发，把国俗语言分为四类：①物态文化词语；②制度文化词语；③行为文化词语；④心态文化词语。[4]

（3）从广义、狭义相结合的角度对国俗语言进行分类

洪晓静从国俗语义的来源出发，将汉语的"国俗词语"分为五类：①反映汉民族所创造的特有的物质文化和精神文化的词语；②反映中国社会特有的政治、经济、文化、社会生活等方面的词语；③基于汉民族所创造出来的特有的语言表达形式的熟语，包括成语、惯用语、谚语、格言等熟语；④在汉民族文化思想和精神基础上形成的象征或比喻词语；⑤反映汉民族在社会交往活动中所使用的表示谦敬、禁忌等行为所使用的交际词语。[5]

（4）从语义转义的角度对国俗语言进行分类

赵振臻提出语义转义的四种类型：①由事物本体属性产生的不同含义；②受不同国民文化习惯产生的不同含义；③词语的多重含义；④由谐音产生的不同

1 王国安：《论汉语文化词和文化意义》，载中国对外汉语教学学会：《中国对外汉语教学学会第五次学术讨论会论文选》，北京：北京语言学院出版社，1996年，第402页。
2 Newmark，P. A *Textbook of Translation*.Shanghai：Shanghai Foreign Language Education Press，2001，pp 94-103.
3 杨跃：《谈文化词的翻译》，《华北科技学院学报》2002年第3期，第96-98页。
4 张高翔：《对外汉语教学中的文化词语》，《云南师范大学学报》2003年第3期，第61-65页。
5 洪晓静：《从文化词看文化因素对母语为英语的汉语学习者之影响——以汉语国俗词语和汉英不等值词的问卷调查与分析为例》，厦门大学硕士论文，2008年。

含义。[1]

在上述多种分类中，可以看出：

第一，从广义角度或者狭义角度对国俗语言进行分类是最主要的方式。从广义角度，主要把国俗语言分为反映物质世界的词汇和反映人类社会的词汇；从狭义的角度，主要把国俗语言分为反映民族、历史、文学、宗教、哲学、交际、行为、情感等方面的词汇。林大津就曾指出："狭义的文化可专指社会意识形态，可指教育、哲学、文学、艺术等方面的精神财富；广义的文化可指人类社会历史实践过程中所创造的物质财富和精神财富的总和，可指人们的整个生活方式。"[2]

第二，国俗语言的分类：在狭义的国俗语言分类中，无等值词、熟语、民族文化词、交际用语、形象词和比喻词被列为主要的分类对象；在广义的国俗语言分类中，多从自然、物质、精神、社会、风俗习惯等角度对其进行分类。广义分类是对国俗语言的宏观把握，为其设置大框架；狭义分类是对国俗语言的细致分析，便于语言的分析和实际应用。

2. 知识文化与交际文化

张占一于 1984 年在《汉语个别教学及其教材》一文中把外语教学中的文化分为"知识文化"和"交际文化"，首次提出了"交际文化"的说法[3]，于 1990 年在《试议交际文化和知识文化》一文中，在之前研究的基础上对"交际文化"的说法作出了进一步的修正：所谓知识文化，指的是那种两个不同文化背景的人进行交际时，不直接影响准确传递信息的语言和非语言的文化因素。所谓交际文化，指的是两个文化背景不同的人进行交际时，直接影响信息准确传递（即引起偏差或误解）的语言和非语言的文化因素。[4]刘孟兰、姜凌对"知识文化"作出界定：所谓知识文化，是指"两种不同文化背景的知识"，主要包括人们的思维方式、思维习惯、传统文化、价值观念等。[5]又指出"交际文化"是指来自不同文化背

1　赵振臻：《英汉国俗词语成因探析》，《开封教育学院学报》2011 年第 2 期，第 87-89 页。
2　林大津：《跨文化交际研究：与英美人交往指南》，福州：福建人民出版社，1999 年，第 10 页。
3　张占一：《汉语个别教学及其教材》，《语言教学与研究》1984 年第 3 期，第 57-67 页。
4　张占一：《试议交际文化和知识文化》，《语言教学与研究》1990 年第 3 期，第 15-32 页。
5　刘孟兰、姜凌：《外语教学中的知识文化与交际文化》，《黑龙江教育学院学报》2002 年第 1 期，第 80-81 页。

景的人进行交际时，言语中所隐含的文化信息，即词、句、段中有语言轨迹的文化知识。[1]张占一综合陈光磊从语言本体角度划分的观点[2]，将"交际文化"划分为"语构文化""语义文化""语用文化"，其中，语法系统中的交际文化属于"语构文化"，语义的褒贬、引申义、比喻义、词义范围的大小等词汇系统中的交际文化因素属于"语义文化"，打招呼、赞扬、邀请、批评、自谦等语用系统中的交际文化因素属于"语用文化"。语用文化包括了语言交际形式和非语言交际形式。可见，"交际文化"中包含着体态语、交际规约、实物文化附加义等非语言的交际形式。本书以三套教材中生词表中的生词为研究对象，统计分析国俗语言及其对应的文化项目的分布规律，因此知识文化与交际文化中的语言交际形式的文化在本书的研究范围之内，而非语言形式的交际文化在本书中暂不做考虑。

综合上述国俗语言的界定及分类问题，国俗语言的分类选取应有以下两个重要标准：

第一个标准是选取如"长城、胡同儿、春节、饺子、粽子、茶、筷子、风筝、旗袍、大熊猫"等具有概念义的国俗语言，即从该国俗语言的表面含义便能理解其中华民族独有的文化含义，在其他语言里没有对应的等值词。

第二个标准是同一词汇在不同的语言里同时存在，此时要分两种情况对待。一是如果同音同形表达不同概念的词汇，即在彼此语言中都没有相同的概念义及文化义，该词汇将纳入本书研究的范畴；二是经过不同语言间的对比分析，虽然概念相同，但是由于词汇在不同的语言环境中，随着历史的推移，出现了不同的文化内涵，该词汇也将被纳入本文章研究的范畴。举例说明，"苹果"在各语言中都有相同的基本义，划入植物类词：被子植物，蔷薇科，落叶乔木，花白色，大多自花不孕，需异花授粉，果实由子房和花托发育而成，果肉清脆香甜，能帮助消化。在德国的传说中，圣诞老人扮成圣童，把坚果和苹果放在表现好的孩子们鞋子里，民间便具有了圣诞送苹果的传统。中国人取"苹果"的"苹"与"平安"的"平"谐音，把圣诞节前平安夜的苹果当作"平安"的代名词，将苹果作

1   刘孟兰、姜凌《外语教学中的知识文化与交际文化》，《黑龙江教育学院学报》2002年第1期，第80-81页。
2   注：陈光磊曾尝试从语言本体角度划分交际文化，把它分为语用文化、语义文化和语构文化三类，分别对应了汉语的语用功能、词语和语法等层面的内容。详见陈光磊：《语言教学中的文化导入》，《语言教学与研究》1992年第3期，第19-30页。

为礼物送给亲朋好友，祝福在即将到来的一年里平安喜乐，年年快乐，苹果便具有了"平安"之意。而在英语中，"apple"一词具有更丰富的含义。苹果的历史比人类的历史更悠久，关于苹果的民间故事和神话传说在世界各文明古国都有流传。在英语中，则有不同的表现。一种是关于"apple"的褒义的表达，如"An apple of love"或"A love apple"直译为"爱情的苹果"，此处的"apple"实际是指番茄，欧洲人认为番茄形象可爱，像个红球，色彩鲜艳，能激发男女之间的爱情；"the apple of one's eye"指瞳孔，后被翻译成"掌上明珠、心肝宝贝"的义项；又因为据说美国东北部的新英格兰地区的妇女在做苹果派时将切好的苹果片摆放得十分整齐，在语言中便出现了用"in apple-pie order"形容"井然有序、整整齐齐"的义项。另一种是对"apple"贬义的使用。"apple"本身并无贬义，而结合了神话故事之后，用其所构成的短语便具有了贬义，如由于亚当吞食"智慧之树"的果子，卡在喉中，"Adam's apple"便用来指男人的喉结；在荷马史诗《伊利亚特》中，因众女神争夺"属于最美者"的金苹果而引发特洛伊战争，"An apple of discord"便被翻译为"祸根"；据《旧约·创世纪》记载，死海边上长着一种外表美丽，摘下便成为灰烬的苹果，"An apple of sodom"或"A dead sea apple"便具有了"华而不实的东西"的代言；美国乡村学校的学生为讨好老师而在讲桌上放一个漂亮的苹果，久而久之，便出现了"Polishing the apple/apple polishing"表示"拍马屁、阿谀奉承"的美国俚语。还有一些和"apple"有关的短语源于西方人的生活，本身无褒贬之意，如西方人的早餐一般是鸡蛋、牛奶和面包，晚餐最后一道菜一般是包括苹果在内的甜点，借用他们的饮食习惯，"from egg to apple"便表示"自始至终"；由于美国人对苹果派的钟爱，出现了"as American as apple pie"来指称"地道的美国人"。[1]

　　在上述与"苹果"相关的词或短语中，"平安"之意主要流行在中国汉语环境中，无贬义色彩，其他各类"apple"的褒贬之意更多流行于西方语言环境中。如此一来，本无褒贬的"苹果"一词由于其自身使用的发展变化而具有了浓厚的文化底蕴，应归入国俗语言研究范畴当中。

1　李维清：《英语中有关 apple 的趣味习语》，《中国科技翻译》2004 年第 1 期，第 55-57 页。

　　本书中，我们采纳赵爱国、姜雅明的文化结构及层次划分的观点，将文化分为物质文化、关系文化、精神文化，再将三种文化进行更细致的划分，将汉语教材中国俗语言对应放到各小类的文化范畴当中，考察各类国俗语言的音节、语义、分布、文化项目归属等方面的特点与规律。具体分类如下：

　　物质文化类：建筑类、饮食类、器具类、服饰类、动物类、植物类；

　　关系文化类：政治制度类、经济制度类、社会文化制度类、称谓语类；

　　精神文化类：礼仪类、节令类、风俗类、数词类、色彩词类、味觉词类、宗教类、道德观念类、语言文艺体育类、社会心理类、社会行为类、成语类。[1]

　　综观有关国俗语言的称谓及分类的学术研究，须明确以下几点：

　　第一，纵观我国的语言和文化研究，学科林立，百家争鸣，但学者们对"国俗语言"的概念无统一认识，选词命名多样，术语混乱，不利于学科的发展，因此统一术语势在必行。总结前述国俗语言的称谓和分类情况，各家学者所关注的均为能够反映民族文化的词汇，这些词"都在不同程度上反映国家民族文化特点、民族集体特定时期的生活条件和思想、价值观念、道德标准等等"[2]。

　　第二，国俗语言中的语言义和文化义是融为一体，一体两面的关系，是各民族语言长期使用所积淀的成果，不能将二者分割、分开讨论。

　　第三，既然是国俗语言，就应将研究范围限定在词汇范畴，虽然如诗歌、咒语等语言也包含着丰富的文化色彩，但应将其放入句子或篇章范畴去研究，便于明确国俗语言的研究界限。

　　第四，国俗语言的分类目的是划定其范畴，对其进行相关研究，寻求此类词汇的共性，并透过国俗语言审视民族文化。作为语言研究，在大的框架之下，更应从细处着眼，从狭义角度对国俗语言进行界定及分类，实际价值更为突出。

1　此小类划分是根据《汉语国际教育用音节汉字词汇等级划分（国家标准·应用解读本）》词汇大纲及三套汉语综合教材中的国俗语言统计分类所得。
2　俞约法：《语言国情学及其背景——从语言及文化的背景看苏联的文化语言学》，载胡文仲：《文化与交际》，北京：外语教学与研究出版社，1994年，第51页。

第三节　理论基础

一、语言的文化性

语言是人类特有的，与仅仅是一种刺激反应（stimulus-bound）的动物"语言"相比，具有动物"语言"无可比拟的复杂性、功能性、表达性。什么是语言？这是语言研究必须回答的问题，这一问题的回答便会导致对语言的起源、语言的性质、语言的功能、语言的运用等一系列语言观的不同认识。"两千年来，人类对语言的研究至少已经历了四个时期：语文学、历史比较语言学、结构主义语言学和生成语言学。目前正迈入认知语言学的新时期。"[1] 20 世纪以来，古今中外众多语言学家，包括哲学家、人类学家甚至自然科学家都从不同侧面对"语言"的概念作出界定，其中具有代表性的观点有：

现代语言学创始人索绪尔（Saussure）在《普通语言学教程》（1980 版）中提出语言结构论，即语言是一种符号系统，认为语言是一种自足封闭的符号系统，是社会的产物。他把语言划分为"语言"（langue）和"言语"（parole）两大部分，区分了语言内部（internal）和语言外部（external）、共时语言研究（synchronic study）和历时语言研究（diachronic study）、能指（signifiant）和所指（signifie）、组合关系（syntagmatic）和聚合关系（paradigmatic）、语言是"关系"（relations）的聚合而非"实体"（substance）的聚合、语言符号的任意性（arbitrariness）等概念。这一系列概念的界定和划分，将语言变成了一种纯粹的、共时的、静态的科学。索绪尔认为，"语言"是音义结合的任意性的符号系统，成熟状态的语言是以语音为物质外壳，以词汇为建筑材料，以语法为结构规律的完整体系。

与索绪尔纯粹的语言观有所不同，布龙菲尔德等美国结构主义语言学家不再那么排斥言语，但是他们把"语言"看成一系列的刺激和反应，是自我封闭的客观物理现象（声波），语言与文化、社会等因素不相干，也应该与它所表达的内容（意义）相隔绝。这种语言观使建立在行为主义心理学"刺激—反应论"的美国结构主义语言学研究视野受到了很大局限，并使言语更为复杂化，难以把握

1　赵世开：《语言研究中的观念变化：回顾和展望》，《外国语（上海外国语大学学报）》2000 年第 2 期，2-6 页。

语言全貌。

乔姆斯基（Chomsky）的语言生成理论将语言二分为语言能力（competence）和语言行为（performance），认为人类语言是一个"生物客体"，人类生来就具有普遍语法（universal grammar），即语言的初始状态。为此，乔姆斯基也只讨论语言能力，忽略了语言行为，这充分体现了索绪尔的语言学观点。与索绪尔有所不同，或者相对科学之处是，乔姆斯基考虑到了人在语言中的作用：语言学理论所要关心的是一个理想化的说话人兼听话人，他所处的社团的语言是纯之又纯的，他对这一社团语言的了解是熟之又熟的，他在把语言知识施之于实际运用时，不受记忆力限制的影响，也不受注意力分散、兴趣转移以及（偶然的或惯常的）语言错误等情况的影响，因为这种情况是和语法无关的。

可见，乔姆斯基语言学中的"人"并不是现实生活中的人，而是"抽象的、与世隔绝的人"，是"理想化的人"，目的是追求纯粹的语言描写解释能力，得到理论的彻底性，排除人为因素，把语言范围限定在"语言的最中心部分"。

与索绪尔为代表的重内部语言的观点不同，另外一些语言学家更加看到语言之外的因素对语言发展的影响。如德国语言学家洪堡特（Humboldt）提出了语言心灵论，即语言是建构思想的工具。他指出，语言（主要）不应被看作供人达到相互理解的手段，而应被视为"一个民族的思维和感知的工具"[1]，"语言绝不是产品，而是一种创造活动"[2]，"语言实际上是精神不断重复的活动，它使分节音得以成为思想的表达"[3]。既然语言是一种创造性的活动，也就是说语言并不只是精神的反映，而是在反映精神的过程中，有着从自身内部进行自我创造、自我生成的生命原则。这一生命原则，既依赖于精神，是"精神不由自主的流射"[4]，同时又是构成思维的工具，"感性认识决不是按照物本身那样表象物，而是仅仅按照物感染我们的感官的样子表象物，因此它提供给理智去思考的只是现象而不

1　洪堡特：《洪堡特语言哲学文集》，长沙：湖南教育出版社，姚小平译，2001年，第73页。

2　洪堡特：《论人类语言结构的差异及其对人类精神发展的影响》，姚小平译，北京：商务印书馆，1999年，第56页。

3　洪堡特：《论人类语言结构的差异及其对人类精神发展的影响》，姚小平译，北京：商务印书馆，1999年，第56页。

4　洪堡特：《论人类语言结构的差异及其对人类精神发展的影响》，姚小平译，北京：商务印书馆，1999年，第21页。

是物本身"[1]，在认识客观事物的过程中发挥着自身的能动性。另一方面，洪堡特还认为，语言是一个民族的民族精神的表现，"每一种具体语言都带有某种印记，反映着一个民族的特点。由此推断，所有语言的总和极有可能反映出（人类的）语言能力，以及依赖于语言能力的人类精神"[2]。民族是一个以确定的方式构成语言的人类群体。语言是民族的创造，也是民族精神的外在表现，语言与民族精神相互依存、相互塑造、互为因果。"民族的语言即民族的精神，民族的精神即民族的语言，二者的同一程度超过了人们的任何想象。"[3]

洪堡特的人文主义语言学思想为众多学者接受、集成并发展，魏斯格贝尔（Weisgerber）和特里尔（Trier）创造性地论证了语言是一种精神塑造力量，明确地提出了"语言中间世界"理论，创立了欧洲新洪堡特主义语言学思想；马林诺夫斯基（Malinowski）提出在"语境"中分析人类语言的思想，之后成了英国功能语言学的核心原则；美国人类语言学家萨丕尔提出语言功能论，认为语言是人类的交际工具，是一种文化模型，是人认识世界的钥匙。20世纪70年代末，认知语言学开始盛行，德克·吉拉兹（Dirk Geeraerts）归纳了认知语言学的三大基本特点：

第一，认知语言学认为语义结构是人们在经验世界中形成的认知范畴的映射，语义学在语言分析中占首要地位。

第二，语义的百科知识特征：意义的确定必须参照百科全书般的概念内容和人对这一内容的解释。

第三，语义的透视特征：语言反映的世界不是镜像的客观世界，而是语言范畴化概念结构的映现。这些基本思想反映了认知语言学强调的重点以及对语言现象本质的理解。

国内学者徐通锵、胡壮麟、潘文国等人都从语言的人文属性出发对语言的内涵作出了界定，继承和发扬了洪堡特的语言观。

语言的概念有广义和狭义之分。狭义的语言主要包括口头语、书面语及其

---

1 康德：《任何一种能作为科学出现的未来形而上学》，庞景仁译，北京：商务印书馆，1997年，第52页。
2 洪堡特：《洪堡特语言哲学文集》，姚小平译，长沙：湖南教育出版社，2001年，第4页。
3 洪堡特：《论人类语言结构的差异及其对人类精神发展的影响》，姚小平译，北京：商务印书馆，1999年，第52页。

文字，广义的语言概念指人类用于交际的一切符号，包括狭义的语言及副语言。赵爱国、姜雅明对语言进行了概括[1]，如图 1.1 所示。

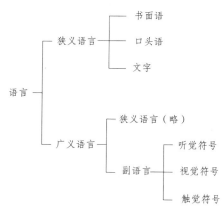

图 1.1　语言的分类

本书主要研究对外汉语教材中的国俗语言，因此属于狭义语言的范畴，不涉及副语言。

语言是人类为了生存的需要在劳动和生活交往中逐渐产生的彼此约定俗成的音义结合的符号系统，任何符号的表意性都具有社会群体的约定俗成性，约定性是符号的表象，符号一旦失去表意功能，也就失去了自身的价值，变成没有任何意义的标记而已。语言亦是如此，语言符号的表意性并无必然性，而是使用语言符号的人约定俗成的，语言的创制，是为了满足人们交际的需要，因此，语言是人们用来交际的一种工具。作为一种交际工具，语言承载了人类的思想及认知成果，在人类交际的过程中，语言通过发送、传递、接收、存储、改造语言信息，将人类思想及认知成果转化为可听、可见、可触的语言形式。随着社会的发展，新事物、新概念层出不穷，人们的思维愈来愈细致复杂，这些都会向交际提出新的要求，推动语言不断丰富词汇，改进语法。社会的发展变迁必然会在语言的词汇里留下反映各个时代特色的词语，起着历史见证的作用。不同社会的联系、交往、接触也必然会推进语言的发展。语言是人类最重要的交际工具，社会性是语言的本质属性。不同的社会群体呈现出不同的语言使用形式，不同的语言，在语

1　赵爱国、姜雅明：《应用语言文化学概论》，上海：上海外语教育出版社，2003 年，第 10 页。

音、语汇、语法、语用等子系统中都存在差异性，如英语中的音位 /v/ 在汉语中无对应音位，汉语中的两个音位 /p/、/ph/ 在英语中则不能完全看作两个音位；英语中的 brother、sister、cousin、aunt、uncle 等亲属关系词在汉语词汇系统中则有更为细致的长幼划分及词汇表述；汉语中"主—谓—宾"的语法顺序在日语、韩语中则须变成"主—宾—谓"结构。语言呈现出民族性的特点。

语言的民族性是各语言社团长期的文化习惯、社会生活方式、思维惯性和审美情趣等在语言中的积淀，反映着一个民族的深层精神。因此，一个民族的语言，就是这个民族的标志和形象，语言呈现出浓厚的文化特性。"语言结构制约民族的'集体无意识'，语法和语言表达方式体现一个民族的世界观（一种文化看待世界的眼光）、思维样式及文化心理。"[1] 因此，语言是文化的产物，语言的产生和发展与其所对应的民族文化有着密不可分的联系，语言的发展受到文化发展的制约，在一定层面上可以说，语言是一种文化代码，是文化的一部分。语言反映出民族的生存环境，如冰天雪地里的因纽特人有很多关于雪的词汇，地上的雪（aput）、正在下的雪（gana）、正在堆积的雪（pigirpong）等；生活在热带的斐济人在大量运用着与椰子相关的词汇；"楚云湘雨""黔驴技穷""邯郸学步""乐不思蜀""楚河汉界""洛阳纸贵""明修栈道，暗度陈仓"等大量有关地名的成语则和汉民族的地理有关系。语言反映社会变迁，社会形态的变化在词汇中最容易得到体现，改革开放、卡拉 OK、打的、MTV、快男等词汇都是不同时代的代名词。语言反映社会制度及民族风情，红色在中国代表喜庆，在西方则有司法、战争、危险等汉民族所不具有的意义；"仁、义、礼、智、信"几个字眼涵盖了中国传统道德规范的精华，"个体、自由、征服"则是西方人的价值信条。语言反映思维方式和文化心理："狼心狗肺""狐假虎威""狗急跳墙"是汉民族具象思维的表现，"物极必反""否极泰来"是汉民族朴素辩证思维的表现，中国人喜爱数字"6""8"，讨厌数字"4"是文化心理的体现。语言反映宗法制度，汉语中丰富的家族关系词汇正是体现尊卑、等级关系的代表。

当然，这只是将语言和文化的关系简单化之后的一种简单表述，我们并不

---

1 申小龙：《汉语言文化特征探析》，《学习与探索》1988 年第 3 期，第 73-81 页。

能说语言完全从属于文化，因为语言的产生，使文化得以承载、传播和延续，使人类拥有了文化，成为人类文明的表征。与此同时，语言是人类思维、意识的产物，也是人类思维、意识的表达媒介，因此，语言在表达文化的过程中，拥有选用何种方式进行文化表达的"主动权"：当语言形式不足以表达思维、意识时，人类自然会对现有语言系统进行调整，如创造新词、淘汰旧词、改变语法形式、调整句型结构等，以便表达思维、意识及文化形态。因此，语言既反映文化，又对文化起到限制与制约作用。可以说，文化大于语言，语言具有文化一切基本特征，是一种特殊的文化。

综上，在语言的三要素语音、词汇、语法中，无论哪一方面都包含着丰富的文化内涵，文化贯穿在语言各个要素之中，语言是文化的承载者，也是文化的表现者，我们学习一种语言，不仅仅要学习其语言知识，也要学习其文化知识。换个角度思考，我们学习一种语言，也常常透过语言学习该语言所蕴含的民族的文化，文化也是语言学习的一部分，属于应用语言学的组成部分。

二、文化的语言性

1. 文化的内涵

束定芳认为，"'文化'一词最早来自德语'kultur'，本义是指土地的开垦及植物的栽培，后来指对人的身体、精神，特别是指艺术和道德能力和天赋的培养"[1]赵爱国、姜雅明指出，"英语中的 culture 和德语中的 kultur 一样，都源自拉丁语的 cultura。拉丁语的 cultura 具有多种含义，如耕种、训练、驯化、栽培、加工等，其基本含义是指人们对作为自然之物的土地进行耕作、改良和开发等"[2]可见，"文化"一词最初出现，只是与农业的耕作之事相关，如英语中的"agriculture""horticulture""silkculture"等词依然保留着其本义，与现在所说的"文化"的含义相距甚远。自 15 世纪后，西方逐渐赋予了"文化"更多的人文气息，将其含义扩展到对人的品德、能力等方面的培养，具有了"教化"的含义。"文化"一词的转义最早出现在 16 世纪初的英语语言中。1852 年，清教徒纽曼（Newman）第一次使用了"mental culture"（精神耕耘）、"intellectual

1　束定芳：《语言·文化·外语教学》，《山东外语教学》1988 年第 2 期，第 10-17 页。
2　赵爱国、姜雅明：《应用语言文化学概论》，上海：上海外语教育出版社，2003 年，第 6 页。

culture"（智力耕耘）等词语，虽然仍保留着 culture "耕耘"这样与农业相关的义项，但是已经与"mental""intellectual"这样指示精神层面的词语连用，使原指农耕之事的"culture"转向了"改造、完善人的内在世界"之意。18 世纪，法国学者沃维纳格（Vauvenargues）与伏尔泰（Voltaire）明确指出："'文化'意指训练和修炼心智（或思想，抑或趣味）的结果和状态……而不是意指这种训练和修炼的过程。很快这词就被运用于形容某一位受过教育的人的实际成就。良好的风度、文学、艺术和科学——所有这些都被称为'文化'。"[1]马修·阿诺德在《文化和无政府状态》中将"文化"的人文含义加以推广，并存留至今。在 18 世纪末的德国，德国学者赫尔德（Herder）和他的同时代人的著作中已经开始使用"文化"这一含义，但到此时，"文化"的现行含义还没有得到普及。19 世纪中叶，人类学家们再次界定"文化"的含义，将其定性为：文化不仅包括了习俗、工艺和技术，还具有了和平和战争时期的家庭生活和公共生活、宗教、科学和技术等内容。这一概念的提出，大大推进了人类学的发展以及人们对"文化"概念的深入认识。英国人类学家泰勒（Tylor）在《文明的早期历史与发展之研究》中将"文化"作为学术用语加以研究，并在《原始文化》一书中对"文化"的含义做出了系统的阐释："文化或文明，在其广泛的民族志意义上来说，是知识、信仰、艺术、道德、法律、习惯及其他人作为社会成员而获得的所有能力和习性的复合的总体。"[2]泰勒的"文化"含义在学术界引起巨大反响，众多学者纷纷采纳，并激起了学术界对"文化"概念的讨论。自泰勒之后，各家学者从不同角度对"文化"进行概括或描述，仅在西方就出现了 160 种各不相同的定义。辜正坤也曾指出："在学术界，文化的定义太多了，有人说，至少有 180 多种。"[3]在中国，"文化"一词是由分别独立使用的"文"和"化"经过较长的历史时期结合而成的。"文"在甲骨文和金文的字形为"𝕏、𝕏、𝕏"等形状，其基本结构为四条线相交，所以"文"的原始意义为交错，之后引申出经纬天地的意思。所谓经纬天地，也就是指天地自然本身有交错的特征。在之后的文献中，都

1　巴格比：《文化：历史的投影——比较文明研究》，夏克等译，上海：上海人民出版社，1987 年，第 88 页。
2　庄锡昌、顾晓鸣、顾云深：《多维视野中的文化理论》，杭州：浙江人民出版社，1987 年，第 369-370 页。
3　辜正坤：《互构语言文化学原理》，北京：清华大学出版社，2004 年，第 142 页。

能看出"文"这一"交错"义。据宋永培考证，在先秦的文献词义中，"文"的本义都是指阴阳两物交错、配合。《易·系辞传下》说："物相杂，故曰文。"《说文解字》九上·文部曰："文，错画也。象交文。"《说文解字》用两两交错的笔画来表示阴阳两物相交。之后由"文"引申出"纹理"的义项，由"纹理"引申出"文"的多种义项。如《尚书》中记载伏羲画八卦、造书契，"由是文籍生焉"。此处，"文"指包括语言文字在内的各种象征符号具化为文物典籍、礼乐制度。《尚书》中"经纬天地曰文"中的"文"指人为修养之义，与"质、实"相对称。《礼记》中提及"礼减而进，以进为文"。此处的"文"则指美、善、德、行之义。"化"的木字写作"匕"，《说文解字》八上·匕部曰："匕，化也。""化"的本义为孕育、化生，如《庄子》："化而为鸟，其名为鹏。"据文字学考证，"化"是人和匕的合义，"匕"即回首从人之意。因此，"化"字义为引人行善的字，之后"化"引申为变易、生成、造化、天地之化育等表明事物变化向善的多个义项。"文"与"化"连用，较早出现在《周易·贲卦·象传》中："刚柔交错，天文也。文明以止，人文也。观乎天文，以察时变；观乎人文，以化成天下。"这里是强调"以文化人"，即用"人文"（人伦道德秩序）等非武力手段征服未开化人民，使之自觉按规范行动。西汉刘向的《说苑·指武篇》中，"文"与"化"最早结合为一个词的形式出现："圣人之治天下也，先文德而后武力。凡武之兴，为不服也；文化不改，然后加诛。"此处的"文化"是指封建王朝所施的文治和教化，及封建王朝道德标准的代名词，与现在的"文化"含义有所不同。

　　综合前述，西方的"文化"经历了一个从物质生产活动到精神生产活动的转变过程，是一个"农耕之事 — 个人修养 — 思想、艺术、学术作品"的发展历程；而中国思想中的"文化"更加偏重"人文"，与自然规律的"天文"相对，经历了一个"自然交错 — 纹理 — 典籍制度（精神教化）— 道德礼仪"的过程，此过程中更加偏重向精神教化的靠拢。

　　2. 文化的结构和层次

　　"文化结构"是文化学中一个重要的范畴，由于文化概念范畴可宽可窄，本身具有多义性，文化的结构和层次分类角度及划分方法也纷繁多样。文化结构和层次的确定，则可确定文化研究的范畴及与文化相关的研究角度，因此文化结构的确立及层次的划分对文化研究具有极其重要的意义。在众多划分中，虽切入点不尽相同，但是大体概括，可归纳为二分法、三分法、四分法三大类。二分法如将文化划分为物质文化和精神文化、物质文化和非物质文化、外显文化和内隐文化、实体文化和观念文化等；三分法如将文化划分为物质文化、制度文化和精神文化，物质文化、关系文化和精神文化，物质文化、制度文化和心理文化，物质文化、观念文化和政治文化等；四分法如将文化划分为物质文化、制度文化、行为文化和精神文化，物质文化、制度文化、观念文化和心理文化等。在多种文化分类方法中，二分法过于宽泛，四分法则是对三分法中的精神文化方面的进一步细化。划分过于宽泛则不能指导具体实践，而四分法中，如观念文化和心理文化有重合之处或者在特定场合二者互为因果关系，因此也欠科学。下面我们主要介绍两种三分法的划分方法。

　　方汉文先生在《比较文化学》一书中把文化简要地概括为民族精神与思维模式 — 语言符号系统、社会关系 — 社会生产和个体行为方式。方汉文先生认为："在比较文化学中，这三个层次的研究地位并不完全一样，因为比较文化学主要是研究作为整体的文化类型，所以，它最主要的研究层次是象征意义最为突出的民族精神，民族的心理素质，民族的思维方式这一层次的特征。但是，这一层次与民族语言、民族风俗又是融合为一的，所以我们把它作为一个整体来进行比较，这个整体的核心是民族精神与思维特征。"[1] 由此可知，方汉文先生将精神文化放在文化分层的最核心部位，而语言也属于精神文化范畴。语言符号系统和社会关系则是属于社会意识形态，而社会生产和个体行为方式则是人类的物质生产在文化层面的体现。

　　杨元刚同意方汉文先生三分法的观点，并将这三方面归纳为物质文化、制度文化和精神文化。在这三方面文化中，体现民族思维和民族精神的精神文化为

1　方汉文：《比较文化学》，桂林：广西师范大学出版社，2003 年，第 35 页。

核心，决定着一个民族的价值观；经济制度、政治制度、行为规范、礼仪习俗等制度文化由精神文化决定并衍生出来，规范着人类的社会行为；而如建筑文化、饮食文化、服饰文化则是人类劳动生产出来的产品所折射出的民族文化，虽为物质生产，但在此类文化产生过程中加入了大量的人为意志，因此该物质产品已经不再是单纯的自然产品，而是已经被人的主观性改造了的人为产品，有强烈的人为文化在其中。在这三方面文化中，精神文化处于最核心地位，所以也最为稳固，一般不会轻易改变；处于中层的制度文化在一个民族社会群体达成一致后所形成的人们的行为规范准则，会随着具体的社会环境的改变而发生变化，但是为了有据可依，人们会尽量维持它的合理性，变化速度相对较慢；处于最表层的物质文化却很容易受到外来文化的启发或干扰而发生形式上的变化。这三方面文化相互联系，相互制约。精神文化为核心，一个民族一旦形成精神文化，便会形成一种民族价值观，而价值观则会成为一个民族行为的风向标，决定着行为的标准，所以，行为是价值观的产物。文化决定着语言的形成和发展，直接影响到交际模式和策略的选择，语言则是文化的载体，及时反映着文化的发展走势，同时语言的发展程度或高或低也对文化的发展起到促进或制约作用。因此，在研究三方面文化关系及各文化关系的子文化的时候，应采用多元文化论观点，全方位综合考虑彼此的相互关系。三方面文化关系如图 1.2 所示。

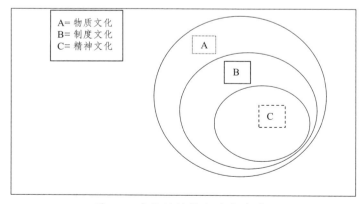

图 1.2　文化的结构和层次（1）

　　赵爱国、姜雅明在《应用语言文化学概论》一书中也提倡文化三分，但是与杨元刚提出的三分法有所不同，他们提倡将文化三分为物质文化、关系文化、精神文化。其中物质文化、精神文化所指内容与方汉文、杨元刚观点一致，而关系文化则是指"人们在文化的创造、占有或享受过程中所结成的各种社会关系，如生产关系、经济关系、民族关系、国际关系等，其核心是人与人的关系，也包括为维护这些关系而建立的各种组织形式和与之相适应的各种制度——生活制度、社会制度、家庭制度等"[1]。可见，两种观点中的制度文化和关系文化乃同源异指。制度文化侧重的是人类社会关系的成型形式及其对人类社会的约束力及影响力，关系文化侧重的是寻找人们在物质生活与社会中内隐的各种社会关系，当然，也关注各种定型化的社会关系——社会制度。当提及制度关系的时候，必然会发掘其背后所隐藏的人们之间的社会关系。制度文化是关系文化的外显形式，关系文化最终决定并促使制度文化的出现。

在文化结构的层次关系上，赵爱国、姜雅明认为物质文化处于表层位置，精神文化处于深层核心位置，关系文化处于二者中间，为中层位置。三方面文化关系也是相互联系、相互制约的关系：物质文化是基础，是人类文化的基本创造物；关系文化是物质文化和精神文化发生联系的中介，因此具有双重的作用和受到双重的制约；精神文化是在物质文化基础上发展起来的，并以关系文化为中介所反映的文化。[2]三方面文化关系如图 1.3 所示。

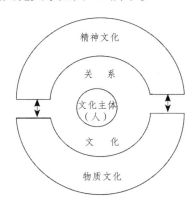

图 1.3　文化的结构和层次（2）

对比两种文化结构层次划分的方法，在内容方面，两种三分法的观点所界

1　赵爱国、姜雅明：《应用语言文化学概论》，上海：上海外语教育出版社，第 20 页。
2　赵爱国、姜雅明：《应用语言文化学概论》，上海：上海外语教育出版社，第 21 页。

定的文化范畴基本相同，只是在社会关系及其相应的社会制度方面的内隐和外显文化中，方汉文重视外显的制度，赵爱国、姜雅明更关注内隐的社会关系，同时兼顾外显的社会制度。

在语言的文化性的论述中，我们已经提到，语言是文化的产物，语言的产生和发展与其所对应的民族文化有着密不可分的联系，语言的发展受到文化发展的制约，在一定层面上可以说，语言是一种文化代码，是文化的一部分。因此，语言的归属成为学术界热论的一个问题。如郭谷兮等人认为语言是物质的，邢福义、孙夏南等人认为语言同制度文化有更多的相似或相同的特点，语言是精神的。杨元刚从文化即是"人化"的角度入手，认为从本质上说，物质文化也是物化了的人类精神产品，人在文化的创造和发展中起着核心的作用，所以指出语言是非物质的文化。"简而言之，文化是指一个民族的全部生活方式，它不仅包括城市、组织、学校等物质的东西，也包括家庭模式、语言等非物质的东西。"[1]赵爱国、姜雅明认为，语言既非物质，又非精神。语言虽有语音这一物质外壳，但是语音并不是语言的本质属性，且语言作为重要的思想工具、信息工具、交际工具，并不是以生产资料为目的的，而是作为交际、思想、信息的中间媒介，从语言的结构与语言的功能看，语言都不是物质文化。语言是人类进化过程中的产物，具有精神性，但是语言的主要作用是作为工具帮助人类认识并掌握客观世界，显然，语言不是纯精神的，也不能说语言是精神文化。由于语言的符号性、工具性、信息性、文化性等本质属性，赵爱国、姜雅明提出把语言界定为处于物质文化和精神文化（或非物质文化）之间的"符号文化"，该符号文化又属于较大的关系文化系统。

3. 文化的语言性

文化具有多种特性，如时空性：随着时代的变迁会呈现出不同的文化形态，处于不同的区域文化形式也会不同；动态性：既然文化会随时代变化而变化，随地域变化而变化，因此文化也是一种动态存在的过程，具有历时性和共时性的特点；互动性：文化产生于人类的生产实践和社会实践，是反映人类本质的产物，

1　邓炎昌、刘润清：《语言与文化：英汉语言文化对比》，北京：外语教育与研究出版社，1989年，第159页。

文化的历史是人与自然界之间不断实现双向适应、不断完成本质统一的过程；对象性：一种文化必须在其所对应的社会人群中才能得以体现，必须通过人面对的对象世界展开活动；外显性：文化是人类在生产实践和社会实践过程中产生的，是人的本质力量的表现形式；载体性：文化是人类创造的精神成果和物质成果的总和，必须借助某些物质媒介作为载体表现出来，其中，语言便是文化的最佳载体。

我们在讨论语言的文化性的时候，也简单提及了语言对文化的能动性。语言反映了文化，也传承着文化，在语言使用的过程中，都是以相应的文化背景为使用前提的，语言本身具有了文化信息的特征，同时也是文化传播的媒介，除了如手语、图形、信号等非语言文化外，文化系统中的大部分因素都需要借助语言进行传播，没有语言，人类社会的社会体系很难形成并发展。语言既是文化中的一部分，也是文化传播的中介，具有双重身份。法国符号学家罗兰·巴特（Roland Barthes）就曾指出："无论从哪方面看，文化都离不开语言。"

语言作为文化的最佳载体和传播媒介，众多语言学家对其重要性都作过阐述。洪堡特虽然与索绪尔重语言内部的观点不同，更加看重语言之外的因素对语言发展的影响，提出了语言心灵论，也强调语言的重要性："没有语言就不可能有任何概念，同样，没有语言，心灵就不可能有任何对象，因为对心灵来说，每一个外在的对象惟有借助概念才会获得实质的存在。而另一方面，对事物的全部主观知觉都必然在语言的构造和运用上得到体现。要知道，词正是从这种知觉行为中产生的。词不是事物本身的模印，而是事物在心灵中造成的图像的反映。"[1]

前面提及的语言在语音、词汇、语法、语用等方面既是社会性的体现，也是文化语言性的体现，因为它们能够解释出这种文化构建之初最深层、最基本的文化元素（概念、价值和传统）。语言学家魏斯格贝尔（Weisgerber）认为："语言之所以是精神的构成力量，是因为它从现实世界和人的精神的前提中形成思维的中间世界，在这一中间世界的精神'现实'中反映出人的有意识的活动。在这里我们谈的是把现实世界'改造'成'精神财富'，这一'改造'从洪堡特那时

1　洪堡特：《洪堡特语言哲学文集》，姚小平译，长沙：湖南教育出版社，2001年，第297-298页。

起，就被看作是语言存在的唯一基础，这一'改造'的结果表现在具体的语言的世界观……把语言作为形成文化的力量来研究，因为正是语言是创造人类文化的必要条件，并且是形成文化成果的参与者。"[1] 从魏斯格贝尔的观点可以看出，文化是在语言的基础上产生出来的，或者说语言是文化产生的前提条件之一，也是文化产生和传播的重要媒介和推动力量。

萨丕尔在 1929 年的《语言学作为科学的地位》一文中，明确提出语言是一种文化的"符号导引"，"人并不仅仅生活在客观世界之中，也不仅仅像一般人所理解的那样独自生活在社会活动之中，而更大程度上承受着已经成为社会交际工具的那种语言的支配"。在萨丕尔看来，语言支配着人类社会，语言在人类社会中起决定性的作用，这一观点与其之前所持的语言和文化不一定互相关联的观点大大相反，可见在此阶段，萨丕尔更加重视语言在人类社会及文化发展中的意义和作用。萨丕尔所认为的人所生活的世界受到语言的支配的观点一般称为"语言相关论"（Linguistic Relativity）。之后，沃尔夫继续论证该观点，提出了"语言相对论原则"，"语言相对论原则，用通俗的语言来讲，就是使用明显不同的语法的人，会因其使用的语法不同而有不同的观察行为，对相似的外在观察行为也会有不同的评价；因此，作为观察者，他们是不对等的，也势必会产生在某种程度上不同的世界观"。沃尔夫甚至断言，"背景性的语言系统（即语法），不仅仅是表达思想的一种再现工具，而且是思想的塑造者，是一个人思想活动的大纲和指南，被用来分析自己的种种印象、综合大脑中的一切东西"。在沃尔夫看来，语言对思想者有一种强制性的、不可逃避的力量，"我们按照我们的意愿把自然界分成类，组成各种概念，决定意义……我们之所以按照一定的方式解剖自然界，把它组织成许多概念，并赋予特定的意义，是因为我们达成了一个协议，同意按这种方式来组织自然界。这项协议适用于我们的整个语言社团，并用我们的语言模式固定下来。当然，这项协议是隐含的，并没有言明，但协议上的条款绝对是强制性的。如果不按协议的规定去组织材料或进行分类，就无法开口说话"。至此，语言不仅仅是思想的反映，更多的是对思想的支配和重塑，决定着大脑对

1　兹维金采夫：《普通语言学纲要》，伍铁平、马福聚、汤庭国等译，北京：商务印书馆，1981 年，第 329 页。

外界事物各种概念、分类及其评价的形成与解说。"萨丕尔—沃尔夫假说"的核心在于探讨语言对思维、文化具有决定作用。语言决定论和语言相对论的提出，虽然遭到了语言学家的批判和否定，但是也从反面体现出语言对思维和文化的反作用力。这种语言对社会和文化的模铸效应的思维模式恰恰就是人们对语言本体的建构的冲动。这种冲动被海德格尔（Heidegger）和伽达默尔（Gadamer）从存在论和阐释学的角度得以实现。申小龙也明确指出："语言是文化产生的基本条件，在人类无意识或潜意识中埋下特定的文化模式；决定了精神符号的表达形式，在很大程度上制约着人类心智和文明的发展水平，包含着传统文化和现今文化的最深刻的秘密。"[1]

三、语言与文化的关系

对于语言和文化的关系，不同的语言学家都从自己所持的角度出发，强调语言决定着文化或者文化决定着语言。语言和文化都是人类在认识世界和改造世界的生产活动和社会实践活动中的产物，二者始终存在着密不可分的内在联系。通过上述对语言与文化的含义、特征、结构等多方面的阐述，对语言和文化的关系，我们可以归纳如下几点：

第一，语言是一种文化现象。

语言与文化的概念都是难以界定的，因为二者都涉及了多个学科领域，着眼点不同，得出的概念定义便不尽相同。当然，对语言与文化也是有共识的，其中之一便是语言和文化都是人类社会的产物，都是随着人类社会的出现而出现，随着人类社会的发展而发展。从严格的意义上说，语言的本质属性与人的本性是密不可分的，而社会性将人与动物区分开来。语言最基本的特性是工具性，用于社会交际，文化是人类在社会交际中所产生的物化和非物化的产物，人类社会中的因素几乎都可涵盖在文化范畴之内。因此，在社会性这一点上，人、语言、文化三者具有一致统一性。我们说语言是一种人类的社会现象，也可以说，语言是一种文化现象，语言归属于文化，是文化大系统下的一个子系统。语言不仅是意义的代码，而且也是文化的代码，文化经过漫长的历史时期积累下来的各种信息

1　申小龙：《论人类思维和文化的语言性》，《益阳师专学报》1990年第4期，第31-36页。

都会凝聚在语言之中，借助语言流传、发展。这也就使得语言成为文化总体中最基本、最核心的部分，甚至可以说，语言具有原文化的性质。借助语言，不仅展现了文化的现状，也可以追溯历史文化，在这一意义上，可以说语言是文化的一种凝结。

第二，语言对文化具有能动性。

语言归属于文化，并不是说语言只是文化的符号，机械地反映文化。语言的发展对文化的发展与传播都能产生积极或消极的作用。语言反映文化，而文化是人类集体思想的结晶，语言是人类思维活动的物质外壳，因此，文化发展的程度取决于语言发展的程度，语言在文化的建构中起着重大的作用。在某种意义上说，没有语言就没有文化。正如美国语言学家沃尔夫所说："我们都按自己本族语所规定的框架去解剖大自然。我们在自然现象中分辨出来的范畴和种类，并不是因为它们用眼睛瞪着每一个观察者，才被发现在那里。恰恰相反，展示给我们的世界是个万花筒，是变化无穷的印象，必须由我们的大脑去组织这些印象，主要是用大脑中的语言系统去组织。"因此，语言及其蕴含的思维必然影响文化的传承。另外，不同文化之间需要相互交流，互通有无，不然便会成为一种死文化，最终逃脱不了消亡的命运。而不同文化之间的交流，首先借助的便是语言及其文字。语言的顺畅沟通，是保证文化交流顺利进行的重要先决条件。由上可见，语言的发展程度及其能够反映的思维程度都会促进或制约文化的发展与交流。

第三，语言与文化并非完全一致。

语言反映文化，语言与文化具有一致性；而语言也能影响文化，因此语言与文化并非完全一致。英语属于拉丁语系，为多个国家使用，同源的英语在不同的国家却形成了不同的文化圈，究其原因，地域的隔绝造成了它们的不同。如英美两国，尽管都有着盎格鲁－撒克逊（Anglo-Saxon）这一共同的文化遗产，但地理隔离却使两国文化产生了明显的差异。虽然这些表现出来的差异不能将两个国家的文化区分为两种不同的文化来看待，但是它们之间的差异却明显得让我们不能忽视。又如，同样作为汉民族词汇系统中的词语，有些如太阳、月亮、人民、政府等词语则为全体汉民族人民所共有，而有些词语，虽然也是汉语词汇系统中的一员，却带有明显的地域色彩，如"忽悠"一词，不能用"欺诈""诈骗""坑蒙拐骗"等词语代替，它带有明显的东北方言色彩，并为汉语使用者所普遍接受；"打的"一词与"坐出租车"一词并驾齐驱，在年轻人的语言里，甚至超过了"坐出租车"的使用频率，但是"的士"一词，作为港台借用外语的一种形式，形成固定的汉语词汇后又被借用到普通话中来，具有明显的港台语言风格。

四、语言—文化互动认识论

语言—文化互动认识论，就是从语言和文化之间的辩证能动关系来观察二者之间的地位及相互作用与影响。H. 古德诺夫（H.Goodenough）在《文化人类学与语言学》中是这样论述语言和文化的关系的："一个社会的语言是该社会文化的一个方面，语言和文化是部分与整体的关系，语言作为文化的组成部分，其特殊性表现在：它是学习文化的主要工具，人在学习和运用语言的过程中获得整个文化。"[1]

从文化的角度观照语言，不同的民族，或不同地域生活的群体，由于地理环境、气候条件、生活模式等客观自然条件的不同，形成不同的思维模式和生活习惯，创造出不同的文化形式。文化需要语言承载、编码与传播，不同的文化决定了不同语言表现形式。同名异指、同物异名、同物分类差异巨大等语言现象都是文化不同的先决条件造成的语言上的差异，可以说，文化隐含在语言之中，是语言创制与使用的深层构建机制和模塑工具，所以，要想深入地研究一种语言，必然需要先了解这种语言所代表或蕴含的民族文化。而在一种文化中，精神文化是其核心，特别是掌握了一个民族的哲学思想，就容易理解一种民族的语言的创制特点与使用规范，更清晰科学地掌握该种语言，进而对语言的本质属性获得全面而深刻的理解。

从语言的角度观照文化，语言是文化的语言，是文化体系的组成部分，是自成体系的特殊文化，是文化的子系统。语言承载着文化，是文化赖以存在的基础，所以语言蕴藏并映射着一个民族的文化，是体现和认识文化的一个信息体系。一种语言科学有序的组织规律和语义特征也反映了一个民族文化的精神面貌和运

1 转引自王福祥、吴汉樱：《文化与语言（论文集）》，北京：外语教学与研究出版社，1994年，第301页。

行规律，因此，了解或掌握了一种语言，也同时获得了了解或研究一种民族文化的钥匙，借助语言获得了感知、理解、认识文化的媒介与途径。语言是交际的工具，也是文化交流的工具，语言使用的流畅度决定了文化的输出量与文化的获取量，以及在文化交流过程中的语言使用者的情感宣泄度。总之，语言虽由文化决定，但也有能动作用，制约或影响着语言。语言既像载体一样承载着文化，也像纽带一样连接着社会人群及人类社会与客观自然，同时还决定了人类自身的文化心态（Cultural Mentality）。

文化与语言，既是总体与组成部分的包含与被包含的关系，也是内容与形式、制约与被制约的关系。语言与文化，既有共性，又存在差异，一般而言，相对于语言，文化具有主导权，而在某种层面上，相对于文化，语言又具有主动权，二者在彼此的互动过程中，推动着一个民族语言与文化的向前发展。苏新春从文化语言学的角度对"语言—文化互动认识论"做了阐释："一个民族的文化有着非常丰富的内容。它包含着这个民族所生活于其中的整个生态环境。社会文化、政治文化、道德文化、观念文化、物质文化、自然文化、地理文化等，凡是与这个民族的社会活动、生产活动有关的各种因素，都有可能会影响到这个民族所使用的语言。因此，文化语言学就是要对凝结在语言身上的这些文化因素进行细致的分析。具体说来，这种分析主要包括两个方面的工作：一是通过对语言状态的分析来观察、分析、了解民族文化的构成；二是在民族文化的背景上来观察语言的存在状态和演变。[1]

五、中介语理论与语言迁移理论

1. 中介语理论

"中介语"（Interlanguage）的概念由美国学者塞林克（Selinker）于1972年首次提出，《中介语》一文的发表是中介语理论形成的标志，中介语理论作为第二语言习得的专业术语在20世纪70年代被语言学界广泛使用，这也成为二语习得理论形成的标志。对于"中介语"概念的界定，塞林克将其定义为"对于第二语言习得者来说，整个学习过程伴随着母语规则迁移和目的语规则泛化，从而产

---

[1] 苏新春：《文化语言学教程》，北京：外语教学与研究出版社，2006年，第2页。

生一系列逐渐趋近但始终不同于母语和目的语的中间过渡状态的语言"[1]。胡壮麟将其简单地定义为"正处于学习过程的二语或外语学习者构建的语言通常被称为中介语"[2]。中介语是在自觉的二语习得过程中形成的一种目的语的学习状态，而不是一种独立的语言，但是有独立的语言系统，是在学习者母语和目的语双重影响下而形成的一种不到位的目的语学习状态，"我们不能把中介语看成是母语和目标语的过渡阶段或者是二者的简单混合，中介语是一个动态的语言系统，他不断地从初级水平向地道的母语水平发展，因此，中介语的'中介'实际上表示的是在开始阶段和最终阶段的中间"[3]。塞林克将中介语产生的过程划分为五个阶段：

①语言迁移：学习者把自己母语的语言特点迁移到第二语言——目的语上。

②目的语规则的过分概括：学习者错误使用目的语的规则。

③训练迁移：教学中学习者习得了某些不符合目的语的规则。

④第二语言习得策略：这些策略指的是学生积累语言规则的一些方法和为了能运用自如所采取的一些手段。如在一组同义表达式中，学习者往往只学习其中容易记、容易用的一种。

⑤交际策略：如学习者交际时为了利用而忽略某些语法要求，从而产生不合语法的句子。[4]

可见，二语习得者在学习目的语的过程中，永远无限接近目的语的水平，但是也无法达到与目的语使用者完全相同高度的语言理解与使用水平，在使用目的语的过程中，总会或多或少出现语言错误，当二语习得者并未意识到且接受这种语言错误的时候，便产生了中介语。中介语是语言习得者学习过程中必然出现的现象，随着目的语习得水平的提高，二语习得者会逐渐意识到语言错误，朝正确的目的语方向作出调整，逐渐向目的语靠近。

2. 语言迁移理论

（1）语言迁移的定义

迁移（Transfer）本是心理学术语，20世纪50年代的对比分析理论（Contrastive

1　陈昌来：《对外汉语教学概论》，上海：复旦大学出版社，2005年，第255页。
2　胡壮麟、姜望琪：《语言学高级教程》，北京：北京大学出版社，2002年，第266页。
3　胡壮麟、姜望琪：《语言学高级教程》，北京：北京大学出版社，2002年，第267页。
4　蒋祖康：《第二语言习得研究》，北京：外语教学与研究出版社，1999年，第20页。

Analysis）将这一概念引入二语习得研究中，提出了"母语迁移"这一概念。在很长一段时间里，众多学者均为"语言迁移"下过定义，艾里斯（Ellis）把迁移定义为"任务 A 的学习会影响任务 B 的学习的一种假设"。俞理明指出："根据 Jams（1980）的观点，将定义中的'任务 A'和'任务 B'分别置换为第一语言和第二语言，就是语言迁移。"[1]随着语言迁移研究的加深，语言迁移的研究不仅仅停留在单纯地认为它是一种语言习得行为上，更多学者逐渐从交际、认知的角度对其进行挖掘，认为语言迁移"也是一种心理过程，更是一种通过已知语言去发展新语言的学习策略"[2]。

（2）语言迁移的表现形式

语言迁移的表现形式多种多样，最主要的两种形式为语言正迁移和语言负迁移。

语言正迁移是指母语的语法、词汇、发音等规则与目的语相似时，二语习得者可以利用母语习得的方法和经验习得目的语，促进第二语言的学习，加速通过中介语的某些发展序列。因母语和目的语中的某些项目出现了一致性，学习者运用已得的正确的母语知识及学习方法习得目的语知识，可以降低目的语学习的犯错概率，减少学习障碍，加快学习速度，促进二语习得顺畅进行，这种语言迁移对学习者而言是积极有益的，因此被称为"语言正迁移"。研究证明，在二语习得的早期，母语的促进作用比较明显。

语言的负迁移是指母语的语法、词汇、发音等规则与目的语相异或相悖时，二语习得者将母语习得的方法和经验运用到目的语习得中去，致使产生了习得错误或产生了与目的语规则不相符的语言形式。这样必然会提高目的语学习的犯错概率，增加学习障碍，减缓学习速度，阻碍二语习得顺畅进行。这种语言迁移对学习者而言是消极无益的，因此被称为"语言负迁移"。语言负迁移是阻碍语言学习者顺畅学习的主要原因，是二语习得研究中关注的重点，语言负迁移除了生成错误的明显表现外，还包括回避、生成过度、错误理解等多种表现形式。

生成错误是指由于母语和目的语某些项目的相似性，用母语中的项目代替

1　俞理明：《语言迁移与二语习得——回顾、反思和研究》，上海：上海外语教育出版社，2004 年，第 8 页。
2　陈舒：《中国学生俄语习作中汉语句法负迁移现象研究》，西北师范大学硕士论文，2009 年。

目的语中的项目而产生的错误，如仿造、替代等生成错误皆是如此。

回避是指母语和目的语某些项目有一定差异，二语习得者刻意不使用或尽量少使用目的语项目的现象。回避现象的出现原因复杂，包括学习者预测可能违背目的语规则而刻意回避，或虽然知道目的语规则，但是预测可能违背母语规则而刻意回避等多种情况。

生成过度是指为了回避使用某一语言项目而过度使用另外一种语言项目的做法，从另一角度而言，一方面的生成过度也表示另一方面的生成不足，如用目的语中的一种结构代替另一种结构，或用母语中的一种结构代替目的语中的一种结构等等。

错误理解是指用母语知识去理解目的语知识，从而造成理解偏差或错误的现象。

僵化是语言负迁移的一个极端表现，是指由于语言负迁移程度极为严重，造成目的语学习错误很难更正的一种二语习得现象。在目的语学习中，学习者总是倾向于选择与母语中相近的项目去学习目的语项目，或者在目的语中保持母语的项目，久而久之，错误难以更正，出现僵化现象。

第四节　研究的对象、目标、方法、意义和价值

一、研究对象

1.《汉语国际教育用音节汉字词汇等级划分（国家标准·应用解读本）》中的国俗语言

《汉语国际教育用音节汉字词汇等级划分（国家标准·应用解读本）》为2010年最权威的音节汉字词汇等级划分标准的大纲性文件，可作为世界各地的国际汉语教学和中国国内的对外汉语教学之总体设计、教材编写、课堂教学、课程测试的重要依据。我们将对其中的国俗语言进行研究，将所得结果作为教材中国俗语言统计分析的主要对比依据。

2.汉语教材中的国俗语言

大多数汉语教材均以语法为主线，在保证语法的前提下，考虑词汇的选择与话题的设置。语言现象的最主要目的是用于交际，交际性必然重点考虑教材的语用价值。我们将挑选三套均为北京语言大学出版社出版的，国内外汉语教学界通行度高的，在编写目标、编写原则、总体设计等多方面都存在较高的一致性综合教材，对其国俗语言分布及对应的文化项目进行归纳研究，并与《汉语国际教育用音节汉字词汇等级划分（国家标准·应用解读本）》中的国俗语言统计结果进行对比，考查教材中国俗语言及文化项目选取与分布的合理性。鉴于成语文化内涵丰富复杂的特点、在汉语教学中的重要地位，以及汉语教材中的成语数量大而选取差异性大等特点，我们将单列章节对其进行研究。

3. 新 HSK 模拟试题中的国俗语言

新汉语水平考试（HSK）注重交际性原则，是检查留学生汉语学习成果的一个重要标准，对新 HSK 模拟试题中的国俗语言进行考察分析，再与之前对三套教材及大纲中的国俗语言的调查分析对比，从实践的角度考察教材中国俗语言分布的合理与否，并为之后对留学生国俗语言问卷调查研究提供实践数据支撑。

4. 汉语学习者实际掌握国俗语言情况

根据统计出的国俗语言的选取与分布规律设计调查问卷，旨在了解汉语学习者在实际的汉语学习中对国俗语言的掌握情况及规律，优点与不足，从实践的角度对教材中的国俗语言的相关问题进行验证，检查本书研究所得前述结论的正确与否。鉴于成语的特殊性，针对成语单独设计问卷进行调查研究。

二、 研究目标

第一，通过词汇大纲、教材、新 HSK 模拟试题中的国俗语言及对应的文化项目的统计、对比分析，考察综合汉语教材中国俗语言及其文化项目选取与分布的优势与不足。

第二，通过国俗语言问卷调查，考察国俗语言在教材中选取与分布的合理性，为国俗语言相关研究提供实践依据。

第三，基于上述研究，对国俗语言词表大纲研制、文化项目大纲编制、成语词表大纲编制、汉语教材中国俗语言选取与编排以及国俗语言教学提出合理的建议与可行的设想。

三、研究方法

本书主要运用数据描写与综合解释相结合、统计与理性分析相结合、全面归纳与重点考察相结合、举例说明与统计推断相结合、定量统计与定性分析相结合的研究方法，以及比较法、文献互证法等对综合汉语教材中的国俗语言及文化项目的选取与分布作全面考察。

四、研究意义和价值

汉语教材中的国俗语言的研究对汉语教材编写、国俗语言词表编制、文化项目编排、汉语教学、外国人自主学习、翻译学理论与应用以及双语词典编纂都具有深远的意义和价值。

1. 对汉语教材的意义和价值

随着汉语教材的日益繁荣，汉语教材也呈现出百花齐放的大好局面，各种不同类型的汉语教材层出不穷，且交际性和文化性越来越在汉语教材编写中受到重视。与此同时，不同出版社、不同编写者、不同类型教材之间的差异非常大，缺少必要的统一与内在沟通，导致教材品质良莠不齐，有些教材公开出版，却只小范围地使用一两年便遭到淘汰。经调查，不同教材之间的国俗语言及文化项目的选取与编排差距尤其明显。若能通过对教材中的国俗语言进行统计分析，且得出的结论能够准确到位地指出汉语教材中的国俗语言存在的问题，指导教材进行修订，使教材有统一的国俗语言编写标准，就可以缩小教材间的差距，并使汉语教材朝着科学合理的方向发展。

2. 国俗语言词表编制、文化项目大纲编排的意义和价值

随着文化教学越发受到重视，国俗语言教学的高调性与国俗语言选取与编排的无依据性的矛盾日益突出，国俗语言词表编制、文化项目大纲编排的呼声也越来越高，只是还没有相关语言机构组织专人进行研制。对汉语教材中的国俗语言进行统计分析及调查问卷的统计结果，必然能够显示出教材中的国俗语言的优点与不足。这些数据和调查结果如果确实能反映教材中的国俗语言的问题所在，本书的研究便可为国俗语言词表编制、文化项目大纲编排提供数据支持和弊端回

避的依据，将国俗语言词表编制、文化项目大纲编排工作更推进一步。

3. 对汉语教学的意义和价值

汉语教学的目的不仅是要使外国学习者"掌握汉语基础知识和听、说、读、写的基本技能"，还要让他们"掌握汉语的文化因素，熟悉基本的中国国情和文化背景知识，提高文化素养"[1]。从这个意义上来说，国俗语言就成了汉语教学的重点。目前汉语国俗语言在汉语教材和教学活动中似乎还没有得到充分的重视，只是零散地分布在教材中，教师碰到时，也只是略加解释，带有很大的随意性。张高翔认为："文化词语教学的关键是如何在语言课中进行文化导入，应在选择、训练方式及测试三个方面突出其特点。"[2]汉语国俗语言门类丰富、数量众多，如果不收集整理，采用合理的教学方法，就无法取得理想的教学效果。所以对外汉语教学不仅要开设"中国文化概论""中国概况"等专题文化课程，还特别要在汉语综合课程中有计划、有步骤地渗透中华文化，其中可行的方法之一便是国俗语言的系统的编排与教学。培养汉语学习者语言文化融合能力是汉语教学自始至终都应贯彻的思想，更是汉语教学高级阶段的教学重点之一。

4. 对自主学习的意义和价值

汉语词汇中的国俗语言包含着深刻丰富的中华民族文化，没有过硬的汉民族文化背景，很难将国俗语言融会贯通，自由运用。若教材中能科学规律地编排国俗语言，教师加以科学的引导，培养学生理解汉语国俗语言的思维模式，待学生思维模式一旦形成，便能自主学习，驾轻就熟，降低汉语学习的难度。

5. 对翻译学的意义和价值

翻译是一项非常复杂的跨文化交际活动。"跨文化交际过程中，两种语言体系所承载的文化特征表现为完全重叠、部分重叠、不同、类似、相同、文化空缺或相互矛盾。"[3]在词汇层面上，存在大量的文化空缺词或概念意义相同而文化内涵却不同的词。在汉语教材中，生词的英译或其他语言的翻译就存在着大量的问题。如：

1　刘珣：《对外汉语教育学引论》，北京：北京语言大学出版社，2000 年，第 297 页。
2　张高翔：《对外汉语教学中的文化词语》，《云南师范大学学报》2003 年第 3 期，第 61-65 页。
3　金惠康：《跨文化交际续编》，北京：中国对外翻译出版公司，2003 年，第 6 页。

嫣然一笑——to give a charming（or winsome）smile 这种翻译不能表现出"嫣然一笑"所包含的"娇羞、妩媚"等附加含义。

鸦雀无声——not a crow or sparrow is heard–silence reigns 这种直译不能表现"鸦雀无声"的比喻义特点。

一石数鸟——to kill several birds with one stone 这种直译也同样不能表现"一石数鸟"的比喻义特点。

一日千里——a thousand li a day-at a tremendous pace 这种翻译不能表达"一日千里"的抽象意义。

以上四例均出自张园编著的《汉语阅读与写作教程》（中级）（北京大学出版社，2006年）。

国俗语言的翻译是翻译过程中最令人头痛的事，主要是因为没有统一的标准。"对于文化词汇的翻译，目前比较现实的做法是用汉语拼音拼写、加注或是增译、音译和译借"[1]，以便保留词语的民族文化内涵。但是这些做法不能完全将抽象而丰富的国俗语言内涵表现得淋漓尽致，国俗语言的研究希望能对汉语教材中的生词翻译提供一些新的思考角度和借鉴。

6. 对词典编纂的意义和价值

国俗语言的收录和编译是双语词典编纂的难点。这些难点主要表现为：①对等词的空缺，如：无常、缘分、冤孽、乌纱帽。②文化要素的空缺，如：儒、墨、道、法和诸子百家的观点。③文化距离所造成的不同文化暗含，如：走狗、地主、资本家、龙凤。④汉文化中独一无二的事物、现象和概念，如：汉语的亲属词汇用英语无法简洁、具体地译出。⑤汉语典故、俗语、神话等，如：郑人买鞋、女娲补天、后羿射日。⑥汉语中产生的新词，如：回头率、皮包公司、托爷。⑦汉语的独特表达方式，如：铁公鸡、铁饭碗、知青、五七干校。⑧中国56个民族文化习俗的介绍等，如：赶表、踩歌堂、清寨。[2]对汉语教材中的国俗语言进行统计分析，若能寻得科学可行的认知规律，必将为国俗语言词典编纂工作提供借鉴意义，高质量的国俗语言词典的出现，也将成为汉语教材编写的指导，二

1　金惠康：《跨文化交际续编》，北京：中国对外翻译出版公司，2003年，第231页。
2　金惠康：《跨文化交际续编》，北京：中国对外翻译出版公司，2003年，第230页。

者互惠互利，共同促进。

第五节　本书研究的语料来源

国家汉办、教育部社科司《汉语国际教育用音节汉字词汇等级划分》课题组主编：《汉语国际教育用音节汉字词汇等级划分（国家标准·应用解读本）》，2010 年。

杨寄洲主编：《汉语教程》（1 上、1 下、2 上、2 下、3 上、3 下），北京语言大学出版社，2006 年修订版。

刘珣主编：《新实用汉语课本》（第 2 版）（1、2、3、4、5、6），北京语言大学出版社，2010 年。

李泉主编：《发展汉语》（综合教程，第 2 版）（初级综合 Ⅰ、Ⅱ，中级综合 Ⅰ、Ⅱ，高级综合 Ⅰ、Ⅱ），北京语言大学出版社，2011 年。

国家语言文字工作委员会：《中国语言生活状况报告（2008）》，2008 年。

新 HSK17 套模拟试题（三级 H31001–H31005、四级 H41001–H41005、五级 H51001–H51005、六级 H61001–H61002）。

第六节　本章小结

本章交代选题缘由，界定国俗语言的定名与分类，阐述了语言与文化各自特点及相互关系，并简要介绍了语言—文化互动理论、中介语理论、语言迁移理论，将其作为本书的理论基础，之后明确了本书研究的对象、目标、方法、意义和价值，以及语料来源，为之后的研究工作明确基调与走势。

第二章　《等级划分》词汇大纲中的国俗语言

第一节　《汉语国际教育用音节汉字词汇等级划分（国家标准·应用解读本）》词汇大纲

一、《等级划分》内容简介

《汉语国际教育用音节汉字词汇等级划分（国家标准·应用解读本）》词汇大纲（以下简称《等级划分》词汇大纲）是面向母语非汉语者的汉语教育、教学，包括世界各地的国际汉语教学和中国国内的对外汉语教学。它作为教育部社科司的重大研究课题，是国家汉办 / 孔子学院总部的重要科研项目，可作为世界各地的国际汉语教学和中国国内的对外汉语教学之总体设计、教材编写、课堂教学、课程测试的重要依据，除此之外，也是《汉语国际教育用中国国家计算机辅助汉语口语水平考试》（简称 HKK）和新型中国国家级汉语水平考试（修订版）初级水平、中级水平和高级水平的最重要的命题依据，也可为中国少数民族汉语教学以及国内其他普通话教学、中小学语文教学及其他相关标准化、规范化语言考试提供重要参考标准。

作为当下最新、最权威的音节汉字词汇等级划分标准的大纲性文件，它以包括中央电视台、北京电视台等大型对话节目 30689302 条次词语的动态语料，2.6 亿余字次的《有声媒体语料》基本数据（国家语言资源监测与研究中心有声媒体语言分中心，2005—2008），15.39 亿余字次的《报纸、广播电视、网络新闻综合语料》基本数据（国家语言资源监测与研究中心，2005—2008），2684345 字次的《九年义务教育（新课标）语文科语料》基本数据（郑州航空工业管理学院文字信息化研究所，2009），1 亿字次的《国家语委现代汉语语料库（平衡语料库）》基本数据（教育部语言文字应用研究所，2009）等当代大型动态语料为语料来源，并以《现代汉语词典》（第 5 版，中国社会科学院语言研究所词典编辑室，2005）、《汉语语言文字启蒙》1、2（白乐桑、张朋朋，1997）、《汉语水平词汇与汉字等级大纲》（国家对外汉语教学领导小组办公室汉语水平考试部、北京语言大学汉语水平考试中心，刘英林主编，1992）、《汉语水平等级标准与语法等级大纲》（国家对外汉语教学领导小组办公室汉语水平考试部、北京语言大学汉语水平考试中心，刘英林主编，1996）、《高等学校外国留学生汉语言专业教学大纲》（国家对外汉语教学领导小组办公室，2002）、《香港地区普通话教学与测试词表》（陈瑞端主编，首席顾问刘英林，2008）、《汉语教材常用词表及常用字表统计分析报告》（国家汉办 / 孔子学院总部教材处，2008）、《现代汉语常用字表》（国家语言文字工作委员会，1998）、《普通话水平测试实施纲要》（国家语言文字工作委员会普通话培训测试中心，2008）、《现代汉语常用词表（草案）》（《现代汉语常用词表》工作组，2008）等多部字典、词典、字表、词表及汉字词汇等级大纲为主要依据。《等级划分》语料来源丰富，囊括了国内主要的电视、广播、报纸、网络、语料库等众多媒介资源，且所参考的字典、词典、字表、词表及汉字词汇等级大纲等均为业内认可的纲领性文件，研制方法与过程科学合理，可作为汉语国际教育相关研究在音节、汉字、词汇方面的重要参考和依据。

在词汇等级划分方面，改变了"先词汇、后汉字"的顺序和筛选原则，将汉字表的筛选放到首要的位置，改变了词汇量决定汉字量的顺序和做法，提出"提高汉字与词汇量比例的期待值"，力求提高语言材料之间"质"与"量"的关联度，提高整体教学质量与进程。在词汇等级划分方面，改变了传统的四等划分法，将词汇与汉字划分为三级：一级（普及化等级）（对应普及化水平）、二级（中级）（对应中级水平）、三级（高级）（对应高级水平）。在一级词汇筛选中，根据常用性的差异又将其分为两个档次：第一档次为最常用词（共 1342 个）、第二档次为常用词（903 个）。在三级词汇筛选中，也分为两部分：高级词汇（一级、二级词汇筛选所剩词汇优先考虑进入三级词汇表范畴）、高级"附录"（词表包括部分姓氏、地名常用字、其他次常用字，以及由这些次常用字组成的次常用词、习用语、四字格词语等，高级"附录"主要是为汉语专业或者汉语水平较高的汉语学习者进一步提高汉语水平而准备的词表。三级词汇表及高级"附录"词汇表所录词汇更倾向于普通话书面语）。这样的等级划分，拉开了各等级词汇之间的难度差距，一级词汇为普及化等级，即难度相对较低的等级，所选词汇也是汉语使用环境中最为常用的字词，对一般初级的汉语学习者而言，在正常情况下均能达到该水平，也较为容易地达到该水平，降低学习难度，增强初级汉语学习者的汉语自信心，并能很好地保持汉语学习的积极性和热情度，这也是该大纲"倡导通俗化、大众化、普及化"理念的体现。而到了中高级词汇，特别是高级词汇阶段，词汇选取以普通话书面语为主，是为对汉语学习有更高要求或致力于从事汉语深层学习及科学研究的汉语学习者准备的。这样一来，便增强了《等级划分》的适用范围，扩大了它的覆盖面，增强了它的合理度。

二、《等级划分》词汇大纲选词的时代性特征

《等级划分》的研制目的之一是探寻汉语国际教育的新思路，稀释学习的难度，注重语言的时效性和实用性，力求让使用该词汇大纲的人群能够有针对性、及时有效地掌握当下使用频率最高的词汇，所圈定的动态语料主要集中在2005—2008年这一时间段。在"词汇等级划分"部分中，我们可以明显看出很多词汇反映出的是新兴的事物或主流的社会现象，如：

普及化等级词汇：同志、超市、出租车、打车、存款、银行卡、导演、地铁、电话、电脑、计算机、电视机、互联网、网络、网上、网站、网友、电影、影片、影视、电影院、高速公路、公共汽车、公务员、机场、外国人、演唱会、音乐会

中级词汇：俱乐部、博客、开幕式、闭幕式、博览会、充电、纯净水、矿泉水、打印机、大奖赛、电子版、多媒体、股票、光盘、网吧、网页、网址、机器人、邮件、邮箱、酒吧、名牌儿、模特儿、取款机、上市、上台、手续费、手指头、太阳能、天然气、微波炉

高级词汇：硬盘、茶馆儿、艾滋病、安眠药、不景气、帝国主义、官僚主义、社会主义、资本主义、地下水、防盗门、房价、改革开放、进出口、居民楼、停车位、通行证、许可证、口香糖、交响乐、浏览器、失业率、收视率、夏令营、

显示器、数据库、双胞胎、水龙头、私家车、精神病、糖尿病、抑郁症、易拉罐、退休金、望远镜、无线电、五星级、洗涤灵、香水儿、兴奋剂、演播室、养老金、养老院、一卡通、改革开放、高峰期

高级"附录"词汇：跳槽、保质期、爆冷门、点击率、抚养费、公开信、公益性、后备箱、划时代、集装箱、嘉年华、试用期、性价比、演艺圈、主题歌、专柜、专卖店

从上述筛选词汇中可以看出，《等级划分》词汇大纲所收录的反映新兴的事物或主流的社会现象的词汇主要集中在互联网、计算机、影视娱乐、现代生活工具、现代生活方式、社会职业等方面。2000 年以后，中国进入了网络化时代，人们的生活，特别是年轻人的生活，与网络息息相关，网络已经融入了人们生活中的方方面面。影视娱乐也进入了"快餐化"的时代，娱乐形式翻新，影视明星更换迅速。人们的生活方式也随着时代的变化发生着明显的变化，人们的生活方式、生活工具用品、生活质量、职业选取都在不断地变化与创新。在统计出来的这 121 个词汇中，与互联网相关的有 12 个，与计算机相关的有 13 个，与现代生活工具相关的有 27 个，与现代生活方式相关的有 51 个，与社会职业相关的有 3 个。具体分布情况如表 2.1 所示。

表 2.1 《等级划分》词汇大纲反映新兴社会事物或主流社会现象的词汇统计[1]

词汇等级 词汇分类	普及化等级词汇		中级词汇		高级词汇		高级"附录"词汇		小结	
	数量	百分比/%	数量	百分比/%	数量	百分比/%	数量	百分比/%	数量	百分比/%
互联网	5	4.13	6	4.96	0	0	1	0.83	12	9.92
计算机	2	1.65	5	4.13	6	4.96	0	0	13	10.74
现代生活工具	8	6.61	6	4.96	11	9.09	2	1.65	27	22.31
现代生活方式	9	7.44	11	9.09	16	13.22	15	12.40	51	42.15
社会职业	2	1.65	1	0.83	0	0	0	0	3	2.48
其他	1	0.83	1	0.83	13	10.74	0	0	15	12.40
小结	27	22.31	30	24.80	46	38.01	18	14.88	121	100

---

[1] 该表百分比数均是四舍五入，取到小数点后两位。本书中其他表格的百分比均如此。

从表 2.1 中，我们可以看出，从词汇等级角度出发，在筛选出的 121 个词汇当中，中级词汇和高级词汇中反映社会新兴社会事物或主流社会现象的词汇总数达到 76 个，占总词汇数的 62.81%，普及化等级词汇中有 27 个，占总词汇数的 22.31%，高级词汇"附录"中有 18 个，占总词汇数的 14.88%，整体分布呈现出"中间大、两头小"的格局。这种分布符合汉语学习者的学习规律。《汉语水平词汇与汉字等级大纲》在词汇数量方面作过相应的规定。汉语学习者初学汉语时，主要目的是学习最基本的汉语语音、词汇、语法知识，具有初步的听说读写能力，以及最基本的日常言语交际能力，以满足日常生活、学习和一般社交场合交际需要，因此，在词汇层面，《汉语水平词汇与汉字等级大纲》要求汉语教材中编入该大纲中规定的甲级词（1033 个）的 85% 和乙级词（2018 个）的 80%，超纲词汇不允许超过总初级词汇的 20%，要求留学生能正确朗读，掌握这些词汇的基本义项及用法，掌握率要求在 90% 以上。这些词汇是最核心的核心词汇，跟"天、人、口"之类的核心词汇相比，一些如互联网用语、计算机用语、现代新兴的与生活方式相关的用语自然不是最首要的教学任务和学习任务。因此，在《等级划分》词汇大纲中的该类词汇也仅仅列举了 27 个，占总词汇数的 22.31%。中级阶段，《汉语水平词汇与汉字等级大纲》要求汉语教材中编入该大纲中规定的丙级词（2202 个）的 75%，超纲词汇不允许超过总中级词汇的 30%；高级阶段，《汉语水平词汇与汉字等级大纲》要求汉语教材中编入该大纲中规定的丁级词（2202 个）的 75%，超纲词汇不允许超过总中级词汇的 35%。初级阶段要求留学生复用式掌握所罗列的基本词汇，对其听说读写四会技能均提出了较高的要求，而中、高级阶段则更加侧重要求学生领会式掌握所列词汇，要求留学生有较高的阅读理解能力。在这个阶段，留学生基本上解决了汉语语音和语法的问题，限制留学生汉语水平最主要的便是词汇量过小的问题，这时候是大量灌输一般词汇的最佳时机。《等级划分》词汇大纲中也在中、高级阶段列出了 76 个反映社会新兴社会事物或主流社会现象的词汇，占到了总词汇数的 62.81%。前边我们也提及，高级"附录"词汇是为汉语专业或者汉语水平较高的汉语学习者进一步提高汉语水平而准备的词表，主要目的是提高该类学生的汉语水平和综合素养。为此，反映社会新兴事物或主流社会现象的词汇已不是重点，《等级划分》词汇大纲在该部分的词汇大纲中也只列出了 18 个，占总词汇数的 14.88%，而更多的是成语。成语部分我们在文章中也会作出阐述。综合可见，"中间大、两头小"的分布格局与教材编写要求是一致的。

从词汇分类角度出发，在 121 个词汇中，反映现代生活方式的词汇数量最多，为 51 个，占总词汇数的 42.15%；其次是反映现代生活工具的词汇，共计 27 个，占总词汇数的 22.31%，两部分合加起来共计 78 个，占总词汇数的 64.46%，是该部分词汇的主体。其余部分中，与互联网和计算机相关的词汇共计 25 个，占总词汇数的 20.66%，剩余部分为与社会职业相关及其他零散词汇，共计 18 个，占总词汇数的 14.88%。因为《等级划分》动态语料时间主要集中在 2005—2008 年。2000 年以后的中国随着计算机的迅猛普及和中国经济的迅速发展，网络时代改变了人们的生活状态、生活理念，以及生活环境，众多新鲜事物出现在人们新的生活当中。网络时代的到来，让虚拟世界成为人们生活中的一部分，"网络、博客、网友、网站、网址、网吧、邮件、邮箱、点击率"等与网络相关的词汇和"电脑、计算机、硬盘、浏览器、显示器、数据库、打印机、电子版、光盘"等与计算机相关的词汇逐渐成为人们生活中的常用词汇，"超市、地铁、机场、酒吧"成为人们频繁出入的场所，"电影院、音乐会、演唱会"成为都市人民提升生活质量、享受生活的重要方式，"导演、电影、演艺圈、大奖赛、主题歌、收视率"成为繁荣发达的影视娱乐业常提常新的字眼，"名牌、专柜、专卖店"成为人们追求高品质、高品位的首选，"公务员、同志、跳槽、退休金、养老金、抚养费"成为人们常常接触的生活、工作话题，"进出口、股票、上市、上台、不景气、失业率"成为经济时代常被提及的话题。可见，网络时代改变了人们方方面面的生活形态，反映现代生活变化的词汇必然成为反映社会新兴社会事物或主流社会现象的词汇的主体，与网络和计算机相关的词汇也必然出现，其他与经济、日常生活、影视娱乐相关的词汇也必然出现，从而反映出各行各业的发展变化。

三、《等级划分》词汇大纲中非词的语言成分

《等级划分》中词汇部分虽然称为"词汇等级划分"，但是收录了很多非

词的语言成分，如：

普及化等级词汇：开玩笑、另一方面、没什么、没事儿、没关系、是不是、一方面、越来越、这时候、有时候

中级词汇：好（不）容易、很难说、不在乎、不至于、不敢当、不怎么、用得着、用不着、看得起、看不起、看得见、看起来、来得及、来不及、离不开、面对面、没想到、没法儿、得了、赶不上、忍不住、说不定、想不到、能不能、感兴趣、这就是说、就是说、说实话、要不然、一路上、无所谓、尽可能、绝大多数、全世界、一般来说、一口气、只不过

高级词汇：成问题、前不久、除此之外、花样儿、办不到、比不上、别提了、不知怎样、按理说、不由得、不服气、不得已、不经意、不用说、不像话、不见得、吃不上、从来不、大体上、单方面、多方面、全方位、多年来、倒计时、得益于、电动车、动不动、对得起、发布会、发脾气、反过来、反向盘、跟不上、怪不得、顾不上、顾得上、孤零零、管理费、过不去、过日子、海内外、恨不得、基本功、吉祥物、极少数、禁不住、仅次于、紧接着、近年来、看得出、看热闹、看样子、可不是、来源于、莫过于、难为情、闹着玩儿、瞧不起、取决于、如果说、晒太阳、谁知道、甚至于、说白了、说不上、说到底、说起来、说闲话、说真的、俗话说、谈不上、突破口、忘不了、无条件、下功夫、下决心、心里话、心眼儿、要不是、一刹那、一大早、一个劲儿、以至于、一回事、一家人、有效期、有助于、之所以、致力于、重量级、座右铭、做生意

不是成语的四字短语：长期以来、从早到晚、毫不犹豫、或多或少、难以想象、时好时坏、实话实说、说干就干、随处可见、讨人喜欢、未成年人、相比之下、也就是说、一长一短、一年到头、由此可见、这样一来、一天到晚、知识分子、至关重要、总的来说

高级"附录"词汇：暗地里、巴不得、不亚于、不起眼、不如说、沉甸甸、到头来、第一手、第一线、定心丸、多功能、换言之、豁出去、火辣辣、急转弯、开场白、空荡荡、老实说、离谱儿、慢慢来、美滋滋、暖烘烘、热腾腾、伤脑筋、生命线、时不时、水灵灵、喜洋洋、小曲儿、印刷术、造纸术、真是的

不是成语的四字短语：百科全书、从今以后、方方面面、高新技术、过意不去、和平共处、欢声笑语、市场经济、说老实话、相对而言、一不小心、由此看来、有两下子、有所不同、综上所述

在上述列举的非词语言成分中，有几点需要指出：

第一，有较多的儿化名词。在名词可儿化可不儿化的情况下，《等级划分》中收集的多为儿化名词，如"花样儿、离谱儿"等等。"花样、离谱"本可不需儿化，儿化后口语气息变得更为浓厚。之所以儿化名词使用频率更高，原因之一应与语料选取源有关，《等级划分》的动态语料来源多为中央或北京电台、电视台有声语料，报纸、网络新闻纸质或非纸质语料等，北京话的表达方式都参与其中，而儿化是北京话的一个显著的语音特征，高频词汇必然将这一语音特点表现出来。"花样、离谱"等词在南方语音中是很少儿化的。

第二，收录的非词成分口语化表达形式比重很大，表现在以下几方面：

收录了较多的可能短语，如"用得着、用不着、看得起、看不起、看得见、看起来、来得及、来不及、离不开、想不到、吃不上、对得起、跟不上、禁不住、谈不上、忘不了"等等；收录了较多的插入语，如"这就是说、就是说、说实话、一般来说、按理说看样子、说白了、说到底、说起来、俗话说、实话实说、也就是说、总的来说、由此可见、换言之、说老实话、由此看来、老实说、综上所述"等等；收录了较多的"ABB"式的带重叠词缀的形容词，如"孤零零、火辣辣、美滋滋、暖烘烘、热腾腾、水灵灵、喜洋洋"等等，收录了较多的不是成语的四字短语。

可能短语主要分布在中级词汇中。可能补语是汉语教学初级阶段中、后期的重要语法项目，《等级划分》词汇大纲中收录的可能短语口语化极强，如此分布，对留学生既能起到复习已学知识的目的，又可使他们在中级阶段运用口语中最常用的可能补语进行表达、交际，强化口语表达习惯的练习。高级阶段的口语表达需强化练习的是留学生口语表达的逻辑性，这一阶段，关联词语、插入语等内容为留学生重要的知识点。《等级划分》词汇大纲中收录的插入语主要集中在高级词汇及高级"附录"词汇中，且以具有"解释说明"功能类型的插入语居多。

"ABB" 式的带重叠词缀的形容词也多出现在高级词汇及高级 "附录" 词汇中，"ABB" 式形容词中的 "BB" 成分能够对 "A" 语素从范围、程度、状态等角度在色彩、声音、氛围、形象等四个方面进行补充、摹写和说明，如 "孤零零" 中的 "零零" 加强了 "孤" 的程度，"水灵灵、喜洋洋" 中的 "灵灵、洋洋" 则增强了 "水、喜" 的形象度，具有很高的修辞作用。高级阶段要求留学生用词准确，而诸如 "ABB" 式这样的程度形容词对语言环境、语体都有具体的要求，对语感欠佳或对该类词理解不到位的留学生来说，是很难准确使用的。大量的不是成语的四字短语也出现在高级词汇及高级 "附录" 词汇中。我们知道，成语等熟语是高级阶段留学生练习的重点与难点。而中国人的表达习惯多为双音节或四音节的表达习惯。除了成语以外，定型化的四字短语也应纳入留学生学习和掌握的汉语知识范畴，多运用四字短语进行表达，能够很好地培养留学生的汉语语感。

从上述所列举的非词的语言成分中，我们可以看出，《等级划分》词汇大纲在选词时，非常注重口语化词汇的选择。汉语学习的目的是语言交际，应把口语放在汉语学习的首要位置，在此基础上再进行书面语或其他层面更深层次的学习，诸如 "ABB" 式形容词、四字非成语短语的选取，便是注重口语中词语节律的体现，增强了口语教学的针对性、交际性和实用性，有利于汉语国际教育的普及和推广。

第二节 《等级划分》词汇大纲中国俗语言及文化项目的统计分析

一种词汇大纲的研制问世后，其词汇的等级划分及分配规律便决定着相应的汉语教材中词汇的分配规律及词汇所关涉的文化项目的分配规律，同时也影响着使用该教材的汉语教师的教学先后顺序。我们接下来的工作将会对《等级划分》词汇大纲中的国俗语言的分配及其所对应的文化项目的归属做穷尽式的统计。然后再选取典型性的教材和汉语水平考试模拟试题，对它们中的国俗语言的分配及其所对应的文化项目的归属也做穷尽式的统计，对比词汇大纲与实际教材编写、汉语水平考试中国俗语言分布情况的异同。我们再以对比结果为依据，通过问卷调查，查看它们的共选词汇和异选词汇与留学生词汇掌握的吻合与出入情况，根据这些异同点的比较，查看大纲与教材国俗语言选择、分配的合理之处与欠妥之处，最后提出国俗语言在国俗语言词表研制、文化项目大纲编写、成语词表大纲编制、汉语教材编写、汉语教学中的合理建议。

一、《等级划分》词汇大纲中的国俗语言的统计

在第一章中，我们已经论述了国俗语言的界定及分类问题，我们将以此作为参考，统计《等级划分》词汇大纲及汉语教材中的国俗语言，即《等级划分》词汇大纲中的国俗语言的选取整理，我们采纳赵爱国、姜雅明的文化结构及层次划分的观点，将文化分为物质文化、关系文化、精神文化，再将三种文化进行更细致的划分，把《等级划分》词汇大纲中提取出来的国俗语言对应放到各小类的文化范畴当中，考察各类国俗语言的音节、语义、分布、文化项目归属等方面的特点与规律。

1.《等级划分》词汇大纲中的国俗语的分类统计

通过定量分析法，对《等级划分》词汇大纲中的国俗语言进行穷尽式的查找，共从 11092 个词语中筛选出 581 个国俗语言，并根据物质文化、关系文化、精神文化三大分类方式对 581 个词语进行 3 大类、23 小类的更细化分类。具体情况如下：

（1）物质文化类国俗语言

物质文化是指为了满足人类生存和发展需要而创造的物质产品及其表现的文化，包括文化要素或者文化景观的物质表现。本书将《等级划分》中的物质文化词语分为六类：建筑类、饮食类、器具类、服饰类、动物类、植物类。从《等级划分》词汇大纲中筛选出的每类物质文化类国俗语言如下：

①建筑类

长城、胡同儿、茶馆儿、少林寺、四合院

②饮食类

茶、茶叶、红茶、绿茶、饺子、醋、豆腐、豆制品、馒头、月饼、中药、烤鸭、

茅台（酒）、汤圆、粽子、苹果

③器具类

筷子、灯笼、风筝、红灯、龙舟、算盘、二手车

④服饰类

旗袍

⑤动物类

龙、蛇、大熊猫、狗、猴、蜜蜂、仙鹤、鼠

⑥植物类

梅花、桃花、牡丹、菊花、竹子、松树

（2）关系文化类国俗语言

关系文化是指人们在文化的创造、占有或享受过程中所结成的各种社会关系，如生产关系、经济关系、民族关系、国际关系等，其核心是人与人的关系，也包括为维护这些关系而建立的各种组织形式和与之相适应的各种制度——生活制度、社会制度、家庭制度等等。[1]制度文化是在一个民族社会群体达成一致后，在共同的社会实践中建立的各种行为规范、准则以及组织形式等。由于交际而结成的人与人之间的关系是关系文化的内隐，为维护这些关系而建立的各种组织形式和与之相适应的各种制度是关系文化的外显。本书将《等级划分》中的关系文化国俗语言分为四类：政治制度类、经济制度类、社会文化制度类、称谓语类。从《等级划分》词汇大纲中筛选出的每类关系文化类国俗语言如下：

①政治制度类

半边天

②经济制度类

小康、包干儿、大锅饭、人民币

③称谓语类

爸爸/爸、妈妈/妈、弟弟/弟、妹妹/妹、哥哥/哥、姐姐/姐、伯伯、爱人、家人、同志、小伙子、老伴儿、师傅、老人家、亲朋好友、太太、大姐、大妈、

---

1 赵爱国、姜雅明：《应用语言文化学概论》，上海：上海外语教育出版社，第20页。

老王、小李、大家、老太太、老头儿、老婆、老朋友、东道主、皇帝、华人、老百姓、外公、媳妇、酒鬼

　　"人民币"在担负着商品交换媒介职能的同时，其图案、设计理念等已将中国的自然风光、历史变迁、人文精神融入其中，也是中国精神的体现，虽为物质媒介，也具精神文化特征，在本书中，从经济学价值考虑，将其划入"经济制度类"。

　　（3）精神文化类国俗语言

　　精神文化是相对于物质文化而言的，人类在从事物质文化生产基础上产生的一种人类所特有的意识形态，是人类各种意识观念形态的集合。精神文化在物质文化基础上产生，又对物质文化有反作用力，能够推进或阻碍物质文化的发展。本书将《等级划分》中的精神文化类国俗语言分为13类：礼仪类、节令类、风俗类、数词类、色彩词类、味觉词类、宗教类、道德观念类、哲学类、语言文艺体育类、社会心理类、社会行为类、成语类。从《等级划分》词汇大纲中筛选出的每类精神文化类国俗语言如下：

①礼仪类

福

②节令类

春节、除夕、端午节、清明节、中秋节、元宵节、腊月、国庆

③风俗类

过年、年夜饭、庙会、红包、爆竹、鞭炮

④数词类

零、两、三、六、七、八、九

⑤色彩词类

白、红、黄、绿、黑

⑥味觉词类

酸甜苦辣

⑦宗教类

菩萨、佛教、儒家、儒学

⑧道德观念类

家、中国、中华民族

⑨哲学类

中庸

⑩语言文艺体育类

成语、华语、汉字、汉语、普通话、国画、中国画、年画、京剧、京戏、普通话、中医、戏剧、戏曲、相声、穴位、针灸、刺绣、麻将、太极、功夫、武术、太极拳

⑪社会心理类

高手、阎王、一把手、小人、第一手、黑马、黑手、黑心、马后炮、大锅饭、大腕儿、平常心、好家伙、一锅粥、一揽子、福气、八婆

⑫社会行为类

拜访、拜托、会晤、八卦、串门儿、下岗、下台、吹牛、下海、拍板、开夜车、爆冷门、出风头、出血、钻空子、走过场、爱面子、垫底儿、侃大山、走后门儿、打官司、打交道、出洋相、出山、穿小鞋儿、跑龙套、碰钉子、泼冷水、敲边鼓、随大溜

⑬成语类

五颜六色、必不可少、不大不小、长期以来、一路平安、一路顺风、意想不到、一模一样、自言自语、酸甜苦辣、从早到晚、粗心大意、大吃一惊、不可避免、大街小巷、大名鼎鼎、东张西望、断断续续、多种多样、翻来覆去、丰富多彩、各式各样、毫不犹豫、哄堂大笑、乱七八糟、千变万化、千方百计、实事求是、提心吊胆、四面八方、无家可归、小心翼翼、兴高采烈、鸦雀无声、依依不舍、一动不动、一事无成、一帆风顺、无可奈何、或多或少、难以想象、讨价还价、一塌糊涂、犹豫不决、异口同声、与众不同、时好时坏、实话实说、随处可见、无论如何、喜怒哀乐、自由自在、相比之下、与此同时、一长一短、一年到头、

一天到晚、由此可见、粗心大意、无论如何、讨价还价、喜怒哀乐、爱理不理、挨家挨户、爱不释手、半途而废、半信半疑、半真半假、暴风骤雨、悲欢离合、比比皆是、变幻莫测、别具匠心、彬彬有礼、不亦乐乎、不翼而飞、不耻下问、不辞而别、不得而知、不可思议、不了了之、不假思索、不同寻常、不为人知、不相上下、不以为然、不由自主、不约而同、不知不觉、层出不穷、成千上万、成群结队、乘人之危、持之以恒、愁眉苦脸、出口成章、出人意料、触目惊心、川流不息、垂头丧气、此起彼伏、从容不迫、措手不及、错综复杂、大公无私、大惊小怪、大模大样、大同小异、大有可为、当务之急、当之无愧、得不偿失、得天独厚、得意洋洋、东奔西走、独一无二、大大咧咧、大包大揽、耳目一新、耳熟能详、耳闻目睹、奋发图强、发扬光大、翻天覆地、废寝忘食、沸沸扬扬、风餐露宿、风风雨雨、风和日丽、峰回路转、改邪归正、格格不入、根深蒂固、供不应求、沽名钓誉、孤陋寡闻、画龙点睛、画蛇添足、光明磊落、归根到底、骇人听闻、鹤立鸡群、横七竖八、古今中外、吃喝玩乐、多劳多得、方方面面、各奔前程、呼风唤雨、胡思乱想、筋疲力尽、精益求精、敬而远之、居高临下、举世闻名、举世无双、举世瞩目、举一反三、聚精会神、开天辟地、恍然大悟、绘声绘色、化险为夷、家喻户晓、坚持不懈、艰苦奋斗、见钱眼开、可乘之机、可歌可泣、可想而知、刻舟求剑、见仁见智、见义勇为、交头接耳、接二连三、节衣缩食、竭尽全力、津津有味、经久不息、惊慌失措、惊天动地、惊心动魄、兢兢业业、精打细算、忽高忽低、后顾之忧、扣人心弦、哭笑不得、夸夸其谈、来龙去脉、冷酷无情、理所当然、理直气壮、力不从心、连滚带爬、恋恋不舍、寥寥无几、灵机一动、络绎不绝、力所能及、眉开眼笑、美中不足、门当户对、迷惑不解、密不可分、面红如赤、面面俱到、面目全非、名副其实、耐人寻味、难得一见、难以置信、恼羞成怒、念念不忘、弄虚作假、鹏程万里、疲惫不堪、萍水相逢、迫不及待、莫名其妙、默默无闻、扑面而来、七嘴八舌、齐心协力、奇花异草、岂有此理、迄今为止、恰到好处、恰恰相反、恰如其分、千家万户、千军万马、千钧一发、前赴后继、前所未有、轻而易举、倾家荡产、情不自禁、取而代之、全力以赴、全心全意、忍饥挨饿、任人宰割、日复一日、日新月异、

容光焕发、前无古人、前仰后合、潜移默化、如愿以偿、如醉如痴、三番五次、
身不由己、深入人心、盛气凌人、史无前例、势不可当、勤工俭学、目不转睛、
目瞪口呆、目中无人、顾全大局、记忆犹新、守株待兔、水落石出、水涨船高、
顺理成章、顺其自然、司空见惯、思前想后、死心塌地、似曾相识、突如其来、
土生土长、脱口而出、脱颖而出、万古长青、万无一失、亡羊补牢、微不足道、
随心所欲、损人利己、所作所为、滔滔不绝、天长地久、无恶不作、无关紧要、
无话可说、无济于事、无精打采、无可奉告、无可厚非、无能为力、无情无义、
无所事事、无所作为、无微不至、无忧无虑、无足轻重、五花八门、息息相关、
熙熙攘攘、喜出望外、显而易见、相辅相成、相提并论、相依为命、想方设法、
心安理得、心急如焚、心灵手巧、心想事成、欣欣向荣、新陈代谢、形形色色、
形影不离、胸有成竹、袖手旁观、雪上加霜、循序渐进、摇摇欲坠、夜以继日、
衣食住行、一概而论、一技之长、一目了然、怡然自得、以身作则、一成不变、
一筹莫展、一干二净、一鼓作气、一举一动、一毛不拔、一如既往、一声不吭、
一无所有、一无所知、一心一意、一言不发、一言一行、一应俱全、异想天开、
抑扬顿挫、意料之外、因人而异、引经据典、引人入胜、引人注目、应有尽有、
勇往直前、有的放矢、有口无心、有声有色、有朝一日、愚公移山、与日俱增、
与时俱进、愈演愈烈、原汁原味、源源不断、远近闻名、约定俗成、杂乱无章、
赞不绝口、赞叹不已、斩草除根、张灯结彩、朝气蓬勃、朝三暮四、朝夕相处、
针锋相对、争分夺秒、争先恐后、指手画脚、众所周知、众志成城、重中之重、
诸如此类、自力更生、自强不息、自然而然、自始至终、自私自利、自相矛盾、
自以为是、纵横交错、走投无路、足智多谋、罪魁祸首、左顾右盼、天经地义、
同舟共济、头头是道、似是而非、素不相识、家家户户、不正之风、不假思索、
吃喝玩乐、独立自主、各奔前程、顾全大局、合情合理、总而言之、随时随地

　　精神文化类国俗语言中，①—③类是与风俗习惯相关的国俗语言，④—⑫
类是反映人们的价值观、审美情趣、思维方式和宗教感情等方面的国俗语言。有
些语言成分分类界限比较模糊，如"汉字、中国画、年画、刺绣"等皆为有形的
文化，也可归入物质文化范畴。与此同时，它们透过一些物质媒介，更重要的价

值是反映中国人的思维模式、审美倾向，因此在此归入精神文化范畴。"马后炮、出风头、侃大山、走后门儿、打交道、出洋相、碰钉子、泼冷水、敲边鼓、随大溜"等语言成分也可归入俗语范畴，鉴于它们在社会交际过程中反映出来的心理动态或者对一些社会现象的定名，将它们划入了"社会心理类"和"社会行为类"两类。将数量较大的成语单独列成一类，其他熟语成分按相应划分标准划入不同类别中，不再单独列项。

2.《等级划分》词汇大纲中的国俗语的统计分析

针对从《等级划分》词汇大纲中筛选出来的 581 个国俗语言，根据物质文化类国俗语言、关系文化类国俗语言、精神文化类国俗语言，我们将分别考察国俗语言在普及化等级词汇、中级词汇、高级词汇、高级"附录"词汇中的词汇分布情况及其所对应的文化项目的分布情况，以此作为教材中和教学中国俗语言调查分析的对比依据。

首先我们考察《等级划分》词汇大纲中的国俗语言在各等级词汇中的分布情况，具体见表 2.2。

表 2.2　国俗语言在各等级词汇中的分布情况表

词汇等级 / 词汇分类	普及化等级词汇		中级词汇		高级词汇		高级"附录"词汇		小结	
	数量	百分比/%	数量	百分比/%	数量	百分比/%	数量	百分比/%	数量	百分比/%
物质文化类	6	10.91	19	45.24	9	8.91	7	1.83	41	7.06
关系文化类	18	32.73	6	14.29	8	7.92	3	0.78	35	6.02
精神文化类	31	56.36	17	40.48	84	83.17	373	97.39	505	86.92
小结	55		42		101		383		581	

从各等级词汇中的国俗语言分布来看：

在普及化等级词汇中，物质文化类国俗语言共 6 个，占到了普及化等级词汇的 10.91%，这些国俗语言数量分布为：建筑类 1 个、动物类 1 个、饮食类 4 个；关系文化类国俗语言共 18 个，占到了普及化等级词汇的 32.73%，这些国俗语言均为称谓语类；精神文化类国俗语言共 31 个，占到了普及化等级词汇的 56.36%，这些国俗语言数量分布为：礼仪类 1 个、风俗类 2 个、数词类 7 个、色彩词类5个、道德观念类3个、语言类4个、体育运动类5个、成语类2个。

从各类国俗语言所占百分比来看，精神文化类为主要组成部分，超过了普及化等级词汇总数的一半，其次为关系文化类，占到了普及化等级词汇的三成以上，占比重最小的是物质文化类，刚刚超过普及化等级词汇的十分之一。但是需要说明的是，尽管关系文化类国俗语言数量超过物质文化类国俗语言，然而18个词汇均为称谓语词汇，仅仅涉及关系文化类的一个方面，而物质文化类国俗语言包括了建筑类、动物类、饮食类等三方面的内容，涉及文化面较为广泛。

在中级等级词汇中，物质文化类国俗语言共19个，占到了中级等级词汇的45.24%，这些国俗语言数量分布为：建筑类1个、饮食类9个、动物类5个、植物类4个；关系文化类国俗语言共6个，占到了中级等级词汇的14.29%，这些国俗语言仍然均为称谓语类；精神文化类国俗语言共17个，占到了中级等级词汇的40.48%，这些国俗语言数量分布为：节令类4个、味觉词类1个、宗教类1个、语言类1个、曲艺类3个、社会心理类1个、社会行为类2个、成语类4个。

从各类国俗语言所占百分比来看，物质文化类国俗语言比重最高，其次为精神文化类国俗语言，两部分合起来占到了中级等级词汇的85.72%，剩余部分为关系文化国俗语言。需要强调的是，这一部分的关系文化国俗语言仅仅涉及称谓语类，其他方面并无涉及。

在高级词汇中，物质文化类国俗语言共9个，占到了高级词汇的8.91%，这些国俗语言数量分布为：建筑类1个、饮食类2个、动物类1个、器具类5个；关系文化类国俗语言共8个，占到了高级词汇的7.92%，这些国俗语言数量分布为：政治制度类1个、经济制度类2个、称谓语6个；精神文化类国俗语言共84个，占到了高级等级词汇的83.17%，这些国俗语言数量分布为：节令类2个、风俗类4个、体育类1个、医学类2个、曲艺类2个、社会心理类2个、社会行为类16个、成语类55个。

从各类国俗语言所占百分比来看，精神文化类国俗语言已经超越其他两类，成为比重最大的国俗语言类别。相对于中级词汇中的物质文化类国俗语言，高级词汇中此类词汇数量虽下降较多，但是涉及的领域仍然比较广泛。关系文化类国俗语言虽在高级词汇中比重最小，但相对于普及化等级词汇、中级词汇中只涉及称谓语一类的情况，到了高级阶段，关系文化类国俗语言又增加了政治制度类、经济制度类共 3 个国俗语言，涵盖领域有所扩展。

在高级"附录"词汇中，物质文化类国俗语言共 7 个，占到了高级"附录"词汇的 1.83%，这些国俗语言数量分布为：饮食类 2 个、动物类 1 个、植物类 2 个、器具类 1 个、服饰类 1 个；关系文化类国俗语言共 3 个，占到了高级"附录"词汇的 0.78%，这些国俗语言数量分布为：政治制度类 1 个、经济制度类 2 个；精神文化类国俗语言共 373 个，占到了高级"附录"词汇的 97.39%，这些国俗语言数量分布为：风俗类 1 个、艺术类 1 个、体育类 2 个、道德观念类 1 个、社会心理类 12 个、社会行为类 11 个、成语类 345 个。

从各类国俗语言所占百分比来看，精神文化类国俗语言占据了绝对优势，其次为物质文化类国俗语言，占比重最小的为关系文化类国俗语言，仅仅占到高级"附录"词汇总数的 0.78%。其中，成语以 345 个的数量占据了精神文化类国俗语言的 92.49%。虽然关系文化类国俗语言所占比率极低，但是仍然涉及政治制度和经济制度两个领域的词汇。

综合上述情况，物质文化类国俗语言主要集中在中级词汇中，在普及化等级词汇、高级词汇、高级"附录"词汇中分布相对均衡，从普及化词汇中大多数"红茶、绿茶、筷子、饺子"等具象的物质文化国俗语言到之后的"梅花、桃花、红灯、龙舟、旗袍、牡丹"等虽有具象，同时也包含深厚的文化内涵的国俗语言过渡，选词总体来说是一种从具体到抽象的渐变过程。关系文化类国俗语言主要集中在普及化等级词汇中，且在普及化词汇、初级词汇中的关系文化类国俗语言均为称谓语类，两部分加起来占了关系文化类国俗语言总数的 68.57%。在其他等级词汇中，只出现了"半边天"一个政治制度类词汇，"小康、包干儿、大锅饭、人民币" 4 个经济制度类词汇，"儒家、儒学" 2 个社会文化制度类词汇，占了关系文化类国俗语言总数的 17.14%。选词分布总体来说是一种锐减的走势。普及化等级词汇、中级词汇中的精神文化类国俗语言以礼仪类、节令类、风俗类、色彩词类、语言类、曲艺类等为主，成语只分别有 2 个和 4 个，到了高级词汇和高级"附录"词汇中，成语成为最主要成分，分别有 55 个和 345 个，两部分加起来占了精神文化类国俗语言的 79.21%，占了所筛选出的所有国俗语言的 68.85%，不得不给予重视，特别是在高级词汇和高级"附录"词汇中，必然是关注的重点。另外，相对于普及化等级词汇和初级词汇中的分布，社会心理类和社会行为类国俗语言在高级词汇和高级"附录"词汇中也呈现出较大的涨幅，是除了成语之外比重相对最大的两类精神文化类国俗语言。精神文化类国俗语言总体呈现出迅猛增长的走势。

二、《等级划分》词汇大纲中的文化项目分类

1. 国俗语言的文化项目分类标准讨论

讨论文化项目的问题，需要先简述关于"文化因素"的含义。赵金铭指出："文化因素的教学是作为第二语言和对外汉语教学中必不可少的文化教学内容，语言教学本身不应该也不能脱离文化因素的教学。"[1] 他同时指出："所谓的文化因素，是指跟目的语的理解和用目的语表达密切相关的文化因素，主要是隐含在目的语的结构系统和表达系统中反映该民族的价值观念、是非取向、衣食住行、风俗习惯、审美情趣、道德规范、生活方式、思维方式等方面的特定的文化内涵。"[2] 需要强调的是，"文化因素"指的是汉语教学中的文化因素，而不是和一个民族相关的文化因素都在此范围之内。陈光磊也指出相同的观点："文化因素是一个语言教学范畴的概念，是一个潜在的系统，依附于特定的文化项目。"[3] 也就是说，文化项目是显性的、具体的，是我们可以较为容易地具体感知的，是文化因素在语言系统中的具体表现形式；文化因素是隐性的、抽象的，是隐藏在文化项目背后的。

对于文化项目的分类，魏春木、卞觉非根据文化理论和实际需要相结合的方法，按文化的结构层次，首先把文化划分为文化行为和文化心理两大类，然后再对两大类做层层划分，共设计成 114 项具体的文化项目。[4] 张占一指出："应该从语言、文化和交际三方面入手，以交际形式、交际误点、交际误因为项目，

1 赵金铭：《对外汉语教学概论》，北京：商务印书馆，2004 年，第 108 页。
2 赵金铭：《对外汉语教学概论》，北京：商务印书馆，2004 年，第 108-109 页。
3 陈光磊：《语言教学与文化背景知识的相关性》，《语言教学与研究》1987 年第 2 期，第 125-133,160 页。
4 魏春木、卞觉非：《基础汉语教学阶段文化导入内容初探》，《世界汉语教学》1992 年第 1 期，第 54-60 页。

在表层和深层两个层面上进行，从具体到抽象，从语言到文化的探索，并且制订了模式。如语言部分，包括时间词、姓名、颜色词、亲属称谓、见面语、禁忌与委婉语，还有数字、称谓、方位、否定、一些词的文化附加义、句子功能、语体特征等；非语言部分，包括身势、时间、空间。"[1]陈光磊同意张占一"知识文化"和"交际文化"的划分方法，并提出"语构、语义和语用文化"的文化划分。[2]卢伟把文化项目分为 10 个总类：社会交际、生活方式、风俗习惯、社会结构、教育、时间观念、空间观念、价值观念、象征观念、健康。再将 10 个项目分为31 个子项目。[3]娄毅则将文化项目分为当代中国社会、传统中国和文化观念 3 个总类，中国社会对应地理、人口、环境与能源等 10 个子项目，传统中国对应历史人物、文化产物、哲学 3 类及"文化产物"的 9 类共计 12 个子项目，文化观念对应 4 个子项目。[4]

从各家观点可以看出，文化项目的划分并没有统一的标准，在教材编写中，不同编者根据自身文化知识体系和个人喜好，以及教材的针对群体特点，在最大合理性的努力下，自发安排教材中的文化项目。因此，教材中的文化项目表现出不同版本教材中的文化项目相差甚远、文化项目选取随意性大的不合理的特点。随后出现的恶性循环便是教师因教材选取的不同而进行的文化导入及教学方式不同，加之教师个人喜好和教学特点，对教材中的文化项目取舍不同，造成的最终结果便是留学生接受的文化教学项目差异巨大，且吸收的文化知识的结构的合理性没有保障依据和条件，从而使得汉语教学质量隐患重重。因无统一标准，如何对文化进行分类、筛选成为汉语教材编写工作的重点和难点。文化项目既然在言语交际中没有独立的存在形式，各家学者也没有达成共识，我们需要做的工作就是从文化因素所依附的语言形式入手，对文化因素进行定量处理，将看似杂乱的文化因素划分到具体的文化项目当中，使文化因素具象化，从而便于我们对汉语教材进行验证考核，并为汉语教学提供理论依据。汉语教学各类大纲均是通过多

1 张占一：《交际文化琐谈》，《语言教学与研究》1992 年第 4 期，第 96-114 页。
2 陈光磊：《语言教学中的文化导入》，《语言教学与研究》1992 年第 3 期，第 19-30 页。
3 卢伟：《〈乘风汉语〉的中国文化教学研究》，载刘颂浩：《〈乘风汉语〉教学设计与研究》，北京：世界图书出版公司，2005 年，第 43-61 页。
4 娄毅：《关于 AP 汉语与文化教材文化内容设计的几点思考》，《语言文字应用》2006 年第 S1 期，第 93-98 页。

方调查取证，科学性和合理性较高，我们不妨先将大纲中的国俗语言进行文化项目分类，进而与典型汉语教材中的国俗语言和文化项目设置进行对比，分析各自优劣及应改进之处。还需提出的一点是，文化项目中包括了非语言部分，如身势、时间、空间等，本书是研究教材中的国俗语言，非语言部分的文化项目暂不在考虑范围之内。

2.《等级划分》词汇大纲中的国俗语言的文化项目分类统计

综合赵金铭、魏春木、卞觉非、张占一、陈光磊、卢伟、娄毅等专家学者的观点，并根据《等级划分》词汇大纲中出现的国俗语言的实际情况，将《等级划分》词汇大纲中的文化项目具体分为14大类，30小类，具体见表2.3。

表2.3　《等级划分》词汇大纲文化项目分类及国俗语言举例

序号	大类	子类	具体项目	国俗语言举例
1	生活方式	建筑	古建筑	长城、少林寺
			居住	四合院、胡同
			休闲场所	茶馆儿
		饮食	菜肴	饺子、豆腐、豆制品、馒头、烤鸭、汤圆、粽子、月饼
			水果	苹果
			饮料	茶、茶叶、红茶、绿茶、茅台（酒）
			调味品	醋
			器具	筷子
		交通	交通工具	二手车
		服饰		旗袍
2	社会交际	称谓	亲属	爸爸／爸、妈妈／妈、弟弟／弟、妹妹／妹、哥哥／哥、姐姐／姐、伯伯、爱人、家人、外公、媳妇、老婆、老伴儿
			一般称谓	同志、师傅、小伙子、老太太、老头儿、太太、老人家、老朋友
			特殊形式称谓	大姐、大妈、老王、小李
			统称	亲朋好友、大家、
		交往		拜访、拜托、会晤、串门儿
3	时空观念	历史	人物	皇帝
		地理	区域	中国

续表

序号	大类	子类	具体项目	国俗语言举例
4	价值观念	家庭观		家、中华民族、福
		社会观	社会心理	高手、阎王、小人、大腕儿
			社会行为	打官司、打交道下岗、下台、下海
5	象征观念	色彩	颜色	白、红、黄、绿、黑
		味觉	味道	酸甜苦辣
		数字		零、两、三、六、七、八、九
		动植物	动物	龙、蛇、大熊猫、狗、猴、蜜蜂、仙鹤、鼠
			植物	梅花、桃花、牡丹、菊花、竹子、松树
6	风俗习惯	节令		春节、除夕、端午节、清明节、中秋节、元宵节、腊月、国庆
		风俗		过年、年夜饭、庙会、红包、爆竹、鞭炮
7	经济	货币		人民币
		经济制度		小康、包干儿、大锅饭
8	政治	政治制度		半边天
9	健康	竞技		武术、功夫、麻将
		养生		太极、太极拳
10	语言文字	语言		汉语、华语、普通话
		熟语	成语	五颜六色、一事无成、暴风骤雨、不约而同、精益求精、扑面而来、死心塌地、无足轻重
			俗语	马后炮、一锅粥、侃大山、穿小鞋儿、跑龙套、碰钉子、泼冷水、敲边鼓、随大溜
		文字		汉字
11	艺术	曲艺		京剧、京戏、戏剧、戏曲、相声
		书画		国画、中国画、年画
12	文学			
13	科学发明	医学		中医、穴位、针灸、中药
		发明		灯笼、风筝、红灯、龙舟、算盘、刺绣
14	宗教哲学	佛教		菩萨、佛教
		儒教		中庸、儒家、儒学

现对《等级划分》词汇大纲文化项目分类及国俗语言举例进行分析。

在生活方式方面，《等级划分》词汇大纲在国俗语言层面的反映主要集中在建筑、饮食、交通、服饰四个方面，其中饮食类国俗语言数量最多。

称谓语在社会交际方面数量众多，且表现形式多样。称谓语是人际交往的首要环节，是迈出成功交际的第一步，特别是亲属称谓语，本用来表明有亲属关系的成员之间的关系，但是实际的使用情况是已经扩大到了非亲属成员间的指称，有学者称之为亲属称谓的泛化（或外化），或者是亲属称谓语的"扩展用法"。郭熙就认为称谓语，如尊称、谦称、爱称和贬称等可以反映中国社会结构、社会文化等[1]，是一个复杂的语言群体，在人际交往中，常常出现称谓语缺环或称谓语缺位现象，即不知如何称呼交际对象。不同的语言体系之间，称谓语使用情况也不尽相同或差异巨大，如欧美人要想弄清楚中国人之间的远近关系，是需要具备很好的语言功底才能解决的问题。《等级划分》词汇大纲中出现大量的称谓语，必然会影响到汉语教材编写中称谓语的选取和分布问题，同时也说明称谓语是使用频率高、语言教学过程中须重点强调的语言知识点和文化点，是兼具文化功能和文化内涵的语言点。

"象征观念"项目下包含了较多的子项目，是各项文化项目中子项目最多的一项，涵盖了色彩、味觉、数字、动物、植物等类别。汉语表达的习惯是将深层概念义及文化义寓于浅显的文字表达之下，经常出现"言浅而意深"的表达效果，而"象征观念"一类的文化项目则是形成这种表达效果主要的手段之一。

例如，在汉文化中，色彩被赋予了众多的文化义。中国古来便崇尚红色，认为有喜庆之义，如结婚被称为是红事，新人着红衣，忠孝之心被称为"赤子之心"，皇帝批文专用红色，称为"朱批"，批发的文书也为红色，称为"红本"。"黑"在汉民族文化中则具有双重含义，一方面为褒义，代表庄重，如夏、秦时期公卿大夫的官服、礼服等都采用黑色，"黑脸包公"的黑色代表了公正无私。另一方面，因为黑色为暗色，常常与"黑暗"的意思联系在一起，如"黑风孽海、颠倒黑白"等，屈原在《九章·怀沙》中说："变白为黑兮，倒上为下。""黑心、黑手、黑幕"等贬义词也不胜枚举。

汉文化中，简单的数字却饱含着深层且丰富的文化内涵，我们以成语为例，

1　郭熙：《中国社会语言学》，杭州：浙江大学出版社，2004年，第212-219页。

"一"代表着首位，如"一马当先、一步登天"，也代表着纯粹，如"一心一意"等；"二"即"双"，有"完满"之义，如"二龙戏珠、好事成双、双喜临门"等；"三"在古汉语中有"多"之义，如"三番两次、三心二意"等；"四"为"四方"，有"周遍"之义，如"四海为家、家徒四壁"等；"繁多而丰富"之义与"五"有关，如"五光十色、五彩缤纷"等；"六"是"顺利"之义，是中国人的幸运数字，如"六六大顺、六畜兴旺"等；"七"常与"杂乱无章"相关，如"七上八下、乱七八糟"等；"八"即"发"，是中国人的另一幸运数字，如"四通八达、八面威风"等；"九"有"至高无上"的意思，如"九五之尊、九霄云外"等；"十"则代表"完美"，如"十全十美、十拿九稳"等。

用动物、植物代表人的品质、行为是汉民族文化中常用的象征手法。如"蛇"是"阴险、毒辣"的代言，中国人对蛇都有一种畏惧、排斥的文化心理，"蛇蝎美人、心如蛇蝎"等有阴险之义的词很多都归到了"蛇"身上。"鼠"则是"胆小怕事、没有远谋"的代言，如"胆小如鼠、鼠目寸光"等。"龙"是中国人的图腾崇拜，被赋予了众多美意，如"龙马精神、龙凤呈祥、飞龙在天、望子成龙"等。"梅"代表着人的纯洁和傲骨，如"雪胎梅骨、驿路梅花"等，它更是和"松、竹"合称为"岁寒三友"，是中国人寄予美好品格的植物。

正是由于"象征观念"已经成为中国人根深蒂固的一种思维模式，所以与"象征观念"相关的国俗语言也数量众多。

风俗习惯是中国人思想、观念定型外化的表现，节日的种类繁多，内容几乎涉及人类社会生活的所有领域，是一个民族对社会价值观、集体归属、行为准则和道德标准认知的集中体现，也是一个民族的政治、经济、生产、生活、民俗、宗教等文化现象的集中体现。可以说，"风俗习惯就是一个巨大的象征习惯，传达着一个民族特有的文化方式和思维方式"[1]。作为文化方式和思维方式的外化，风俗习惯这一文化项目必然会在《等级划分》词汇大纲及教材编写中得到体现。

另外，时空观念、价值观念、经济、政治、健康、语言文字、艺术、文学、科学发明、思想宗教等文化项目也从《等级划分》词汇大纲中得以体现。

1 董金权、徐柳凡：《传统节日文化的内涵回归与外延伸展》，《中国国情国力》2008年第7期，第48-51页。

　　根据筛选出来的国俗语言对《等级划分》词汇大纲所列出的文化项目表中也缺少了很多应有的文化项目，如"生活方式"项中没有诸如"看病、购物、娱乐"等常见文化项目，"社会交际"项中缺少如"问候、告别、感谢、道歉、敬语、谦语、邀请、拒绝"等常见文化项目，"价值观念"中没有如"自然观、伦理观、婚姻爱情观"等常见文化项目，"风俗习惯"项中缺少如"崇尚、禁忌"等常见文化项目，"文学"项中缺少如"古典名著、诗词"等常见文化项目。也就是说，前边所列出的《等级划分》词汇大纲中的文化项目表并不是全面概括的，这一问题我们从两个方面加以说明。首先，这一文化分类表是根据《等级划分》词汇大纲中筛选出来的国俗语言进行的相对应的文化项目的陈列，没有对应的国俗语言，就不会有与之相对应的文化项目。本书是考察教材中的国俗语言及其相关的文化项目，并不是对教材中所有文化项目的考察，最根本的是要解决教材中的国俗语言问题，因此文化项目分类是有针对性的选取，而不是全面描述。其次，《等级划分》词汇大纲中的国俗语言是经过调查而选出的，因此，与其相应的文化项目也应该是人们日常交际中常常遇到的，一部具有通用性的综合教材中，在保证基本语法项目及词汇项目的编排的同时，也应该包含这些文化项目在其中。《等级划分》词汇大纲中的国俗语言是精选而出，教材中的词汇在包含绝大多数《等级划分》词汇大纲中的国俗语言的同时，也必然有所扩充丰富，教材中各项目的设置应考虑更为周全，待到对教材中的国俗语言及其文化项目进行考察分析后，与《等级划分》相互比对，考察二者之间的缺失与互补，便能分析各自的得失优劣之处。《等级大纲》词汇大纲中对国俗语言及文化项目的分析也是后面考察教材全面性的一个重要参考项。

第三节　本章小结

　　本章中，在对《等级划分》词汇大纲做简要介绍之后，主要是对《等级划分》词汇大纲中的国俗语言及文化项目做统计分析。

　　第一，国俗语言以选取具有概念义的国俗语言和同音同形表达不同概念的

词汇或概念相同、文化内涵的国俗语言两个标准，将其划分为物质文化类、关系
文化类、精神文化类 3 大类、23 小类。经分等级统计分析，物质文化类国俗语
言主要集中在中级词汇中，选词总体来说是一种从具体到抽象的渐变过程；关系
文化类国俗语言主要集中在普及化等级词汇中，选词分布总体来说是一种锐减的
走势；精神文化类是国俗语言主体，比重巨大，总体呈现出迅猛增长的走势。

　　第二，各家学者对国俗语言的文化项目分类无统一标准，为此，我们综合
多家学者观点，将《等级划分》词汇大纲中的文化项目具体分为 14 大类、30 小类。
其中，生活方式类、社会交际类中的称谓语、象征观念类、风俗习惯类文化项目
及对应的国俗语言数量比重较大，《等级大纲》词汇大纲中国俗语言及文化项目
的统计分析数据可为之后教材国俗语言考查提供重要参考依据。

第三章　综合汉语教材中的国俗语言

　　教材是开展教学和实现教学目标的重要依据。体系完整、结构合理的教材不仅有利于学生系统地学习汉语语言基本知识，而且有利于学生发展各项技能和了解中国文化，从而也为教师教学的组织和实施带来极大的便利。我们将选取《汉语教程》《新实用汉语课本》《发展汉语》三套既具共性，又各具特点的汉语综合教程，对教材生词表中的国俗语言进行统计分析，寻求国俗语言及其对应的文化项目在教材中的分布规律。

第一节　三套综合教材简介

一、教材简介

　　《汉语教程》（修订本）（为方便起见，后边行文中简称《教程》）是由杨寄洲主编、北京语言大学出版社出版的汉语综合课程教材，1999年出版发行，于2006年出版修订版。该套教材共分三册六本，每册分上、下册，共计76课，其中，第一册每册15课，共30课，第二册每册10课，共20课，第三册每册13课，共26课。该套教材为综合课程教材，适用对象是零起点的汉语学习者。该教材第一册（上、下）、第二册（上、下）属于话题型教材，以实用会话为主，随着汉语学习过程的推进，也编写了一部分叙述性短文，体现了从会话到段落表达的过渡。第三册（上、下）属于课文型教材，全部都是选编的叙述性文章。该套教材的编写指导思想是：以语音、语法、词语、汉字等语言要素的教学为基础，通过课堂训练，逐步提高学生听说读写的言语技能，培养他们用汉语进行社会交际的能力，同时也为他们升入高一年级打下基础。每册教材的内容大致由课文、生词、注释、语法、语音、练习等六部分组成。[1]

1　杨寄洲：《汉语教程》，北京：北京语言大学出版社，2006年，第1页。

　　1999 年出版的《对外汉语教学初级阶段教学大纲》，以及之后的《对外汉语中高级阶段情景大纲》明确教学对象和培养目标，规范课堂教学和课程考试，成为《教程》编写的科学依据，《教程》就是严格遵循这两个大纲编写而成的。通读教材，我们便能发现，《教程》以语法结构为主线，杨寄洲指出：“本书的语法虽不刻意追求系统性，但全书的语法安排是有章可循的，是严格按照由易到难，循序渐进的原则编排的。……我们这套教材主要是借助汉语语法结构讲课文的，是以语法为主导教学生说中国话的。因此，语法的讲解力求简明扼要，从结构入手，重点阐释其语义和语用功能，教学生怎么运用语法去说，去写，去表达。”[1]从中，我们可知，对于语言结构、语义和语用之间的关系，杨寄洲认为并不是孤立地进行结构形式的教学，或只单独强调语法教学，而是要以意义教学为前提进行语法结构的教学，在进行句式教学的同时，尽量揭示该句式的语义和语用环境，以便使学生尽快地理解所学的语言知识，正确地将自己的想法付诸语言实践。一些语言点和文化背景知识的说明则放到课文后的注释中进行解释。可见，结构、功能、文化三结合原则是《教程》自始至终坚持的编写理念。《教程》属于传统的对外汉语综合教材，出版时间早，注重语言基础，系统性强，得到了众多高等院校及汉语教学机构的认可，成为使用广泛的综合汉语教材。

　　《新实用汉语课本》（为方便起见，后边行文中简称《课本》）是由刘珣主编、北京语言大学出版社出版的汉语综合课程教材，可以说是《实用汉语课本》的升级版。《实用汉语课本》是 20 世纪七八十年代，原北京语言学院主编的一套综合汉语教程，在海内外广泛使用，但是随着时间的推移，教材内容需要除旧推新，2001 年，北京语言大学开始在《实用汉语课本》的基础上编写《新实用汉语课本》。该套教材学生用书共六本，共计 70 课，其中，第一册 14 课，第二册 12 课，第三册 12 课，第四册 12 课，第五册 10 课，第六册 10 册。教材第一册、第二册、第三册基本上均为对话体，每课由两段对话组成，目的在于保证留学生在四会技能全面发展的前提下，突出加强听说练习。第四册中的第一部分仍为对话体，第二部分改为短文形式，记叙文、议论文、说明文等多种文体，采用日记、信件、

1　杨寄洲：《汉语教程》，北京：北京语言大学出版社，2006 年，第 2 页。

记述等多种形式安排课文。第五册和第六册均为短文形式，有记叙文、议论文、说明文、叙事散文等多种文体。

《课本》的编写目的是通过语言结构、语言功能和相关文化知识的学习，以及听说读写四会能力的训练，逐步培养学习者运用汉语进行交际的能力。语音、词汇、句型、语法和话语等语言结构的学习是语言交际的基础。刘珣一直强调语言结构在语言教学中的基础重要性："不论从成人学习第二语言的认知原则出发，还是从汉语本身的特点来考虑，以结构为基础恐怕仍是汉语作为第二语言教学的根本规律。语法或句型的教学不仅淡化不得，甚至还要强化。"[1] 培养学习者运用汉语进行交际的能力是语言教学的最终目标，体现在教材编写上，《课本》始终坚持"以学习者为中心"的原则："即教学内容要适合学习者的需要，有利于学习者创造性地学习，使学习者不断增强学习动力并获得成就感。"[2] 因此，该教材要求在教学方法上体现各教学法流派之长："既重视学习语言的交际功能，又要牢固地掌握语言结构；既要让学习者通过大量的操练和练习培养四种基本技能，又要让学习者懂得必要的语法知识和组词造句的规则。"[3] 由简单到复杂、由易到难、循序渐进、不断重现的原则均体现在教材编写中。因此，《课本》也是一部以结构、功能、文化三结合原则为编写理念的汉语教材。

为达到结构、功能、文化三结合原则，《课本》在如下几方面做了改革创新：第一，语言结构、语言功能、文化因素等均采用圆周式编排，多次循环重现，螺旋式上升，保证学习者的学习效果，提高他们的成就感；第二，在坚持以结构为基础的汉语作为第二语言教学的根本规律的基础上，突出强调功能项目教学，以保证学习者听、说、读、写交际能力的不断提高；第三，重视汉字教学，遵循从易到难的原则，从基本笔画、到部件、到独体字、到合体字，有条不紊地将汉字教学纳入汉语教学当中，保证不因汉字读写水平限制学习者汉语水平提高的汉语学习弊端的出现；第四，将教材题材从校园扩大到校外，一方面增强汉语实际交际情景的真实性和普遍性；另一方面，借助不同的题材，介绍中国的习俗文化、

1　刘珣：《为新世纪编写的〈新实用汉语课本〉》，《暨南大学华文学院学报》2003 年第 2 期，第 1-5 页。
2　刘珣：《新实用汉语课本：第 4 册》，北京：北京语言大学出版社，2010 年，第Ⅲ页。
3　刘珣：《新实用汉语课本：第 4 册》，北京：北京语言大学出版社，2010 年，第Ⅲ页。

传统文化与当代文化，进行中西文化对比，让学习者在学习汉语过程中了解中国及中国文化；第五，适当加大各结构的练习量，让教师和学习者都可以进行选择性的教学和学习，加大教学与学习的弹性空间，在基本教学任务完成的前提下，让教师和学生根据各自的需要和能力因材施教或自由习得。

《发展汉语》（综合教程，第二版）（为方便起见，后边行文中简称《发展》）是由李泉主编、北京语言大学出版社出版的汉语综合课程教材，2011年出版发行。该套教材共分三级六册，每级分上、下册，共计115课，其中，初级综合（Ⅰ）共30课，初级综合（Ⅱ）共25课，中级综合（Ⅰ）共15课，中级综合（Ⅱ）共15课，高级综合（Ⅰ）共15课，高级综合（Ⅱ）共15课。该套综合课程教材适用于包括零起点的各个阶段汉语学习者。该教材第一册（上）的第1—14课为话题型教材，以实用会话为主，从第15课开始转为简短的短文形式。随着课程的推进，文章的篇幅和难度都随之增加，整套教材在课文字数上都有较为严格的控制，避免长对话、长篇章的出现。

《发展》是一套按照语言技能综合训练与分技能训练相结合的教学模式编写而成的教材。其总体目标是：全面发展和提高学习者的汉语语言能力、汉语交际能力、汉语综合运用能力和汉语学习兴趣、汉语学习能力。具体目标是：通过规范的汉语、汉字知识及相关的文化知识教学，以及科学而系统的听、说、读、写等语言技能训练，全面培养和提高学习者对汉语要素（语音、汉字、词汇、语法）形式与意义的辨别和组配能力，在具体文本、语境和社会文化规约中准确接收和输出汉语信息的能力，运用汉语进行适合话语情境和语篇特征的口头和书面表达能力；借助教材内容及其教学实施，不断强化学习者汉语学习动机和自主学习能力。

在语言知识教学方面，本着"综合语言能力＋专项语言能力"的训练模式，在教材编写中充分突出单项训练的目标和特点，同时重视将各语言技能有机结合进行综合训练，注重语言各结构之间的整体融合。在课文内容选取方面，课文内容、文化内容以今为主，古今兼顾，尝试全方位展现当代中国社会面貌以及中国文化的多元并包的特点。在教材内容方面，"教材内容的编排、范文的选择和练习的设计等，总体上注重'语言结构、语言功能、交际情境、文化因素、活动任务'的融合、组配与照应；同时注重话题和场景、范文和语体的丰富性和多样化，以便全面培养语言学习者语言理解能力和语言交际能力"[1]。在编写安排上，同样遵循第二语言教材编写由易到难、急用先学、循序渐进、重复再现等通用原则，以确保教材易教易学，增强学习者学习兴趣及成就感。可见，《发展》也是一部结构、功能、文化三者相结合的教材。

二、 教材选取理由

第一，三套教材均为北京语言大学出版社出版。北京语言大学是国内最早开始汉语教学的院校。北京语言大学出版社成立于 1985 年，是中国唯一一家汉语国际教学与研究专业出版社，其中，汉语教材出版是北京语言大学出版社的突出特色。北京语言大学出版社已出版汉语教材 2000 余种，遍布世界各地，国内各高等院校及汉语教学机构也多使用北京语言大学出版社出版的汉语教材。北京语言大学出版社以出版的汉语教材种类最多、使用范围最广、读者评价最高而被教材使用单位所信赖。汉语教材编写虽日渐成熟，但是由于教材依据的编写理念、编写原则、适用对象等方面的不同，加之编写者主观意愿的介入，各不同出版社出版的教材差别比较大。北京语言大学为国内汉语国际教育的领头羊，北京语言大学出版社是汉语教材出版的权威机构，所出版的教材具有典型性。三套教材均出自北京语言大学出版社，便于我们经过对比，发现它们之间的共性与差异。

第二，三套教材均为综合课教材。吕必松认为："综合课的主要特点是它的综合性，它的主要任务是全面进行语言要素、文化背景知识和语用规则的教学，全面进行语言技能和语言交际能力的训练，把这几项综合起来进行教学。"也就是说，综合课教材的"综合"一词具有两方面的含义：一是要求教学内容的综合，以语言要素教学为基础，加之相关的语言知识和文化知识，在教学过程中让学生逐渐掌握中国语言文化及语用知识，培养学生言语技能及言语交际技能；二是在上述技能训练过程中要求采取多种多样、行之有效的综合式的教学方法。综合教材要求保证语言知识教学的前提下潜移默化地输入文化知识，这就要求与文化相

1　李泉：《发展汉语》（第二版），北京：北京语言大学出版社，2011 年，第 Ⅱ 页。

关的国俗语言、文化项目等方面的设置安排科学合理。相对为满足文化教学而专门出版的一些文化专项教材，这些教材突出的问题便是没有统一的规范要求，更多的是按照编写者自身的知识体系和文化修养，自发选取文化教学知识点，教材主观色彩过强，相互之间差异较大。文化教学是一个包括知识文化教学和交际文化教学的多个方面、循序渐进的过程，综合教材则是最好体现文化输入循序渐进特点的课程教材。因此选取的三套教材均为综合课教材。

　　第三，《教程》是国内大学使用最广泛的对外汉语教材，且出版时间较早，后又根据需要进行了修订；《发展》是目前国内使用规模最大的国家级对外汉语教材，再版之后，成为众多高校汉语教学的首推教材，在目前汉语教材使用现状中占有重要的份额；《课本》在国内外通用度也非常高，特别是在国外，目前已被哈佛大学、斯坦福大学、牛津大学、柏林大学、莫斯科大学、早稻田大学等近2000所大学使用，成为国外大学使用最广泛的汉语教材。三套教材先后成为国内通用度高的教材，且使用时间均在10年之上，前后横跨了近15年，经过多次教学实验，结构体系发展成熟，各语言要素及国俗语言分布配合方面接受度高，教材极具代表性。三套教材均以结构、功能、文化相结合原则为编写理念的汉语教材，都强调语言要素教学的基础重要性，特别是《教程》，最早出版于1999年，以语法为主线串联课文，主要以零起点汉语学习者为教学对象。之后的《发展》和《课本》在保证语法编写的基础上，逐渐重视文化教学在教材中的比重。如《课本》除了在课文中输入渗透文化知识外，还补充课文及课后专项介绍与课文话题相关的文化知识。从前边对三套教材基本知识的介绍也可看出，作为综合教材，三套教材在编写目标、编写原则、总体设计等多方面都存在较高的一致性，在我们统计分析国俗语言时，分析材料信度和适度更高。

第二节　三套综合汉语教材中国俗语言的统计分析

　　文化内容丰富广泛，包罗万象，作为以语言教学为目的的汉语教材须保证语言知识合理分布的前提下才可根据教学实际需要，适量引入文化知识，所以无论是在哪种汉语教材中，都不可能覆盖文化知识的全部内容，我们在编写汉语教材时，就面临着种种选择问题：哪些国俗语言是最基础的，必须选入汉语教材；哪些国俗语言是非基础的，可根据教材编写需要及学生实际需求作出取舍；哪些国俗语言所含文化内涵浅显易懂，只需在教材中列出而不需多加解释说明；哪些国俗语言所含文化内涵抽象深奥，需要在教材中作出注释说明。这些有关国俗语言的问题都没有相关大纲或相关文件作出规定或说明。接下来，我们将对《教程》《课本》《发展》三部发展成熟的综合教材中的国俗语言进行统计、对比、分析，并和《等级划分》中的国俗语言相对应，对比分析教材与教材之间、教材与《等级划分》中的共选国俗语言与异选国俗语言在选取、分布、适度性等方面的差异，希望所得结论能够为教材编写提供参考、借鉴的作用和意义。

需要说明的一点是，在国俗语言筛选过程中，一些地名（如香港、澳门、西安、湖北、湖南、四川、西藏、新疆、台湾、黄山、江南、三峡、神女峰等）、人名（如苏东坡、隋炀帝、唐明皇、王安石、徐悲鸿、杜甫、李白、老舍、杰克、李玉兰、莎士比亚等）、时间名词（如唐代、宋代、明代、战国等）没有选录，但是一些典型的地名（如北京、长江、黄河）、人名（如毛泽东、邓小平、孔子等），以及一些典型的文学作品名（如《红楼梦》《全唐诗》《水浒》等）、文学作品中的人物名（如贾宝玉、林黛玉）则选录其中。

一、国俗语言的数量分布

1. 国俗语言数量的总体分布

表 3.1　教材中国俗语言的总体分布

教材	国俗语言数	词汇总数	百分比/%	《等级划分》		
				国俗语言总数	词汇总数	百分比/%
《教程》	153	2972	5.15	581	11092	5.24
《课本》	340	4734	7.18			
《发展》	327	2216	14.76			

从表 3.1 中可以看出，在国俗语言数量上，《课本》和《发展》数量相近，《教程》数量最少。这不能说明《教程》不重视国俗语言的编写与教学工作，而是《教程》的适用对象是零起点的汉语学习者，当汉语学习者完成《教程》三册六本的学习后，所掌握的总的词汇数仅为 2972 个，相当于初中级汉语水平。因

为初、中级以语言要素教学为主，主要解决汉语学习者语言交际问题，因此所选词汇也多为日常交际中的最常用及常用词汇，在这部分词汇中，文化内涵较为抽象的国俗语言是不适合选用进去的，因此，《教程》相比于《课本》和《发展》，国俗语言总数相对较少。另外，《教程》是一套传统的综合教材，以语法为主线贯穿整套教材，以言语交际为主要目标，这也成为其国俗语言选用较少的另一原因。之后的《课本》和《发展》中国俗语言数量上升，一是因为两套教材为适合初、中级和初、中、高级汉语学习者使用的综合教材，适用对象范围的扩大，也使教材可以容纳数量更多的国俗语言，另一方面也说明了随着汉语国际教育事业的推进，汉语工作者们越发重视教学中文化教学的比重了。

国俗语言与教材词汇总数比率上，《教程》为5.15%，比率最低；《发展》为14.76%，比率最高;《课本》为7.18%，在三套教材中居中。虽然《发展》和《课本》中的国俗语言数量相近，但是《发展》总的词汇数量只有《课本》词汇总数的46.81%，这就使《发展》中的国俗语言所占比率是《课本》中国俗语言所占比率的近2.06倍。这一点也不能说明《课本》不重视国俗语言的编写与教学工作，原因在于《课本》编写的一大特点是在生词的安排上分为两部分，在正文的后边有课文生词，这部分是要求汉语学习者必须掌握的，在课后生词后或者在正文后边的"阅读·会话·听力"板块中又列出了大量的补充生词，这部分生词建议汉语学习者根据自身具体的汉语学习情况量力学习。补充生词数量几乎和正文后的生词数量相当，甚至在前几册教材中也有补充生词数量超过正文后生词数量的情况，这就导致了《课本》中的词汇总数是《发展》中词汇总数的两倍还多。如果只是统计《课本》中正文后的生词数量，便和《发展》的词汇总数相差无几了，两套教材中国俗语言与词汇总数的比例也就相当接近了。《教程》中国俗语言比重虽然最低，但是它与《等级划分》词汇大纲中的国俗语言与词汇总数的比例却是最接近的，分别为5.15%和5.24%，《课本》中的国俗语言比重比《等级划分》词汇大纲中高出了1.94%，《发展》中的国俗语言比重比《等级划分》中高出了9.52%，是《等级划分》中国俗语言比重的2.81倍。单纯从国俗语言比重角度看，《教程》中的国俗语言比重虽然最低，却是和《等级划分》

中国俗语言比重最接近的。

2.国俗语言数量的分册分布

表3.2　教材中国俗语言数量的分册分布表

教材 ＼ 统计项目		国俗语言数	生词总数	百分比/%
《教程》	《教程》（一上）	27	324	8.33
	《教程》（一下）	8	461	1.74
	《教程》（二上）	23	394	5.84
	《教程》（二下）	18	382	4.71
	《教程》（三上）	32	577	5.55
	《教程》（三下）	45	834	5.40
《课本》	《课本1》	30	456	6.58
	《课本2》	43	595	7.23
	《课本3》	65	592	10.98
	《课本4》	52	705	7.38
	《课本5》	68	1015	6.70
	《课本6》	82	1374	5.97
《发展》	《发展》（初Ⅰ）	24	426	5.63
	《发展》（初Ⅱ）	30	362	8.29
	《发展》（中Ⅰ）	30	340	8.82
	《发展》（中Ⅱ）	24	368	6.52
	《发展》（高Ⅰ）	124	382	32.46
	《发展》（高Ⅱ）	95	338	28.11

通过表3.2分析可见，《教程》一、二、三册中国俗语言数量分别为：35、41、77，各册生词总数分别为：785、776、1411，基本上保持国俗语言的增长与词汇总数的增长成正比走势，只是在《教程》（一上）中国俗语言比例远远超出了其他各册，其中占比重较多的为称谓语词和数量词。"称谓词是汉语词汇系统中源远流长的一个大体系。从《尔雅》开始，《方言》《释名》等书就陆续收载了大量的称谓词，且'厥后世代愈积，称谓愈繁'。汉语称谓词数量之大、种类

之多，在世界各民族语言中，恐怕是绝无仅有的。"[1]在汉语交际中，恰当的称谓语是良好交际的开始，因此，称谓语词必然成为国俗语言中重要的成员之一。称谓语分为家庭称谓语和社会称谓语。在汉语学习的初始阶段，"家庭介绍"是基础且重要的一个交际话题，相应地，和家庭成员相关的称谓语，如"爸爸、妈妈、哥哥、弟弟、姐姐、妹妹"必然成为初级阶段国俗语言的组成部分。因为中国人有非常重的家族观念，所以家族称谓词便出现了多而复杂的现象。数字也是初级阶段的教学内容，而数字又被中国人赋予了不同的文化内涵，所以数字也将成为初级阶段国俗语言的重要组成部分。《教程》（一下）中的国俗语言出现了一个低谷，其他两套教材均未出现这种情况，属于一个特例。当然，因为我们在统计国俗语言时，将部分诸如不是非常典型的人名、地名排除在外，这也会影响到国俗语言最后的统计结果。除此之外，《教程》第二册、第三册的国俗语言与词汇总数均保持基本正比增长的趋势，国俗语言占词汇总数的比例基本平衡，可见，《教程》在国俗语言的比例分配上采取的是持衡的做法。

《课本》一到六册中国俗语言数量分别为：30、43、65，52、68、82，各册生词总数分别为：456、595、592、705、1015、1374，国俗语言的数量增长与词汇总数的增长呈现出正比增长的趋势。《课本》中出现国俗语言高峰的是在《课本3》中，处于汉语教学的初中级阶段。张雪英就指出："对外汉语教学中的文化词，主要出现在对外汉语初中级教材当中，特别是汉语综合课和汉语文化课的教材。"[2]这一观点恰恰在《课本3》中得到印证，《教程》中的国俗语言的分配也符合这一观点。除了《课本3》以外，其他各册的国俗语言数量比例也处于基本平衡的状态。

《发展》初、中、高三阶段国俗语言数量分别为：54、54、219，各册生词总数分别为：788、708、720。各册的词汇总数控制一直保持平衡状态，未像《教程》和《课本》那样，总体呈上升趋势，国俗语言在初中级阶段的教材分布中分布均匀，而到了高级阶段的教材中，成语呈现出突飞猛进的态势，数量大增，

1　吉颙、杨秀英：《汉语称谓词研究的力作——〈汉语称谓大词典〉评述》，《中国图书评论》2003年第10期，第32-33页。
2　张雪英：《〈高等学校外国留学生汉语教学大纲〉中的文化词研究》，沈阳师范大学硕士论文，2010年。

这体现了《发展》从物质类国俗语言向精神类国俗语言和关系类国俗语言的过渡。在汉语学习的初中级阶段，由于汉语学习者汉语水平的限制，加上汉民族文化背景知识储备不足的因素，不可能理解掌握文化内涵丰富抽象的精神类国俗语言和关系类国俗语言。到了高级阶段，这两类国俗语言自然会数量增长。《发展》的不同之处在于，《教程》和《课本》国俗语言和词汇总量均呈正比增长，《发展》在高级阶段的教材中始终保持词汇总数稳定不变，保持在 400 个左右，而高级教材中大量成语的引入，使教材中的国俗语言的比例相对于初、中级教材有了大比率的增长，是初、中级教材国俗语言的四至五倍。《发展》中的国俗语言从数量分布看，高级阶段教材的国俗语言占有绝对优势，但是高级阶段的国俗语言多为成语等熟语，如果从国俗语言的多样性来看，中级阶段的国俗语言则占据绝对优势。

我们再将三套教材分册中的国俗语言数量分布和《等级划分》词汇大纲中的国俗语言数量分布进行对比。前边我们已经统计分析过《等级划分》词汇大纲中的国俗语言数量分布情况，从普及化等级词汇、中级词汇、高级词汇、高级"附录"词汇，国俗语言数量分布为：55、42、101、383，整体为递增走势；各等级词汇总数分别为 2245、3211、4175、1461，各等级国俗语言和与之相对应的词汇总数比例分别为 2.45%、1.31%、2.42%、26.21%。《等级划分》词汇大纲是因为在普及化等级词汇中包含了大量的家庭称谓语词，而中级词汇中却是包含了类别更多的国俗语言，高级"附录"词汇因包含了大量的成语，使它的国俗语言比率远远高出了其他等级的国俗语言比率。但是高级"附录"词汇是为了满足对汉语学习有更高要求的汉语学习者而准备的，因此它所收纳的词汇以成语类的国俗语言居多，相对于前三个等级的国俗语言，难度更大，国俗语言数量比率高出很多，这与《发展》的国俗语言数量分配是一致的。单从国俗语言的数量分配方面来看，三套教材中国俗语言与《等级划分》词汇大纲中的国俗语言数量分配比率走势大体一致。

综合观察三套教材国俗语言的数量分布，可总结以下三点：

第一，三套教材中的国俗语言及生词总数都有很好的控制；

第二，三套教材初、中级阶段的国俗语言分配比例均衡；

第三，《发展》《课本》的高级阶段的国俗语言中，成语占据很大比例。

由于成语是中华民族精神文化的浓缩与精华，包含着丰富的文化内涵，而其数量在各个教材中又占有很大的比重，我们将对成语的分布规律在后文中单独做统计分析。

二、国俗语言的类别分布

1.国俗语言类别的整体分布

根据《等级划分》词汇大纲中的国俗语言的文化项目分类，并结合教材中筛选出来的国俗语言的实际情况，我们将三套教材中的国俗语言分为生活方式、社会交际、时空观念、价值观念、象征观念、风俗习惯、经济、政治、健康、语言文字、艺术、文学、科学发明、宗教哲学、中国人、社会结构、其他等17个大类。（图3.1）

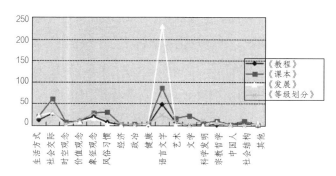

图 3.1　国俗语言类别的整体分布

国俗语言在三套教材及《等级划分》在大类上的分布顺序分别为：[1]

《教程》：语言文字（48）＞社会交际（27）＞象征观念（20）＞生活方式（12）＞价值观念（10）＞风俗习惯（7）＝时空观念（7）＝艺术（7）＞社会结构（5）＞科学发明（2）＞宗教哲学（1）＝经济（1）＝健康（1）＝中国人（1）＞文学（0）＝政治（0）

《课本》：语言文字（87）＞社会交际（61）＞风俗习惯（30）＞象征观念（28）＞文学（22）＞生活方式（20）＞艺术（16）＞社会结构（10）＝宗教哲学（10）

1　注：小括号中的数字表示该大类国俗语言的总数。

＞价值观念（9）＞时空观念（7）＞科学发明（6）＞健康（4）＞政治（3）＞经济（2）＝中国人（2）

《发展》：语言文字（229）＞社会交际（29）＞生活方式（22）＞象征观念（16）＞价值观念（8）＞宗教哲学（7）＞风俗习惯（3）＝健康（3）＞时空观念（1）＝艺术（1）＝中国人（1）＞科学发明（0）＝文学（0）＝经济（0）＝政治（0）＝社会结构（0）

《等级划分》：社会交际（32）＞象征观念（27）＞生活方式（23）＝语言文字（23）＞风俗习惯（14）＞价值观念（12）＞科学发明（11）＞艺术（8）＞健康（5）＝宗教哲学（5）＞经济（4）＞时空观念（2）＞政治（1）＞文学（0）＝社会结构（0）＝中国人（0）

　　总数超过 10 个的国俗语言大类中，《教程》有 5 类，《课本》有 8 类，《发展》有 4 类，《等级划分》词汇大纲有 7 类；大类缺失的国俗语言中，《教程》有 2 类，《课本》有 0 类，《发展》有 5 类，教材中出现的国俗语言类别在《等级划分》词汇大纲中无对应的有 3 类。《课本》中 8:0 的数据说明《课本》中的国俗语言在类别上的分布是最为均匀的，《发展》中 4:5 的数据说明《发展》中的国俗语言主要集中在了某一类上，其国俗语言的覆盖面比较窄，《教程》中 5:2 的数据说明《教程》中的国俗语言种类分布相对比较均匀。

　　综合对比分析，三套教材国俗语言的大类主要集中在语言文字、社会交际、象征观念、生活方式、风俗习惯五大类上，这与《等级划分》词汇大纲中前五类的国俗语言是吻合的，这也说明了三套教材中的国俗语言与语言实际相符合，体现了它们选词合理性的特点。

　　"语言文字"类成为三套教材中数量最多的一类国俗语言，而在《等级划分》词汇大纲中仅处在第四位，似乎教材国俗语言分布与《等级划分》词汇大纲不太相符，其实是因为成语类归到了"语言文字"类中，以成语为代表的熟语是进入中、高级阶段，特别是高级阶段后国俗语言的一个重要类别，如《发展》在高级（Ⅰ）（Ⅱ）中，成语有 203 个，而其他国俗语言总数加起来只有 20 个，足见成语在国俗语言中的地位。成语问题我们在后面将做专题讨论。

　　社会交际类包括了称谓语词汇和问候寒暄语。语言学习的最终目的是交际，而作为良好交际开始的称谓语，在社会交际类中，称谓语占据了绝大部分比例。"委婉"是中国人交际的一大特点，在进入交际正题前后，都需加入一些问候及寒暄的语言，以便使交际的过程更为顺畅融洽，问候寒暄语也是成功的语言交际的重要组成成分。

　　象征观念类国俗语言包括色彩象征、味觉象征、数字象征、动物象征、植物象征五大类。汉语词汇的词义特点之一就是人们在词汇本身的理性意义之上附加了更多的色彩义，使人们见到该词汇，便会自发联系到它们所包含的感情色彩、形象色彩、语体色彩等。正是因为汉民族将自身主观想象或态度加在最初为中性的一些词汇上，才使我们的语言表达"言简而义深"，只有了解这些语言内含的文化意义，才能正确使用和接收这些"弦外之音"，保证语言交际的顺利进行。

　　生活方式类包括建筑、饮食、交通、服饰等。人类在众多需求中，生理需求是处于最底层、最迫切，也必须最先满足的需求，在此基础上人类才能进行更高层次的精神生活的经营，为此，人类的衣、食、住、行就成为人类生活中首要解决的问题，与衣、食、住、行相关的国俗语言也自然成为人们生活中高频使用的词汇成分。不同的民族，在衣、食、住、行方面表现出不同的风格，中国人生活的"四合院、胡同"、吃的"饺子"、喝的"茶"、用的"筷子"等，构成了生活方式类国俗语言的主要组成成员。

　　风俗习惯类包括节令与风俗两大类。人们日常生活中的个人习惯如果群体化，且影响广泛，便成为社会群体约定俗成的生活习俗，到约定的时间便有相同的行为举止、仪式活动，久而久之，这一系列活动被命名后，就成为一系列的节令。因此，我们会在"端午节"吃"粽子"，在"中秋节"吃"月饼"，在"春节"盼"团圆"。这些与节令和习俗相关的国俗语言因反映了人们生活活动而成为重要的高频词汇，同时反映出民族的文化心态。

　　经济、政治、健康、社会结构、科学发明、中国人、文学等国俗语言大类在三套教材和《等级划分》词汇大纲中数量相对较少。经济、政治类国俗语言是以复杂的民族背景为依托的，一些经济制度、政治制度的出台，和该国家、该民族方方面面的发展有着千丝万缕的联系，要想完全理解这些国俗语言，需要对该民族有足够深的了解，而这点对于处于语言学习的汉语学习者而言不免是一种牵强要求。而"健康"类国俗语言只涉及了"太极拳、武术、功夫"等少量的几个词，"社会结构"类国俗语言只涉及了"独生女、华人、人大代表、黑社会、蒙族"等少量几个词，"科学发明"类国俗语言只涉及了"针灸、中医、丝绸、灯笼"等少量几个词，"中国人"类国俗语言属专有词汇，其实在教材中出现的人名、地名数量很多，只是我们在筛选的时候只选取了如"孔子、毛泽东、邓小平、北京、黄河、长江"等带有中国符号的少量词汇，因此统计结果显示出来的"中国人"以及"时空观念"类国俗语言数量较少。因汉语国际教育是语言教学，在保证语言知识教学目标达到之后，才进一步进行如文学、文化的教学输出，因此在《等级划分》词汇大纲中"文学"类国俗语言数量为零，但是在具体教材中，编写者根据自身喜好及编写需要，会适量加入"文学"类词汇。《教程》和《发展》的词汇表中均未出现"文学"类词汇，而在《课本》中则出现了较多的如作品名、古诗句、古文等与文学相关的国俗语言。

2. 国俗语言的小类分布

国俗语言每一大类包含多个小类，在统计出的三套教材中 17 大类的国俗语言下，又包含了 41 小类。

我们将三套教材及《等级划分》词汇大纲中数量前十的小类国俗语言制成表。从表 3.3 中我们可以得知各小类国俗语言在三套教材及《等级划分》词汇大纲中数量排列如下：

《教程》：熟语＞称谓语＞社会观＞饮食＞动植物＞地理＞风俗＞色彩＞曲艺＞建筑

《课本》：熟语＞称谓语＞风俗＞动植物＞诗词＞问候寒暄＞饮食＞曲艺＞宗教神话＞文学作品

《发展》：熟语＞称谓语＞饮食＞社会观＞动植物＞建筑＞生活方式＞宗教神话＞问候寒暄＞色彩

《等级划分》：熟语＞社会观＞称谓语＞饮食＞动植物＞节令＞风俗＞建

筑＞曲艺＞发明

表 3.3　国俗语言的小类分布

序号		《教程》	《课本》	《发展》	《等级划分》
1	风俗	5	21		6
2	色彩	4		4	
3	曲艺	4	8		5
4	建筑	3		5	5
5	诗词		14		
6	问候寒暄		13	4	
7	宗教神话		8	5	
8	文学作品		8		
9	生活方式			5	
10	节令				6
11	科学发明				5

　　《等级划分》词汇大纲中排名前七位的"熟语、社会观、称谓语、饮食、动植物、节令、风俗"和三套教材中各国俗语言的排位基本上是吻合的，只是在前后位置上略有差别。

　　因熟语主要由成语充当，会在后边专题讨论，我们先来观察"社会观"类国俗语言。"社会观"属"价值观念"大类下的一小类，它又包括"社会心理"和"社会行为"两个具体项目。社会心理即社会群体对同一事物或现象形成的共同的态度和看法。如在《教程》第三册下中便有中国人对各种颜色的共同的社会心理的描述。以"黑"为例说明：

　　汉语用"黑"字组成的词语好像都不太好。像"黑心""黑社会""黑手""黑市"等，都与丑恶和犯罪连在一起。要说一个人"心太黑"，那大家肯定都不喜欢他。要说哪家商店或饭店是"黑店"，你可千万离它远一点儿。至于很多外国人喜欢喝的"黑茶（black tea）"，汉语中偏偏不叫"黑茶"而叫"红茶"。

　　（《教程》第三册下，第 25 课《你喜欢什么颜色》，第 164 页）

　　可见，"黑"在汉民族心理文化中常有贬义，如表"肮脏"之意的"黑水"，表"私下的、秘密的、非法的"之义的"黑钱、黑户、黑店、黑货"，表"阴暗、死亡、恐怖"之义的"黑心、黑手"，等等。在西方，"黑"有与汉民族共同的含义，如代表"死亡、悲哀、不幸、愤怒"的"a black day（倒霉的一天）""a black dog（倒霉的人）""black Friday（黑色星期五、倒霉之日）""a black with anger（发怒）"等等。同时，在西方文化中，"黑"也有褒义的时候，如"black suit/black dress（正装）"中的"黑"代表"庄严、正式"之义，美国黑人用"black"取代了"negro"而自称，认为"black"不具有贬义色彩，因此也出现了"black English（黑人英语）""black nationalism（黑人民族主义）""black study（黑人文化研究）"等带有中性色彩义的与"黑"有关的词。虽然在汉语中或汉文化中也有黑色表示公正的使用，如"黑脸包公"，但是在日常生活中，谈及好的事物，我们首选方法还是避开认为不吉利的"黑"，"黑茶"自然也就变成了代表大吉大利颜色的"红茶"了。

社会行为是社会群体与社会个体相区别的行为，是对该行为有共同的优劣好坏的评判标准的。

……我慌忙叫他们坐下。这时我听见几个男孩子的笑声。一刹那间，昨天背得很熟的教案一下子全忘了。好几十秒钟，我仍然找不到话说，试着讲了几句，连自己都不知道讲的是什么。我知道这下完了，心中已开始打退堂鼓：与其在讲台上出洋相，还不如趁早给自己找个台阶下去。

（《教程》三下，第17课《再试一次》，第41页）

年轻人喜欢新式的、带有刺激性的事情或活动。喜欢的就试试，没考虑那么多。比如，20世纪80年代的年轻人赶时髦、穿起喇叭裤的时候，他们的爸爸妈妈看着不顺眼，逼着他们脱下来。有的年轻人喜欢流行音乐，觉得吼着、扭着、跑着唱歌才痛快。年纪大的人受不了，认为又吵又闹是出洋相，算什么艺术？于是长辈就教训年轻人，而年轻人不仅敢和长辈吵架，甚至于敢离家出走。

（《发展》中Ⅱ，第11课《代沟》，第156页）

在这两册书的课文中，都出现了相同的短语"出洋相"，《发展》第156页的脚注中将其解释为："出洋相：闹笑话，出丑。例如：我不会唱歌，非让我表演节目，不是让我出洋相吗！"在汉语中，与"洋"字有关的词语，多与国外有关系，如"洋货、洋火、洋油、洋人、洋车"等等，所以，"洋相"自然也被解释为"洋人的相貌"了。为什么外国人的外貌会和出丑联系在一起呢？过去中国很少与外界交往，较为闭塞，很少见到其他肤色的人，古人认为西方人长相奇特，为猫、狗和其他动物脱胎成人的品种，而不是人脱胎来的，所以认为他们的外貌与举止行为丑陋而奇怪，"洋相"也就成为形容一些人做事尴尬、出丑，好像西方人的面相一样丑陋、奇怪、好笑的代名词。因此，"出洋相"最初明显带着对西方人的歧视色彩。但是到了现在，"洋相"只剩下行为举止滑稽可笑的意思，虽仍为贬义词，但是没有了歧视色彩，就连学习汉语的西方人也常常使用。

称谓语是"社会交际"大类下的一小类，包括亲属称谓语、一般称谓语、特殊称谓语、统称四个具体项目。

亲属称谓语在汉语中非常丰富，原因就在于中国封建社会是一个宗法等级社会，宗法、宗族、等级、伦理等观念在汉民族家庭关系上得到了充分的体现，具体则表现在家庭成员之间的称谓方面。《尔雅·释亲》中对封建社会家庭称谓语有详尽的记载，包括高祖父母、曾祖父母、祖父母、父母、兄弟姐妹、子孙、曾孙、玄孙九代直系宗亲关系的称谓语，还记载了九代以外的来孙、仍孙、云孙等辈分成员的称谓语，以及父母两方旁系亲属的称谓语。在三套教材中，宗亲关系、外亲关系、姻亲关系等亲属关系的称谓语都有所涉及。

宗亲分为两类，直系宗亲和旁系宗亲，教材中涉及的直系宗亲的国俗语言有：太爷爷、爷爷、奶奶、祖母、父亲、爸爸、妈妈、母亲、娘、儿子、女儿、哥哥、弟弟、姐姐、妹妹、孙子、孙女儿。

我家人口不多，却有四代人——太爷爷、奶奶、爸爸、妈妈和我。太爷爷今年九十多岁了，经历过清朝、民国，然后过上了新中国的生活。

（《课本4》，第48课《我是独生子女》，第201页）

山本：我母亲来信了。她在信上高兴地说，我<u>姐姐</u>下个月就要结婚了。

（《教程》二上，第 3 课《冬天快要到了》，第 39 页）

这就是俺<u>娘</u>！俺的亲娘！拍<u>爹娘</u>拍了 20 年，成书前，我又给爹娘拍了 3 张照片。<u>爹</u> 84 岁，<u>娘</u> 86 岁。

（《发展》中 Ⅱ，第 15 课《俺爹俺娘》，第 218 页）

教材中涉及的旁系宗亲的国俗语言有：伯父、大爷、侄女。

<u>伯父</u>鲁迅先生在世的时候，我还小，不知道鲁迅是谁，以为伯父就是伯父，跟别人的伯父一样。

（《课本 4》，第 43 课《读〈孔乙己〉》，第 100 页）

老王最得意的事儿还是都帮<u>侄女</u>找工作。他侄女没考上大学，想找个合适的工作。

（《课本 4》，第 45 课《马大为求职》，第 140 页）

教材中涉及的外亲的国俗语言有：外婆、外公、姥姥、舅舅、舅妈、表姐、外孙女。

陈老师：力波，这是你奶奶吗？

丁力波：不是，她是我<u>外婆</u>。

（《课本 1》，第 3 课《她是哪国人》，第 30 页）

有一年快过春节了，<u>舅舅</u>到我家，说我<u>姥姥</u>的忌日快到了。

（《发展》中 Ⅱ，第 15 课《俺爹俺娘》，第 214 页）

一天，有两个天将来到了_____。他们对牛郎说："织女是天帝的<u>外孙女</u>。"（《课本 5》，第 52 课《祝你情人节快乐》，第 43 页）

　　教材中涉及的姻亲的国俗语言有：爱人、老公、妻子、媳妇、老婆、太太、姑爷、岳父、岳母、婆婆、嫂子。

　　节约了一辈子的婆婆看不下去，说了她几次，她嘴上答应得好好儿的，但还是你说你的，我干我的。<u>婆婆</u>一气之下，跑回自己家中，眼不见，心不烦。<u>老公</u>因为这件事，很久都没有理她。

　　（《发展》中 Ⅱ，第 1 课《故事两则》，第 5 页）

　　小燕子：我表姐的家在农村，结婚宴席可不只是喝杯酒。

　　杰　克：还有什么？

　　小燕子：你等着你<u>岳父</u>、<u>岳母</u>教你吧。

　　……

　　玉兰爸：我看就这么决定了：我们去饭店里请两个好厨师，在家里摆十几桌宴席。除了亲朋好友以外，把村里的人也请来，大家高高兴兴地喝几杯。

　　玉兰妈：对，就这样了。这事儿由我们来办，一定得热热闹闹地办。让大家也认识认识我们家的外国<u>姑爷</u>。

　　（《课本 3》，第 38 课《你听，他叫我"太太"》，第 186-191 页）

　　昨天在娘家她看到她<u>嫂子</u>跟她哥哥大吵大闹。

　　（《课本 5》，第 57 课《初为人妻》，第 146 页）

　　在上述列举的课文例子中，以"我"为中心的长一辈的亲属及平辈亲属等直系宗亲称谓语多出现在正文中，如"太爷爷、大爷、伯父、侄女、外孙女、嫂子"等旁系亲属、外亲等称谓语多出现在补充课文生词或听力练习等教材板块中。

一般称谓语又叫作社会交际称谓语，是亲属关系之外的人际交往中对对方的称呼语。一般称谓语也可分为两种：礼俗性亲属称谓语、现代交际称谓语。

礼俗性称谓语是指为了表示亲切或礼貌，拉近说话双方的心理距离，借用亲属称谓语来称呼交际对方。教材中涉及的礼俗性称谓语的国俗语言有：阿姨、师母、老奶奶。

1992 年，胖阿姨从上海的一家纺织工厂下岗了。她十九岁进厂，在这个厂干了十六年。现在下岗了，她真不知道自己该怎么办。

（《课本 4》，第 44 课《买的没有卖的精》，第 110 页）

山伯从师母那里得到英台赠送给他的白玉镯，才恍然大悟。原来，与自己一起生活了三年的祝英台是个姑娘，英台所说的小九妹就是她自己。

（《教程》三下，第 26 课《冬天快要到了》，第 39 页）

"现在是晚上……"女孩儿继续讲解。

"很黑吗？是不是什么也看不见啊？"有个老奶奶不放心地问道。

（《发展》初 II，第 18 课《听电影》，第 197 页）

现代交际称谓语是指人际交往时，根据对方的身份特点而选择的称呼方式。对社会长者的称谓语有：老爷子、老人家、老太婆、夫人、老爷。

"二楼？我不住，我上不了楼！求你，说说去。"

"我没那面子。再说，别人的都拆了，留下您那两间房，成吗？您打算让高楼给您那两间房让地方，大马路也绕开它，办得到吗，嗯？"

老爷子不说话啦，坐在椅子上咽唾沫。

（《课本 6》，第 70 课《傻二舅》，第 202 页）

母亲出嫁大概是很早，因为我的大姐现在已是六十多岁的老太婆，而我的大外甥女儿还长我一岁啊。

（《课本 6》，第 69 课《我的母亲》，第 173 页）

萍：凤儿！（走近，拉着她的手。）

四：不，（推开他）不，不。（四面望）看看，有人！

萍：没有，凤，你坐下。（推她到沙发坐下。）

四：（不安地）老爷呢？

萍：在大客厅会客呢。

（《课本 6》，第 64 课《孔乙己（节选）》，第 81 页）

根据对方年龄及身份选择的称谓语：小姐、姑娘、青年、新郎、新娘、小伙子。

春天来了，树绿了，花开了，天气暖和了。人们脱下冬衣，换上春装。姑娘和小伙子们打扮得漂漂亮亮的，他们在湖上划船，在花前照相，公园里充满了年轻人的歌声和笑声。

（《教程》三上，第 3 课《北京的四季》，第 28 页）

婚礼热闹极了，人们都举杯为新人祝福。新郎和新娘给大家敬酒时，每位客人都送上一个红色的小信封。

（《发展》中Ⅰ，第 7 课《我在中国学"大方"》，第 78 页）

特殊称谓是指根据对方的某一特点而选择的称谓语：老外、中国通、马大哈、懒虫、穷鬼、小气鬼、胆小鬼、酒鬼、死鬼、色鬼。

第五天回到宿舍，才想起邻居的被子。连忙去还，邻居却说，以为被小偷偷走了，就又买了一套新的。我只好向人家一遍又一遍地道歉。朋友们知道了，都说我是个"马大哈"。

（《教程》三上，第12课《好人难当》，第146页）

听了他的话，我赶紧掏出几百元，塞进朋友的信封里："这是咱们两个人的。"我宁愿变成穷鬼，也不愿意被人当成小气鬼。

（《发展》中Ⅰ，第7课《我在中国学"大方"》，第78页）

社会交际称谓语形式多种多样，如：姓＋老——吴老，姓＋公——王公，姓＋先生——王先生，姓＋亲属称谓——王大爷，姓＋职务——王处长，姓＋老师——王老师，姓＋师傅——王师傅，职务＋同志——司机同志，还有一些统称和特称，社会交际称谓语是一个非常复杂的问题。在上边选取的例子中，要想选择恰当的称谓，说话方需清楚了解家族关系及称谓，能够准确判断交际对方的身份、地位、情感倾向等多种因素，还需能恰当使用诸如"老太婆"这种贬词褒用词汇，掌握其语用用法。中国人与陌生人初级交际时，常常为称谓的选择而大伤脑筋。这对于学习汉语的外国人来说，没有丰富的文化背景，在选取称谓语的时候也是一项困难的工作。

"饮食"是"生活方式"大类下的一小类，包括菜肴、小吃、水果、饮料、调味品、器具等六个具体项目。中国自古"民以食为天"，"吃"与"喝"几乎贯穿在所有生活方式和社交活动中，"汉族自古就把饮食文化同社会文化活动紧密结合起来，从而使饮食文化具有多种社会价值：生存价值、礼仪价值、祭祀价值、享用价值、交易价值等"[1]。

玉　兰：你尝尝这个红烧鱼。

玉兰爸：多来点儿。杰克，我们吃年夜饭的时候，除了鸡和肉以外，总要

1　常敬宇：《汉语词汇文化》，北京：北京大学出版社，2009年，第153页。

有一条鱼，你知道这是为什么？

杰 克：鸡、鸭、鱼、肉都是好吃的菜啊，难道还有别的意思吗？

玉 兰：有啊。因为"鱼"的发音跟结余的"余"一样，"有鱼"就成了"有余"，意思是希望在新的一年里大家生活得更好，家家都"有余"。

……

玉兰爸：这是咱们北方的风俗。今天除夕，旧的一年快要过去，新的一年就要开始，所以家家都睡得很晚，这叫"守岁"。守岁的时候，北方人一般要包很多饺子，好在新年慢慢地吃。

（《课本 4》，第 42 课《洋姑爷在农村过春节》，第 66-67 页）

在这一所选例子中，"红烧鱼"和"饺子"两种食物，因与春节这一特殊的节日联系起来而具有了鲜活的文化内涵，"红烧鱼"被赋予了"年年有余"的美好希望。清朝有关史料记载说："元旦子时，盛馔同离，如食扁食，名角子，取其更岁交子之义。""饺子"与"交子"谐音，除夕守岁吃饺子便被赋予了辞旧迎新、终岁大吉的美好寄愿。久而久之，"红烧鱼"和"饺子"已不单单是两种简单的维持生存的食物，而是汉民族文化心态和节日风俗的代言和象征。

宋 华：你们喜欢吃羊肉吗？

马大为：喜欢。上星期六，我们班同学跟陈老师一起去内蒙草原旅游，还吃了烤全羊呢！

（《课本 3》，第 37 课《谁来埋单》，第 174 页）

在这一所选例子中，"烤全羊"作为内蒙古典型的食物，成为师生聚餐的亮点、交流的媒介，加之富有内蒙古特殊的表演服务，"烤全羊"又成为了解民族风情的媒介。

我不知道世界上还有什么国家的人爱吃臭。

过去上海、南京、汉口都卖油炸<u>臭豆腐干</u>。长沙火宫殿的臭豆腐因为一个大人物年轻时经常吃而出了名。这位大人物后来还去吃过，说了一句话："火宫殿的臭豆腐还是好吃。"

（《课本5》，第53课《味》，第46页）

在这一所选例子中，"臭豆腐干"本身只是一种用特别的制作方法生产出来的食物，但是由于名人效应成为一种名小吃，就像北京烤鸭、老北京糖葫芦、山西老陈醋、山东煎饼、东北小鸡炖蘑菇、四川火锅、云南米线、广东煲汤等各地名饮食或名小吃一样，成为一种"吃"文化，它所反映的是一个地方的饮食习惯，以及由此延伸出来的一方人民的性格特点。

由上可以看出，在中国社会中，欢庆节日、朋友聚会、礼尚往来，都离不开饮食。三套教材中涉及的饮食还包括烤鸭、辣子鸡丁、糖醋鱼、火锅、肉丝炒竹笋、麻婆豆腐、油条、涮羊肉、中餐等。这些饮食使用油、盐、酱、醋、糖、酒等不同调料，切、削、剁、片等不同的刀法，块、丝、末、条等不同原料的加工形状，采用煮、蒸、熬、烹、熏、炸、烤、烧、煨、炖、炒、煸、涮、焖等不同的做法，制作出了味道迥异且鲜美可口的各地美食。正因为美食的原材料选取、加工程序、制作方法等不同，相应地产生出了与饮食相关的一系列国俗语言，如"欠火候、回炉、炒鱿鱼、煎熬、熏染"等与烹调相关的词语，"吃醋、醋意大发、半瓶子醋、辛苦、劳苦、苦笑、苦衷、苦练、刻苦、苦闷、孤苦、甘苦、泼辣、火辣、臭老九、臭名远扬、清茶淡饭、咸风淡雨、味道、回味、余味无穷"等与饮食"酸、甜、苦、辣、咸、淡、味"相关的词语，"铁饭碗、大锅饭、背黑锅、小菜一碟、吃着碗里的看着锅里的"等与炊具相关并意义延伸的一系列词语和熟语，还有"浅尝辄止、吞食、吞并、咬文嚼字、啃书本、饱经风霜、腻味、腻烦、垂涎欲滴、津津有味、坐吃山空、饮水思源、茹毛饮血、自食苦果、丰衣足食、望梅止渴、画饼充饥、巧妇难为无米之炊、天上掉馅饼、吃水不忘打井人、生米煮成熟饭"等与"吃、喝"相关的词语和熟语。这些与中国文化相关的食物、调料、做法、口味、动作行为等词汇，都是因为中国多种多样的饮食而发展开来的。

"动植物"是"象征观念"大类下的一小类，包括动物和植物两个具体项目。美国文化语言学家南德·莱森（Ferdinand Lessing）指出："中国人的象征语言，是以语言的第二种形式贯穿于中国人的信息交流之中；由于它是第二层的交流，所以它比一般语言有更深入的效果。"[1]"第二层的交流"就是指象征词语在交际中的象征意义。象征意义是指词汇在交际中除了承载其词汇意义及相应的语法意义以外，还在词面之下隐含着更重要的民族文化信息，而这一民族文化信息才是人们在交际时最想传达的信息点。汉民族思维习惯为"内向探求和自我省悟，表达方式则偏重含蓄式和具象式"[2]。正是这种借用具体客观事物的形态习性，借助联想的方式来表达汉民族深刻的哲学思想和文化心态，便出现了词汇的象征意义，这使汉语表达具有了具体而又抽象的特点，语言表达生动活泼而又深奥丰富。

三套教材中出现的与动物相关的国俗语言有：狗、落汤鸡、鸭、毛驴、猫、熊猫、鱼、苍蝇、黄牛、黑熊、猴、喜鹊、虎、猴子、耗子、蚂蚁、蝉、虫。

大　山：上星期跟朋友一起去长城，出发时天气好好的，没想到，刚到就下雨了。雨下得还特别大，我们又没带雨伞，个个都淋得像落汤鸡似的，衣服全都湿透了。

（《教程》二下，第14课《我的腿被自行车撞伤了》，第46页）

她最喜欢的生日礼物是一位画家送给她的一幅画，那是一只很可爱的小毛驴，脸上透着一股倔劲。她之所以喜欢这幅画，就因为喜欢小毛驴的性格。

（《发展》中Ⅱ，第4课《桑兰的微笑》，第49页）

1　W.爱伯哈德：《中国文化象征词典》，长沙：湖南文艺出版社，1990年，第3页。
2　常敬宇：《汉语词汇文化》，北京：北京大学出版社，2009年，第141页。

"落汤鸡"字意为落水或浑身湿透的鸡，比喻浑身湿透或名利受到极大损失的人，也用来形容人丑态百出的样子。课文中利用"落汤鸡"借物喻义，大山等人被雨淋透的形象不言而喻。"驴"在中国文化中多含贬义，如"笨驴、蠢驴、顺毛驴、驴肝肺、黔驴技穷、驴唇不对马嘴"等等，而课文中"毛驴"前加一"小"字，增添了"驴"的可爱度，从而赋予了"驴"坚持、执着的特质。当然，"驴"也有褒义的时候，如驴子就有温顺、吃苦耐劳的精神，"卸磨杀驴"中的"驴"便是辛勤工作的形象，只是我们在选取用动物象征默默耕耘的形象时，多会想到"黄牛"，忽略"驴"。

第二条是："听着，我要追你，我认定你了，我要找的就是你！你给我一个机会，我还你一个惊喜，我追你要追到底！讨厌的<u>苍蝇</u>，拍死你！"

（《课本4》，第50课《我有可能坐中国飞船到太空旅行了》，第242页）

回想从前，自己做过<u>扑炉蛾</u>，惹火焚身，自己做过撞窗户纸的苍蝇，一心想奔光明，结果落在粘苍蝇的胶纸上。

（《课本6》，第65课《中年》，第87页）

"苍蝇"本是让人厌恶的形象，代表着肮脏、怀着低级趣味的人，而课本中一反常规思维，赋予了"苍蝇"执着追求的象征义，只是由于苍蝇最初不好的象征义，虽临时赋予了执着追求的象征义，但最终没有逃离"落在粘苍蝇的胶纸上"的悲惨命运。

三套教材中出现的与植物相关的国俗语言有：水仙、松、竹、岁寒三友、迎客松、柳树、梨、苦瓜、白杨树、玫瑰。

王老师：<u>松、竹、梅</u>是中国画家最喜欢的。中国人把松竹梅叫做"<u>岁寒三友</u>"。

（《教程》二下，第19课《有困难找警察》，第126页）

<u>白杨</u>不是平凡的树。它在西北极普遍，不被人重视，就跟北方农民相似；它有极强的生命力，磨折不了，压迫不倒，也跟北方的农民相似。我赞美白杨树，就因为它不但象征了北方的农民，尤其象征了今天我们民族解放战争中所不可缺的朴质，坚强，以及力求上进的精神。

（《课本6》，第70课《傻二舅》，第217页）

松树一年长青、迎风傲雪，象征着坚毅高洁、刚正不阿的高尚情操；竹子高直挺拔、中空外直，冬夏常青，象征着坚贞、正直、廉洁、傲骨、高风亮节；梅花凌寒怒放，色淡味香，象征着纯洁高雅、不屈于世的高贵品性。三种植物均不畏严寒，有共同特质，合称"岁寒三友"。松树因可生长千年，又被赋予了"长寿"的象征义，"松鹤延年、松龄鹤寿、松和同龄、寿比南山不老松"等众多长寿语言都与松树有关。白杨因生长在西北恶劣的自然环境中，但是茁壮成长，树干笔直，象征着不屈不挠的上进精神。水仙只需一杯清水，便可花开淡雅、清新芳香，被称为"水中仙子"，象征纯洁高雅。柳树因古代有"折柳相送"的习俗，"柳"与"留"谐音，便具有了眷恋挽留义。苦瓜因其味苦，从而常被用来象征心有郁结而面露委屈的表情。根据这些植物的外部特征、生长习性、味道特点等特质，汉民族将这些特质和与之相契合的文化思维相连接，通过借物寓意或借声取义，构成联想义，表达象征观念。

"节令、风俗"是"风俗习惯"大类下的两小类。传统节日是一个民族哲学思想、价值观念、风俗习惯、审美情趣等方面的集中体现，与传统节日相关的食物、习俗更是一个民族文化积淀的一次浓缩的外化表现。

三套教材中出现的节令的国俗语言有：春节、新春、中秋节、除夕、年夜、端午、腊八。

　　三套教材中出现的与习俗相关的国俗语言有：双喜、红双喜字、轿子、对联、春联、双、双数、花轿、迎亲、寿面、长寿、扭秧歌、秧歌、月饼、鞭炮、放鞭炮、窗花、年夜饭、守岁、拜年、压岁钱、奔丧、丧事、说亲、红枣、花生、腊八粥、栗子、拜年、团聚、团圆。

　　玉兰爸：我们这儿（过年）不但不禁止<u>放鞭炮</u>，反而放得比以前更多了。今年咱们家就买了不少大鞭炮、小鞭炮，到12点的时候，你们去放吧。现在我们农村过春节比城里热闹得多。除了吃<u>年夜饭</u>以外，我们还<u>写春联</u>、<u>贴窗花</u>、<u>扭秧歌</u>，还有各种表演和比赛。

　　（《课本4》，第42课《洋姑爷在农村过春节》，第67页）

　　上边节选的一段课文展现了中国春节的习俗：放鞭炮、吃年夜饭、写春联、贴窗花、扭秧歌及各种表演和比赛。这一系列的节日活动反映出来的是中国人趋吉避凶的文化心态：放鞭炮是为了驱赶深山里的一种凶恶的独角鬼怪"山魈"；吃年夜饭展现的是中国人的家庭观，年夜饭又名"团圆饭"，阖家团圆、共享天伦是中国人共同的心愿，除夕之夜，人们排除万难，赶回家中，享受团圆带给全家人精神上的安慰与满足；中国人将美好的祝福写在春联上，将美好的心愿剪成各种图案的窗花，并扭起秧歌，扭秧歌也从最初祈求丰收，到现在发展成一种全民健身的活动。

　　红枣、花生、栗子是中国人结婚时必备的食品，另外还有桂圆、莲子、瓜子等。大枣、花生、桂圆、莲子，"枣、生、桂、子"谐音"早生贵子"，以此来祝福新人。这种谐音取义的语音形式，同样反映出了汉民族趋吉避凶的文化心态。

　　熟语、社会观、称谓语、饮食、动植物、节令、风俗这七小类国俗语言几乎涵盖了汉民族思维、习惯、行为、交际等方方面面，虽然在国俗语言数量、小类选取上有所不同，但是总体选择方向一致，同中存异，异中求同，和《等级划分》词汇大纲所选国俗语言也基本一致，这说明了三套综合教材在国俗语言选取上的一致性。

三套教材在国俗语言选取上还是有些侧重上的不同之处，如《课本》和《发展》中都出现了问候寒暄用语，这说明这两套教材更加重视交际中的语言的语用功能，更加关心如何运用语言完成理想的语言交际，这是出版时间更早、编写更为传统的《教程》体现不够充分的新的重交际的编写理念。《课本》和《发展》中都出现了与宗教神话相关的词汇，"西王母、嫦娥、仙女、月宫、美猴王、牛郎、织女、耗子精、神仙、玉帝、迷信、孙悟空、月老"等更多的与宗教神话相关的人物、地点都出现在了教材中，而《教程》中只出现了"仙女"一词，可见较之《教程》注重以语法为纲的编写理念，《课本》和《发展》更希望在教材中尽可能多地展现中国传统文化、文学的精髓，力争传统与当代的结合。当然，《教程》主要是针对零起点的汉语学习者而编写的初中级教材，《课本》和《发展》则是可以满足初、中级和初、中高级的汉语学习者的综合教材，由于教学层次的限制，《教程》以保证汉语学习者基础语言知识的学习为首任，这也限制了文化因素采纳的广度和深度。《课本》是唯一一套出现了大量文学作品和诗词的教材，"床前明月光、低头思故乡、弟子不必不如师、家书抵万金、举头望明月、两岸猿声啼不住、轻舟已过万重山、师不必贤于弟子、疑是地上霜、今朝有酒今朝醉、鸟宿池边树、僧敲月下门、少年不识愁滋味、审容膝之易安"等大量诗词，以及《红楼梦》《霜月》《水浒传》《唐诗选》等文学作品和"贾宝玉、林黛玉、孔乙己"等文学作品人物都出现在了教材当中，使得教材文学气息浓厚。《教程》和《发展》则在这两方面很少问津。

我们将三套教材中国俗语言及其文化项目分类情况统计归纳为表 3.4。

表 3.4　三套教材中国俗语言及其文化项目分类明细表

序号	大类	子类	具体项目	教材		
				《教程》	《课本》	《发展》
1	生活方式	建筑	古建筑	长城、故宫	长城	长城、万里长城、烽火台
			居住	四合院	胡同、四合院、养老院	敬老院、里弄
			休闲场所		茶楼、茶馆	
		饮食	菜肴	饺子、烤鸭、辣子鸡丁鱼、醋鱼、火锅	烤鸭、烤全羊、肉丝炒竹笋、红烧鱼、饺子、臭豆腐干、麻婆豆腐	饺子、油条、涮羊肉、中餐
			小吃	糖葫芦		
			水果	苹果	苹果	苹果
			饮料	茶、茶叶	茶、沱茶	红茶、绿茶、茉莉花茶
			器具		饺子	
		生活方式			AA 制	AA 制、低碳、摆地摊儿、彩票、吃苦
		交通	交通工具			
		服饰		旗袍、马褂	唐装、旗袍
2	社会交际	称谓	亲属	爸爸、哥哥、弟弟、姐姐、妈妈、妹妹、妻子、爱人、父亲、母亲、儿子、女儿、老婆	爸爸、哥哥、奶奶、姐姐、妹妹、女儿、孙女儿、外公、爷爷、舅舅、妈妈、外婆、舅妈、妻子、爱人、孙子、大太、表姐、姑爷、岳父、岳母、伯父、大爷爷、侄女、祖母、大爷、嫂子、外孙女、老婆、婆婆	爱人、婆婆、妻子、媳妇、老婆、娘
			一般称谓	小姐、老人、青年、新郎、新娘、夫人、姑娘、师母	小姐、老人、新娘、阿姨、大丈夫、少年、青年、老太婆、老爷子、公公、老太婆、老爷	老奶奶、老年、男子汉、情人、小伙子、新郎、新娘、老人家、青少年

续表

序号	大类	子类	具体项目	教材《教程》	《课本》	《发展》
2	社会交际	称谓	特殊称谓	老外、中国通、家伙、马大哈	老外、中国通、胆小鬼、酒鬼、死鬼	懒虫、穷鬼、傻小子、东道主、灰姑娘、匹夫、色鬼
			统称		老百姓	
		交往			拜访	串门儿
		问候寒暄		贵姓、劳驾	贵姓、哪里、不见不散、不敢当、好久不见、万事如意、一路平安、辛苦、小意思、仁兄、我的妈呀、大名、寒暄	贵姓、不好意思、过意不去、客套话
3	时空观念	历史	人物	皇帝	皇上	皇帝
			时间			旧社会
		地理	省市	北京、天安门	北京、中国	北京
			河流	黄河、长江	黄河、长江	
			山脉岛屿	海南岛、泰山	海南岛、泰山	
4	价值观念	家庭观			中华、孝顺	中华
		社会观	社会心理	红人、黑手、黑心、红眼病、坏蛋	养儿防老、重男轻女、脸色	和气、面子、八成
			社会行为	吹牛、打交道、开夜车、讨好、落榜	下岗、大去、打交道、两下子	打交道、出洋相、挖苦、碰壁
5	象征观念	色彩	颜色	黑、红、白色、黄	红、白、黑	黑、红、黄、白
		味觉	味道	甜、酸甜苦辣		
		数字		八、二、九、六、三、十、四	二、两、0/零	八、二、九、六、三、十、四

	大类	小类			
6	风俗习惯	动植物·动物	狗、落汤鸡	鸭、毛驴、鸡、猫、熊猫、鱼、猴、黄牛、黑熊、虎、喜鹊、苍蝇、猫子、耗子	蚂蚁、蝉、虫、毛驴
		动植物·植物	水仙、松、竹、岁寒三友	君子兰、竹子、迎客松、柳树、梨、苦瓜、白杨树	玫瑰
		节令	春节、新春	春节、中秋节、除夕、年夜、端午、腊八	
		风俗	双喜、对联、双、花轿、迎亲	寿面、红双喜字、扭秧歌、窗花、双喜、月饼、鞭炮、守岁、春联、放鞭炮、年夜饭、丧事、拜年、压岁钱、奔丧、说亲、长寿、双数、红枣、花生、腊八粥、栗子	拜年、团聚、团圆
7	经济	货币	人民币	人民币	
		经济制度		小康	
8	政治	政治制度		计划生育、优生优育、半边天	
9	健康	竞技	太极拳	武术、毽子	功夫、武打
		养生		太极拳、太极剑	太极拳
10	语言文字	语言	汉语	普通话、汉语水平考试、俏皮话	广东话、俏皮话
		熟语·成语	马马虎虎、丢三落四、各种各样、哭笑不得、半死不活、不约而同、不知不觉、刮目相看、诚意、滥竽充数、恋恋不舍	马马虎虎、画蛇添足、讳疾忌医、积谷防饥、宁静致远、白发苍苍、不动声色、不能自己、沉默寡言、各种各样、东奔西走、奋不顾身、祸不单行、琳琅满目、漫漫长夜、千方百计、千钧一发	急急忙忙、不知不觉、入乡随俗、结结巴巴、人来人住、意味深长、狼吞虎咽、总而言之、白发苍苍、春夏秋冬、自由自在、乐此不疲、五花八门、晕头转向、如期而至、爱不释手、安贫乐道、笨鸟先飞、各种各样、乱七八糟、气喘呼呼、一帆风顺、成千上万、依依不舍、傲气凌人、彬彬有礼、不胜枚举

续表

序号	大类	子类	具体项目	教材		
				《教程》	《课本》	《发展》
				手忙脚乱、有说有笑、自相矛盾、左顾右盼、不由自主、不知所措、成千上万、恍然大悟、大彻大悟、或多或少、家喻户晓、将错就错、乱七八糟、翻来翻去、手舞足蹈、七手八脚、求知若渴、设身处地、随心所欲、提心吊胆、十全十美、头昏脑涨、小心翼翼、来后翼翼、兴致勃勃烈、提心吊胆、一五一十、一笑了之、一心一意、乐于助人、一干二净、一见如故、女扮男装	舍己救人、生意葱茏、无可奈何、五颜六色、贤妻良母、谢天谢地、一病不起、应有尽有、由此可见、总而言之、翻山越岭、负负得正、恋恋不舍、四世同堂、不亦乐乎、鬼迷心窍、不尽如人意、触目惊心、出头露面、顾影自怜、鼻青脸肿、得天独厚、老气横秋、画龙点睛、满面春风、容光焕发、十全十美、提心吊勃勃、没完没了、柔声柔气、三五成群、十有八九、兴致勃勃、扬长而去、一毛不拔、一丝一毫、因材施教、有求必应、之乎者也、大有作为、非此即彼、哼哼唧唧、活灵活现、娇生惯养、情景交融、荣华富贵、实事求是、事半功倍、偷偷摸摸、无忧无虑、心满意足、一命呜呼、自私自利	不翼而飞、不置可否、不谋而合、不以为然、层出不穷、称兄道弟、大惊小怪、低三下四、高薪养廉、发奋图强、裹足不前、娇声娇气、理直气壮、光明磊落、红颜知己、忙里偷闲、漫天目的、南辕北辙、筋疲力尽、见钱眼开、井然有序、前所未有、全心全意、如影随形、十全十美、顺其自然、所见所闻、我行我素、无理取闹、相去甚远、心血来潮、以德报怨、一如既往、龇牙咧嘴、暴跳如雷、不可胜数、畅通无阻、独断专行、风口浪尖、不堪回首、不足挂齿、重温旧梦、对牛弹琴、含情脉脉、胡说八道、良心泯灭、眉飞色舞、火上加油、惊慌失措、迫不及待、荣辱不惊、塞翁失马、受宠若惊、思前想后、天涯海角、无所不谈、营气洋洋、小心翼翼、虚虚实实、一拐一拐、又正词严、安居乐业、拨乱反正、变幻莫测、初出茅庐、翻天覆地、更新换代、不可开交、擦肩而过、垂垂老矣、放他一马、毫无顾忌、可想而知、密密麻麻、见利忘义、精打细算、千言万语、全神贯注、如释重负、神气活现、数以亿计、随时随地、莞尔一笑、无影无踪、下不为例、心甘情愿、衣食无忧、好吃懒做、油嘴滑舌、谆谆告诫、百废待兴、不动声色、调兵遣将、风风火火、古色古香、功不可没、缘木求鱼、一针见血、一本正经、战战兢兢、左顾右盼、拨云见日、独具匠心

序号	类别	小类	类型	例词（一）	例词（二）
11	艺术	文字	成语	怀恨在心、鸡毛蒜皮、兢兢业业、温良恭俭、伶牙俐齿、门当户对、难辞其咎、前仆后继、忍气吞声、身体力行、手足无措、望而生畏、无独有偶、息息相关、一见如故、悠然自得、招兵买马、专心致志、坐卧不宁、胡搅蛮缠、魂牵梦绕、经纬万端、苦口婆心、礼尚往来、络绎不绝、默默无闻、前车之鉴、寝食难安、煞费苦心、事无巨细、突飞猛进、文人墨客、五花大绑、形影不离、应接不暇、源远流长、众所周知、自暴自弃、坐视不管、哄堂大笑、浑然一体、津津有味、溢于言表、柳暗花明、名列前茅、迁延不决、巧言令色、若有所思、声势浩大、同甘共苦、未雨绸缪、毋庸置疑、一头雾水、有备无患、追悔莫及、炙手可热、滚瓜烂熟、挥毫泼墨、家喻户晓、可嗟可叹、朗朗上口、另起炉灶、面不改色、千头万绪、巧夺天工、日积月累、声名狼藉、孜孜不倦、危急存亡、无所适从、先发制人、一目了然、有板有眼	闭门羹、一团糟、二郎腿
			俗语	比上不足比下有余、礼轻情意重、走马灯、萝卜青菜，各有所爱、远亲不如近邻、天无绝人之路、男主外，女主内、打折扣、煞风景、井底蛙、下坡路	吃力不讨好、瑞雪兆丰年、出洋相、打退堂鼓
		曲艺	汉字	春江花月夜、地方戏、民乐、越剧、相声、京剧、民歌、轴子戏	京剧、民歌、《梁祝》、相声
		书画	中国画	中国画、毛笔、书法家、文房四宝、字画、山水画	毛笔
		工艺		兵马俑、绣花	兵马俑、绣花

续表

序号	大类	子类	具体项目	教材《教程》	《课本》	《发展》
12	文学	诗词			床前明月光、低头思故乡，子不必不如师、家书抵万金，举头望明月，两岸猿声啼不住、轻舟已过万重山，师不必贤于弟子，疑是地上霜，今朝有酒今朝醉，乌宿池边树、僧敲月下门，少年不识愁滋味，审容滕之易安	
		文学作品			《红楼梦》、贾宝玉、林黛玉、孔乙己、《霜月》、《唐诗选》、《水浒》	
13	科学发明	医学		针灸、中成药	同仁堂、头痛医脚、针灸、中医	
		发明			丝绸、灯笼	
14	宗教哲学	佛教			阿弥陀佛、和尚	护身符
		儒教				儒家
		宗教神话		仙女	西王母、嫦娥、嫦娥奔月，仙女、月宫、美猴王、牛郎、织女、耗子精	神仙、玉帝、迷信、孙悟空、月老
15	中国人	中国人		孔子	孔子、邓小平	毛泽东
		家庭		独生女	独生子女	
16	社会结构	社会团体		黑社会、黑市	白领、脚夫、黑社会、人大代表、政协委员	
		民族		华人、蒙族	华人、汉族、维吾尔族、白族	
17		其他			年迈	年迈、不起眼儿、甘霖、起劲儿

三、国俗语言的阶段性分布

《教程》是针对零起点汉语学习者而编写的教材。但是在实际教学环节中，初级阶段不可能完成三册六本的教学量，对比《课本》与《发展》，在本研究中，将其分为两部分，其中，前两册四本为初级阶段教材，第三册两本为初中级教材。

《课本》全书共六册 70 课，前三册为初级阶段教材，第四册有些学者认为是初级向中级过渡阶段的教材，我们称之为初中级教材，第五、六册有些学者将其作为中级阶段教材研究，但是在实际教学中，鉴于留学生实际学习情况，也常常被用作高级阶段教材使用，在此我们将其称为中高级阶段教材。

《发展》全书共六册 115 课，其中，初级综合（Ⅰ）、初级综合（Ⅱ）为初级阶段教材，中级综合（Ⅰ）、中级综合（Ⅱ）为中级阶段教材，高级综合（Ⅰ）、高级综合（Ⅱ）为高级阶段教材。

哪类国俗语言是在各个阶段的汉语教材均有分布，前后的分布规律是什么呢？哪些是只出现在某一个阶段，其分布有何特点？如能得出结论，我们便可把握国俗语言及文化项目的阶段性分布规律。在前边对国俗语言各大类及小类的统计分析的基础上，我们需对国俗语言进行阶段性的分布考察。在考察中，我们主要是按照国俗语言小类统计，但鉴于有些国俗语言涉及数量较少，或某些小项多无对应词汇，我们便将如艺术、社会结构、时空观念、健康、价值观念、风俗习惯等按照大类进行分类统计。

1. 初级阶段国俗语言分布

从表 3.5 中，我们可以看出，在初级阶段国俗语言的分布情况中，《教程》中称谓语、饮食、数字、动植物、艺术、成语、风俗习惯等国俗语言都多有呈现，而时空观念、俗语、服饰、社会结构、健康等国俗语言并未出现；《课本》中称谓语、艺术、风俗习惯、问候寒暄、饮食、动植物、时空、宗教哲学、成语、数字等国俗语言都多有呈现，而科学发明、地理、医学等国俗语言并未出现；《发展》中称谓语、成语、数字、饮食、建筑等国俗语言都多有呈现，而科学发明、俗语、社会结构、经济、医学等国俗语言并未呈现；《等级划分》词汇大纲中称谓语、数字、饮食、健康、语言文字等国俗语言都多有呈现，而地理、宗教哲学、科学发明、中国人、时空观念、俗语、服饰、文学、社会结构、问候寒暄、经济、政治、艺术、医学等国俗语言均未有呈现。

表3.5 三套教材中国俗语言及其文化项目分类明细表

序号		《教程》	《课本》	《发展》	《等级划分》
1	称谓语	17	29	9	18
2	地理	6			
3	宗教哲学	1	5	2	
4	发明	1			
5	中国人	1	1	1	
6	时空		6	2	
7	数字	8	3	7	7
8	生活方式		1	2	
9	俗语		3		
1	服饰		1	1	
11	饮食	8	8	3	4
12	文学		16		
13	色彩	3	3	3	5
14	社会结构		1		
15	问候寒暄	2	9	2	
16	经济	1	1		
17	政治		2		
18	语言文字	1	3	2	4
19	健康		3	2	5
2	成语	4	5	8	2
21	价值观念		1	1	3
22	建筑	2	4	3	1
23	艺术		15	1	
24	医学	2		1	
25	动植物	7	6	1	1
26	风俗	4	9	1	2

综上，称谓语是三套教材及《等级划分》词汇大纲中首选，《教程》中第五课《这是王老师》、第九课《我换人民币》、第十一课《我们都是留学生》、第十五课《你们公司有多少职员》、第二十一课《我们明天七点一刻出发》，《课本》中第八课《你们家有几口人》、第三十八课《你听，他叫我太太》，《发展》中第五课《你家有几口人》等均借助家庭介绍的形式，引入了大量的直系宗亲亲属称谓语，并借助日常交际对话引入了"王老师、先生、小姐、太太、同学们"等现代社交称谓语。另外一类共选的国俗语言是饮食，如《教程》中第七课《你

吃什么》、第八课《苹果一斤多少钱》，《发展》（初级Ⅰ）中第六课《香蕉多少钱一斤》、第十一课《我在学校食堂吃饭》、第十二课《你要茶还是咖啡》、第二十课《快餐可以送到家里》，《发展》（初级Ⅱ）中第五课《为什么我一个人站着吃》等引入了大量与饮食相关的国俗语言。第三类共选的国俗语言是数字词。在初级阶段，数字是必学内容，但是数字在中国文化里有着丰富的文化义，《教程》（二下）第二十课《吉利的数字》对"八、六、九"等数字的文化义以对话形式做了深入浅出的阐释。问候寒暄语也是三套教材初级阶段的共选项目，《课本》中的问候寒暄语数量最多，如《课本1》中第四课《认识你很高兴》、第七课《你认识不认识他》、第十五课《她去上海了》、第十九课《中国画跟油画不一样》、第二十六课《你快要成"中国通"了》等从最简单的"贵姓"，到后边的"好久不见、不敢当、不见不散、马马虎虎"等表谦虚、想念、约定等多种文化内涵丰富的寒暄形式的表达。另外，动植物、风俗习惯、艺术、色彩、成语、建筑等项目三套教材中都有选择，或者其中的两套教材都有共选。

综合来看，称谓语、饮食、数字、风俗习惯、动植物、建筑等国俗语言项目共选比例更高。汉语学习的初级阶段处于文化冲击的第一阶段——蜜月阶段。汉语学习者刚刚接触汉语，或者接触汉语时间不长，对汉语充满了热情和好奇心，想完美地掌握这种语言，或者通过语言完成各种交际项目，或了解中国。人类的一切活动都要以生存为基础，学习一种语言，首先要解决的也是生存问题，因此，称谓语、饮食、风俗习惯、动植物、建筑等国俗语言大量出现在了汉语初级阶段教材中，课文中所涉及的内容基本上可以帮助汉语学习者用汉语解决在日常生活中出现的小问题。当然，到了初级阶段后期的教材中，也有了较为深层次的文化因素的呈现，如《课本3》第二十九课《请多提意见》、第三十二课《这样的问题现在也不能问了》、第三十四课《神女峰的传说》、第三十六课《北京热起来了》出现了"弟子不必不如师、师不必贤于弟子、两岸猿声啼不住、轻舟已过万重山、比上不足比下有余、床前明月光、疑是地上霜、低头思故乡、鸟宿池边树、僧敲月下门、今朝有酒今朝醉"等大量的文学诗句及俗语，也出现了如第三十一课《中国人叫她"母亲河"》、第三十四课《神女峰的传说》等与中国地理文化、旅游文化相关的国俗语言项目，还有第二十七课《入乡随俗》、第二十八课《礼轻情意重》等表现中国人价值观念及文化心态的国俗语言。相对于《教程》和《发展》，《课本》在初级阶段的国俗语言分布上覆盖面更为广泛全面。

2.中级阶段国俗语言分布

在中级阶段国俗语言的分布情况中，《教程》中成语、价值观念、称谓语是数量最多的三类，俗语、社会结构次之，风俗习惯、文学等项目也有出现，而宗教哲学、建筑、健康、服饰、经济、动植物、语言文字等国俗语言并未出现。《课本》中风俗习惯、称谓语、动植物三类国俗语言占据前三位，价值观念、科学发明、成语紧随其后，俗语、社会结构、饮食等项目也有涉及，宗教哲学、建筑、健康、服饰、色彩、政治、语言文字等国俗语言并未出现。《发展》中成语、称谓语、价值观念三类国俗语言数量最多，风俗习惯、生活方式类国俗语言也有涉及，而俗语、社会结构、经济、色彩、艺术、时空观念、科学发明、政治、文学等国俗语言并未呈现。《等级划分》词汇大纲中饮食、动植物、称谓语、风俗习惯、成语等国俗语言占据主流。

在中级阶段的国俗语言中，称谓语数量虽有所下降，但仍然是三套教材及《等级划分》词汇大纲的共选，除了在不同的教材中继续出现直系宗亲称谓语之外，开始出现了如《课本4》中的"伯父（43）、太爷爷（48）、侄女（45）"等旁系宗亲称谓语，如《发展》（中Ⅱ）中的"姥姥（15）"等外亲称谓语，也出现了《教程》（三下）中的"师母（26）"、《课本》中的"阿姨（44）"等礼俗性称谓语，称谓语的种类开始转向直系宗亲以外的其他类的称谓语。"价值观念"类国俗语言在中级阶段有较快的上涨，如《课本4》中的"远亲不如近邻（42）、养儿防老（48）、重男轻女（48）、多子多福（48）"等传统的社会心理国俗语言都有出现，且开始引导汉语学习者对中国人家庭观、社会观的思考。成语已开始大量出现，除了《课本4》中只出现了三个成语以外，《教程》（三上、下）出现了39个，《发展》（中Ⅰ、Ⅱ）中出现了16个。另外，风俗习惯、动植物、俗语、饮食等方面的国俗语言也是三套教材或其中两套教材的共选，而在初级阶段出现的问候寒暄语、数字、医学等国俗语言在中级阶段中没有出现。

综合来看，称谓语、价值观念、成语、风俗习惯、动植物、俗语等国俗语言项目共选比例更高。可见，到了中级阶段，有关建筑、饮食等与生存息息相关的国俗语言减少，而直系宗亲之外的称谓语、价值观念、成语、风俗习惯、动植物的象征义、俗语等与精神文化或汉民族思维观念相关的国俗语言大量增加。有些国俗语言，如复杂的亲属称谓语及礼俗性称谓语，必然引起汉语学习者理解和判断上的混乱，"养儿防老、重男轻女、多子多福"等现代一些人仍然坚持的思想可能会引起不同于汉民族文化圈的一些汉语学习者的疑惑、否定或排斥。但也就是在这样一个文化矛盾冲突和冲击的汉语学习过程中，汉语学习者也进行着一个排斥—理解—接受的过程，逐步完成文化冲击中的逐渐适应阶段。相对于《教程》和《发展》，《课本》在中级阶段的国俗语言分布上覆盖面仍更为广泛全面。

3. 高级阶段国俗语言分布

因我们将《教程》划分到了初、中级阶段，所以高级阶段只剩下《课本》和《发展》两套教材。从表3.6中，我们可以看到，《课本》中成语、称谓语、风俗习惯、俗语、社会结构、价值观念、宗教哲学等国俗语言都有较多分布；《发展》中成语、称谓语、俗语、宗教哲学等国俗语言相对较多，而成语类占据了绝对份额；《等级划分》词汇大纲中成语、价值观念、风俗习惯等国俗语言占据主流，其他类别的国俗语言数量较少。

表 3.6　高级阶段国俗语言及文化项目分布

序号		《课本》	《发展》	《等级划分》
1	称谓语	15	4	
2	宗教哲学	5	3	2
3	时空	1	1	
4	生活方式	1		
5	俗语	7	3	
6	服饰	1		
7	饮食	3		2
8	文学	4		1
9	色彩		1	
1	社会结构	6		
11	问候寒暄	4	2	
12	经济			1

续表

序号		《课本》	《发展》	《等级划分》
13	语言文字	1	1	
14	健康	1		1
15	成语	65	23	55
16	价值观念	5		18
17	建筑		1	1
18	艺术	1		2
19	医学			2
2	动植物	9		1
21	风俗	11		6

　　到了高级阶段，国俗语言总体上保持了与中级阶段一致的走势，更多转向精神文化层面的国俗语言，建筑、饮食、服饰等物质文化类国俗语言涉及很少，或几乎没有出现，风俗习惯、俗语、社会结构、价值观念、宗教哲学等类别的国俗语言保持着出现频率。成语占据了绝对优势，特别是在《发展》中，所筛选出的国俗语言中，成语数量与其他类别的国俗语言总数的对比是 203:16，占了高级阶段国俗语言总数的 93.12%。而《课本》中虽成语数量保持持续上涨，但是其他类别的国俗语言也保持基本上涨的趋势，《课本》国俗语言分布上覆盖面更为广泛全面的特点依然保持，没有出现《发展》中国俗语言项目和数量暴涨和暴降的情况，这也让我们质疑：如《发展》这样，到了高级阶段，国俗语言几乎全部为成语的分布结构是否合理。

　　文化冲击的最终理想状态是双重文化阶段，即在保持自身民族文化特色的同时，又可完全接受第二民族文化。当然，在汉语学习中，很难或不可能达到双重文化阶段，但是我们仍然希望在国俗语言布局合理的汉语教材中，汉语学习者能够循序渐进地了解学习国俗语言及其背后的中国文化。

　　4.《等级划分》词汇大纲高级"附录"词汇中的国俗语言分布

　　从表 3.7 中可以看出，《等级划分》词汇大纲高级"附录"词汇中还有少量的物质文化类国俗语言，如有 3 个饮食类国俗语言、1 个服饰类国俗语言，还有少量关系类国俗语言，如有 1 个政治制度类国俗语言、2 个经济制度类国俗语言。但是最主要的还是有 345 个成语，其次有 24 个价值观念类的国俗语言。这是在告诉我们，成语是高级阶段或更高级阶段汉语教学与学习的重点，在高级阶段及其之后的阶段，对精神文化类国俗语言的解读是学习国俗语言及其背后文化的重点。

表 3.7　《等级划分》词汇大纲高级"附录"词汇中的国俗语言及文化项目分布

序号		
1	动植物	3
2	饮食	3
3	服饰	1
4	政治	1
5	经济	2
6	成语	345
7	价值观念	24
8	健康	2
9	风俗习惯	1
10	艺术	1

综合三套教材及《等级划分》词汇大纲中国俗语言的分布，我们可以归纳如下：

初级阶段，称谓语、饮食、数字、风俗习惯、动植物、建筑等国俗语言项目共选及数量比例更高，物质文化类的国俗语言内容简单，容易接受理解，同时也是在一个新的生活环境中首要解决的语言问题，所以如建筑、饮食等国俗语言出现得最早。

中级阶段，称谓语、价值观念、成语、风俗习惯、动植物、俗语等国俗语言项目共选及数量比例更高，物质类国俗语言比例渐少，精神文化类国俗语言比例上升，且国俗语言深度逐渐加强。例如具有深厚文化内涵的成语、俗语的数量上升，一些与价值观念相关的国俗语言出现，与节令及风俗相关的国俗语言出现更多，引入了中国人更多的生活习俗及其所隐含的思维观念，称谓语也从直系宗亲类称谓语朝着旁系宗亲及社会交际称谓语过渡，内容和形式更加复杂。

高级阶段，物质类国俗语言很少涉及，精神文化类国俗语言占据绝对优势，其中，成语成为国俗语言的重中之重，相对于其他类别的国俗语言，可以说是数量庞大。其他如风俗习惯、俗语、社会结构、价值观念、宗教哲学等类的国俗语言也依然有分布。

从初级到中、高级，国俗语言越来越倾向于精神文化类，物质文化类国俗语言渐渐减少，因此在文化项目的分布上，也呈现出文化项目随着汉语等级的上升而文化项目数量减少的趋势。

《等级划分》词汇大纲中，到了高级阶段，还有物质类国俗语言的出现，也保持着精神文化类国俗语言在各个阶段的分布，且从高级阶段开始，出现了大量的成语、俗语等熟语类国俗语言。在这一点上，做得最好的当属《课本》，其在各个阶段的国俗语言的项目分布及数量分配都相对合理，没有出现如《发展》中在高级阶段成语类国俗语言骤升、其他类别国俗语言骤减的不合理的分布现象，这样将造成汉语学习者巨大的学习困难。初、中级阶段，三套教材国俗语言分布均科学合理，基本与《等级划分》词汇大纲走势相符。三套教材并不是根据《等级划分》词汇大纲编写，它们的吻合度也可以作为教材选词与词汇大纲之间相互检查的依据。

《等级划分》词汇大纲"附录"词汇虽为大纲中的超纲词汇，但是它们也是统计出来的日常生活中较为常用的词汇，虽超出初、中、高三个阶段的范畴，未与三套教材进行对比，但是教材中必然存在大量的超纲词汇，与其根据教材编写者主观意愿漫无边际地选取，不如将此部分词汇作为汉语教材超纲词汇的首选，从而降低汉语教材词汇选取随意性强的不足。

还需强调的一点是，汉语教材各个阶段的划分并无统一的标准，通常教材的编写初衷与汉语教材的实际使用进度并不一致，汉语教材等级划分与各种不同版本的大纲规定的词汇数量也不尽相符。例如，《课程》是初级教材，但是一年的时间不可能完成，常需要一到两年的时间，为此，也有将其用作初中级或准中级教材使用；《课本》有些人认为是中级教材，但是在实际教学中高级阶段留学生也在使用；《发展》明确标出是初、中、高三个阶段的教材，但是具体到教材中，初、中、高级教材各阶段词汇量也并没有绝对严格的控制，与大纲中的词汇分布有出入。因此，教材适用哪个等级的汉语学习者，是有待商榷的，本书在研究过程中，对教材的阶段划分也是综合了以上多方因素进行的划分，但因缺乏标准也可能导致研究的不科学之处。

四、共选国俗语言及其文化项目的统计分析

共选国俗语言指不同教材共同选用的国俗语言，它们体现出不同教材的编写者对教材在国俗语言选取方面表现出来的一致看法 这些国俗语言可视为教材的核心国俗语言，也应成为教材编写的首选。我们将三套教材中的共选国俗语言及其对应的文化项目，以及共选数（"三选"表示该国俗语言为三套教材都选用，"二选"表示该国俗语言为其中两套教材选用）制成表 3.8。通过统计分析，我们可以得知：

三选的国俗语言共 27 个，分别占《教程》《课本》《发展》三套教材国俗语言总数的 17.65%、7.94%、8.26%，分别占三套教材词汇量总数的 0.90%、0.57%、1.22%。这种低共选国俗语言表明三套教材在国俗语言选取上严重缺少一致性，在一定程度上也说明，不同教材在国俗语言及文化项目选取上存在着较大的随意性，没有统一的编写标准。三选国俗语言涉及的文化项目有建筑、饮食、称谓语、问候寒暄、成语等 9 个，其中，建筑、饮食等物质文化类国俗语言多出现在三套教材的初级阶段，时空观念、数字象征、色彩象征、健康等类别的国俗语言也是如此。称谓语及问候寒暄语虽教材各阶段均有分配，但是三选部分也基本上出现在了教材的初级阶段，称谓语在中、高级阶段三选项只有两个"老婆、新娘"，问候寒暄语在初、中、高三个阶段总共出现了一个"贵姓"。成语在中、高级阶段均是三套教材国俗语言的主选项目，在《发展》中的高级阶段几乎成为各种国俗语言中的"一枝独秀"，三套教材在初、中、高三个阶段总共出现的共选成语却只有三个"各种各样、恋恋不舍、兴致勃勃"，而在《等级划分》词汇大纲中只有"恋恋不舍"一个成语出现。这说明三套教材中的国俗语言选取与实际生活中的高频词汇使用情况并不一致，存在较大的偏差。即使是《发展》为 2012 年再版，晚于《等级划分》大纲 2010 年出版，二者在国俗语言选取上也没有出现更多的重合度，这说明《等级划分》词汇大纲在国俗语言选取问题上并没有对《发展》带来更多的指导性和约束力。

二选的国俗语言共 58 个，其中，中、高级的成语为 16 个，其他项目的国俗语言为 6 个，剩余部分的国俗语言均出现在初级阶段。由此可见，三选和二选的国俗语言大多数分布在初级阶段的教材中，中、高级阶段教材中的共选国俗语言数量甚少。这也就说明，在中、高级阶段的国俗语言及文化项目的选取上，三套教材在国俗语言均衡分布方面的考虑还欠周全。文化项目在三选国俗语言文化项目的基础上，增加了生活方式、服饰、价值观念、植物、节令、风俗、经济、语言文字、艺术、宗教哲学、中国人、社会结构等 12 个文化项目。前边我们已经对比分析过，熟语、社会观、称谓语、饮食、动植物、节令、风俗等七类文化项目是三套教材及《等级划分》词汇大纲数量相对集中的项目，而三套教材只有称谓语分布与大纲分布吻合，其他各项的分布都与大纲中体现出的重点不吻合。这也说明教材在选词方面还未能做到紧紧跟随语言实际使用的真实情况而有针对性地选择。

三套教材横向比较，二选国俗语言中，共同出现在《教程》和《课本》中的共有 29 个词，它们是：烤鸭、鱼、儿子、女儿、小姐、阿姨、老外、中国通、海南岛、泰山、松、竹、春节、双喜、对联、双、人民币、汉语、京剧、民歌、相声、仙女、孔子、绣花、独生、黑社会、华人、马马虎虎、应有尽有；共同出现在《教程》和《发展》中的共 14 个，它们是：八、九、六、三、十、四、黄、不知不觉、左顾右盼、成千上万、家喻户晓、十全十美、小心翼翼、一见如故；共同出现在《课本》和《发展》中的共 12 个，它们是：旗袍、AA 制、皇帝、中华、中国画、婆婆、无可奈何、总而言之、白发苍苍、不动声色、总而言之、门当户对。从数量上看，《课本》与其他两套教材的共选国俗语言数量最多，特别是与《教程》的共选国俗语言达 29 个，且涉及表 3.8 中的 21 项文化项目，是三套教材中国俗语言分布最为均衡的一套。

表3.8 共选国俗语言一览表

等级	选	建筑	饮食	服饰	生活方式	称谓语	时空观念	价值观念	数字	色彩	植物	节令	风俗	经济	语言文字	艺术	宗教哲学	中国人	健康	问候寒暄	社会结构	成语
初级	三选	长城	苹果、茶			爸爸、哥哥、弟弟、妈妈、姐姐、妹妹、妻子、爱人、新娘	北京、黄河、长江		二	黑、红、白									太极拳	贵姓		各种各样
初级	二选	四合院	烤鸭、鱼	旗袍	AA制	儿子、女儿、小姐、老阿姨、中国通、外、新郎	皇帝、海南岛、泰山	中华	八、九、三、六、十、四	黄	松、竹	春节	双喜、对联、双	人民币	汉语	京剧、民歌、相声、毛笔、中国画	仙女	孔子				马马虎虎、不知不觉
中级	三选				打交道	老婆、娘																恋恋不舍、兴致勃勃
中级	二选					新郎										绣花					独生、黑社会、华人	左顾右盼、家喻户晓、小心翼翼、一见如故、无可奈何、成千上万、十全十美、应有尽有、总而言之
高级	三选				打交道	老婆																各种各样、恋恋不舍、兴致勃勃
高级	二选					婆婆															黑社会	家喻户晓、应有尽有、白发苍苍、无可奈何、十全十美、一见如故、不动声色、总而言之、门当户对

另外需要指出的是，在二选的 15 个成语中，其分布情况为：《教程》和《课本》共选 2 个；《教程》和《发展》共选 7 个；《课本》和《发展》共选 6 个。以零起点学生为教学对象的《教程》和针对初、中、高不同等级学生对象的《发展》二选共选成语数量是最多的，其中，"家喻户晓、十全十美、小心翼翼、一见如故"四个成语都分布在《发展》高级阶段教材中，与《教程》阶段教材不符。这类分布在不同教材不同等级的国俗语言见表 3.9。这种相同国俗语言分布在不同教材的不同等级现象，说明教材在选词方面及其安置的随意性。从表 3.9 中也可以看出，《发展》中出现这种现象的比率比其他两套教材的比率更高一些，这也让我们再次对《发展》中将成语几乎全部放置在高级阶段的分布情况的合理性产生怀疑。

表 3.9　共选国俗语言不同教材不同等级的分布情况

教材 / 国俗语言	教材分布		
旗袍		《课本》（2）	《发展》中（Ⅰ）
黑社会	《教程》（三下）	《课本》（6）	
家喻户晓	《教程》（三下）		《发展》高（Ⅱ）
乱七八糟	《教程》（三下）		《发展》初（Ⅱ）
十全十美	《教程》（三下）		《发展》高（Ⅰ）
应有尽有	《教程》（三下）	《课本》（5）	
一见如故	《教程》（三下）		《发展》初（Ⅱ）
无可奈何		《课本》（5）	《发展》中（Ⅱ）
总而言之		《课本》（5）	《发展》中（Ⅱ）
各种各样	《教程》（二上）	《课本》（5）	
恋恋不舍	《教程》（三上）		《发展》高（Ⅰ）
兴致勃勃	《教程》（三下）		《发展》高（Ⅰ）

在国俗语言统计时，我们还发现一些问题，如：《发展汉语》出现了如"依依不舍——恋恋不舍、不胜枚举——不可胜数、手足无措——惊慌失措"这样的成语，他们意思相近，使用无太大差别，教材编写时，应注意词语选择，这样的近义词可选择其中一个出现在教材中即可。《课本》出现了很多如"姑爷、扭秧歌、四合院"等北方词汇，选词不具普遍性。

第三节　国俗语言的适量性分析

　　国俗语言的适量性指的是教材所选国俗语言与词汇大纲所选国俗语言的重合度及超纲比例。《等级划分》词汇大纲是最新的词汇大纲，而三套教材也是近几年都做过修订再版的教材，以语言交际为最主要目的的教材在词汇选择上，应尽可能选取实际语言生活中使用频率最高的词汇，因此教材中的国俗语言与词汇大纲中的国俗语言的重合度越高，说明教材中国俗语言的选取越接近语言实际。词汇大纲只是纲领性文件，由于条件限制，不可能把词汇穷尽式列举，因此教材中必然存在超纲词汇。但是超纲比例多少才是教材超纲国俗语言选取的合适尺度呢？这一问题在汉语教学及汉语教材编写的文件大纲中并无明确规定。我们将三套18本教材中的国俗语言在《等级划分》词汇大纲普及化等级词汇、中级词汇、高级词汇三个等级中的分布情况制成表3.10。因高级"附录"词汇属超纲词汇，因此在此表中没有列出。教材中的一些国俗语言超出了词汇的范畴，但是为了方便表达，我们还是将未与《等级划分》词汇大纲重合的国俗语言称为超纲词汇。

表 3.10　教材中国俗语言适量性分析表

| 教材 | 统计项目 | 国俗语言数量分布 | | | | |
		总数	普及化等级词汇	中级词汇	高级词汇	超纲词汇	超纲百分比 /%
《教程》	《教程》（一上）	27	16	2	0	9	33.33
	《教程》（一下）	8	1	1	1	5	62.50
	《教程》（二上）	23	2	0	3	18	78.26
	《教程》（二下）	18	0	3	0	15	83.33
	《教程》（三上）	32	2	2	2	26	81.25
	《教程》（三下）	45	1	2	5	37	82.22
《课本》	《课本1》	30	11	1	2	16	53.33
	《课本2》	43	9	1	2	31	72.09
	《课本3》	65	2	4	1	58	89.23
	《课本4》	52	3	2	4	42	80.77
	《课本5》	68	0	3	4	61	89.71
	《课本6》	82	0	4	1	77	93.90

续表

统计项目 教材		国俗语言数量分布					
		总数	普及化等级词汇	中级词汇	高级词汇	超纲词汇	超纲百分比/%
《发展》	《发展》（初Ⅰ）	24	11	1	2	10	41.67
	《发展》（初Ⅱ）	30	1	2	3	24	80.00
	《发展》（中Ⅰ）	30	0	2	2	26	86.67
	《发展》（中Ⅱ）	24	0	0	3	21	87.50
	《发展》（高Ⅰ）	124	1	0	3	120	96.77
	《发展》（高Ⅱ）	95	0	0	1	94	98.95

从表 3.10 中，我们可以看出：

第一，三套教材中都存在大量的超纲词汇，而各套教材中的超纲词汇分布情况还有各自的特点。作为零起点汉语学习者使用的《教程》，与《等级划分》词汇大纲重合的国俗语言主要分布在第一、二册中，超纲词汇比例较低，到了第三册中，超纲比例均在 80% 以上。从第一册到第三册，《教程》中的超纲词汇呈现出平稳上升的趋势，整体走势较为均匀。《课本》中的超纲词汇与《教程》一样，呈现出上升趋势，但是《课本》第一册中超纲词汇便达到了 53.33%，第六册中的超纲词汇达到了 93.90%，超纲词汇比例起点便超过了半数，且超纲比例上升速度迅速。但是整套教材中与《等级划分》词汇大纲重合的国俗语言分布较为平均，这与我们以前分析出的《课本》是三套教材中国俗语言及对应的文化项目分覆盖面最为广泛的结论相吻合。《发展》中的重合国俗语言基本上全部都在初级教材中，中、高级教材中总共才出现了 11 个重合的国俗语言，重合国俗语言分布是三套教材中最不平衡的一套，这和我们之前分析的《发展》中的国俗语言项目和数量暴涨和暴降的情况相吻合。《发展》中的超纲词汇也只有第一本未过半数，其他教材超纲词汇比例均在 80% 以上，到了《发展》（高Ⅱ）中，超纲词汇几乎达到了 100%。三套教材虽超纲国俗语言都非常高，但是每套教材超纲国俗语言不管上升急速还是匀速，总的走势都是上升趋势，这也说明三套教材中的国俗语言虽与《等级划分》词汇大纲重合度较低。不过，三套教材各自有各自的考量，随着等级的上升，国俗语言数量上升这样的正比走势是科学合理的。

第二，重合国俗语言中，三套教材共同特点是大多数国俗语言均在初、中级教材中。重合国俗语言分别在三套教材不同阶段的比例为，《教程》：26：14；《课本》：32：12：7；《发展》：20：7：5。需要强调的一点是，成语是中、高级教材中数量最大的国俗语言，而各套教材中的重合率却极低，《教程》中42个入选成语中，与《等级划分》词汇大纲重合的只有"或多或少、乱七八糟、提心吊胆、小心翼翼、兴高采烈"5个，重合成语与超过成语比例为5：42；《课本》中73个入选成语中，与《等级划分》词汇大纲重合的只有"千方百计、无可奈何、五颜六色、由此可见、实事求是"5个，重合成语与超过成语比例为5：73；《发展》中227个入选成语中，与《等级划分》词汇大纲重合的只有"乱七八糟、自由自在、依依不舍、小心翼翼、哄堂大笑"5个，重合成语与超过成语比例为5：227。入选教材的成语越多，与《等级划分》词汇大纲中的成语重合比例就越低。

通过对国俗语言的适量性的对比分析可见，教材中的国俗语言与《等级划分》词汇大纲中的国俗语言重合率低，教材各册国俗语言分布不平衡，超纲率过高，特别是占有很大比例的成语，上述问题尤为明显。这不得不让我们深思教材选词的合理性及限制条件，尤其是成语的合理选取与分配的问题。

第四节　本章小结

本章精选了三套综合汉语教材，对其国俗语言及对应的文化项目进行统计分析：

第一，单从国俗语言的数量分配方面来看，三套教材中国俗语言与《等级划分》词汇大纲中的国俗语言数量分配比率走势大体一致，各套教材中的国俗语言数量均为从低到高的走势。

第二，三套教材中的国俗语言整体分布主要集中在语言文字、社会交际、象征观念、生活方式、风俗习惯五大类上，这与《等级划分》词汇大纲中前五类的国俗语言是吻合的，这也说明三套教材中的国俗语言与语言实际相符合，体现了它们选词合理性的特点。从国俗语言小类分布看，三套教材中的国俗语言主要集中在"熟语、社会观、称谓语、饮食、动植物、节令、风俗"七小类，这与《等级划分》词汇大纲中排名前七位的国俗语言基本上是吻合的，只是在前后位置上略有差别。这说明了三套综合教材在国俗语言选取上的一致性。

第三，从教材中的国俗语言的阶段性分布来看，初级阶段中，称谓语、饮食、数字、风俗习惯、动植物、建筑等国俗语言项目共选比例更高；中级阶段中，称谓语、价值观念、成语、风俗习惯、动植物、俗语等国俗语言项目共选比例更高；高级阶段中，精神文化类国俗语言占据绝对优势，其中，成语成为代表国俗语言的重中之重，数量庞大。从初级到中、高级，国俗语言呈现出物质文化类国俗语言向精神文化类国俗语言过渡的走势，文化项目的分布呈现出随着汉语等级的上升而文化项目数量减少的趋势，基本与《等级划分》词汇大纲走势相符。

第四，从教材中的共选国俗语言来看，三选和二选的国俗语言大多数分布在初级阶段的教材中，中、高级阶段教材中的共选国俗语言数量甚少。各套教材与《等级划分》词汇大纲中的国俗语言重合率低，教材各册国俗语言分布不平衡，超纲率过高，特别是占有很大比例的成语，上述问题尤为明显。教材中的国俗语言的选取无统一标准的问题是日后须重点解决的教材编写问题。

综合多角度的统计分析，《课本》是三套教材中国俗语言选取与分布最为合理的教材。

第四章　成语与新 HSK 模拟试题中的国俗语言

成语文化含义丰富且复杂，在各教材中数量巨大，是教材编写中词汇选取和汉语教学中的重点。新汉语水平考试（HSK）是汉语学习者权威性的考试，也是来华攻读学位的留学生必须参加且达到一定等级的考试。在本章中，我们将成语和新汉语水平模拟试题单独提出，对成语在三套教材中的分布情况、新汉语水平考试中国俗语言的分布情况作出统计分析，统计分析结果可为之后的国俗语言调查问卷的设计及汉语教材编写提供数据支持和借鉴。

第一节　成语的统计分析

成语象征着中国的传统文化，是"语言文化的精华""语言文化的活化石"[1]，被誉为"民族语言和文化的瑰宝"，在整个汉语体系中占有重要的地位。成语结构定型、意义凝练，使成语表达具有言简意赅、意境深远的表达效果，一直为汉民族所喜爱，并在各种语体、各种语言环境中广泛使用。但是另一方面，成语常常具有表面与内在的双层含义，词汇意义丰富复杂，且其来源特点使成语具有了明显的褒贬色彩；成语语法结构复杂，几乎包含了汉语语法中所有的句法关系，其语音组合形式也是多种多样。由于它在语音、语义、语法、语用等诸多方面的丰富性，中国人喜欢用其进行丰富多变的表达，也正是因为它的复杂性，使汉语学习者在学习和使用成语时困难重重，甚至举步维艰。成语对汉语学习者来说是"爱恨交加"的一类词汇，想学又怕学，在教学过程中也没有加以足够的重视，"成语在汉语口语和书面语中的常用性与教学中成语教学地位未被重视、学习的数量少构成了一对矛盾"[2]。成语的出处、文化和含义等方面的相关研究较为丰富，

1　莫彭龄：《成语联想教学法初探》，上海：上海三联书店，2005年，第1页。
2　洪波：《对外汉语成语教学探论》，《中山大学学报论丛》2003年第2期，第297-300页。

但是汉语学习者更关心的是如何正确使用成语进行交际，成语学习的最终目的也是交际，对于汉语教材中何种成语的选取与分布才是最适合汉语学习者掌握的问题的相关研究甚少。成语主要分布在中、高级教材中，特别是分布在高级教材中，留学生在汉语教材使用中出现诸多问题。

一、教材中成语选取的问题

1. 成语数量分布缺少统一标准

这表现在两个方面，一是不同教材中成语数量差距很大，《教程》中共有42个成语，《课本》中共有73个成语，《发展》中则有227个成语。二是同一教材的不同等级中成语分布数量差距很大。《教程》第一、第二册中共有4个成语，第三册中成语则有39个；《课本》第一、二、三本中共有5个成语，第四本中有3个成语，第五、六本中则有65个；《发展》初级综合教材中有8个成语，中级综合教材中有16个成语，而高级综合教材中则有203个成语。三套教材中的成语都主要分布在最后一个阶段的教材中，《发展》中这一问题最为突出。没有初、中级汉语学习阶段对成语学习的铺垫而直接进入高级阶段大量成语的输入，汉语学习者是否能够承受巨大的成语知识量的输入呢？这是我们需要思考的问题。或者说，由于受到初、中级汉语学习者水平限制，编写者有意在此阶段刻意或尽量回避了成语的学习，而是在高级阶段留学生水平提高之后有意识地增加。但是缺少了初期阶段的引入，中级阶段的过渡，到了高级阶段突如其来且铺天盖地的成语的出现定会让留学生成语学习没有思路且倍感压力。

2. 成语选取缺少统一标准

在之前的统计中，我们已经看到，三套教材共选成语只有"各种各样、恋恋不舍、兴致勃勃"三个；二选的成语中，《教程》和《课本》共选2个，《教程》和《发展》共选7个，《课本》和《发展》共选6个。这样的共选比例可以说不共选是三套教材在成语选取方面的共同特点，即在成语选取的问题上，三套教材各自为政，缺少选词的统一标准，这就造成了成语选取的随意性。随意性有三个表现：一是成语在教材中的复现率低。《课本》指出教材中的语言结构、语言功能、文化因素等均采用圆周式编排，多次循环重现，螺旋式上升，保证学习者的学习效果，提高他们的成就感，《发展》中也明确提出注重重复再现的原则进行教材编写。《课本》句采取了将课文内容分为正文和补充课文（课后的"阅读与复述"部分），生词与补充生词等板块，补充课文及补充生词里出现的词语将会出现在后面课文的正文中，从而注重词汇选取的复现率。可见，教材编写者是有这方面的意识的。而对于成语的选取和安排，各套教材都采取了回避或半回避的方式，又集中在高级阶段教材中猛输猛灌，不可能兼顾复现率的问题。二是成语选取难度控制无统一标准，如《发展》中的"经纬万端、垂垂老矣、溘然长逝、迁延不决、忍俊不禁"等成语或者过于书面化，日常交际中很少用到，或者极为生僻，一般中国人都鲜有知道和鲜有使用，可能教师都需要先学习词义再去教授的成语，选入教材中是没有意义的。三是成语的被动选取。三套教材的模式均为在初级阶段以对话形式为主，随着汉语学习者汉语水平的提高而最终选择文章的形式。对话为编写者根据初级阶段语法大纲、功能大纲、情景大纲、考试大纲等方面的要求创造性地编写对话，而高级阶段的文章则是依据一定的主题标准、词汇量标准、文章内容考量等因素选取现有的文章，经过一定的修改，最终选入课文，基本上保存了课文的原貌，当然也就基本上保存了文章中的词汇。如此一来，按照中国人正常的思维习惯和表达习惯，文章中必然会出现大量的成语及四字短语，这些词语的出现虽经过编写者的把关，但是因为文章是固定的，所以很多词语的出现是不受编写者绝对控制的，这也是不同的教材中会出现难易程度不同的成语，甚至是生僻成语的原因。这些成语可以说是教材编写者被动选取，而不是主动筛选。

3. 成语释义体例不到位

成语作为词汇中一类特殊的成员，其表现形式及文化内涵都不同于一般的词语，因此对它的解释并不是英汉对译就可以解决的。如《教程》第一册上中便出现了成语"马马虎虎"，这是三套教材中唯一一个在第一本教材中便出现了，且也是唯一出现的一个成语，课本只是在生词表中标注为："马马虎虎（形）mǎma hūhū so so"，在课后注释、语法解释及练习中再也没有涉及。在课文中，"马马虎虎"是"一般般"的意思，但是我们都知道，"马马虎虎"还用来形容做事不认真、不仔细。当然，我们对一个词语的学习可以分阶段进行，在不同阶段学习同一词语的不同意思，但是这个成语在本套教材后面的课文中也再没有涉及。留学生在日常生活中也常常只会用"一般般"这个义项的"马马虎虎"进行交际表达。显然，成语这样的释义方式是不够全面的，缺少对该成语的解释及举例说明，且整套教材对成语的释义基本上都是这种方式，也没有专项的习题加强练习。《发展》在初级综合教材中也是采用同《教程》一样的方式解释成语。到了中级综合教材中，增加课后成语专项练习的习题，如在中级综合（Ⅰ）的第13课的课后练习（第159页）中便出现了成语连线、填空的题型。而到了高级阶段，已经采用了用汉语解释汉语生词的方式了。这是《发展》在成语教学上的一大优势。各套教材表现出来的差异正是不同教材编写之间没有统一标准的表现形式，综合对比，如果成语释义从初级开始便采取"汉语拼音 + 英语释义 + 注释举例 + 课后练习"的形式，让汉语学习者从一开始便注意到成语含义的双重性、文化内容的丰富性及成语学习的重要性和趣味性，便不会出现，至少会降低到了中、高级阶段留学生对成语使用心存畏惧，且偏误严重的不良现象了。

4. 成语习题题型缺少针对性

朱志平等人曾提出："多数教材都有一批各课相同或者使用频率较高的'固定题型'，在这个基础上再根据每一课的需要替换一些练习。"[1]

成语便是需要对课后习题形式提出要求的一类词汇。如果只了解成语的字面意思，或者即便了解了成语的深层含义，也不能保证在语言交际中能够正确使用成语，因为成语能够充当句子成分的能力不同，有些只能做一些限定语，有些只能独立使用，它对语言交际提出了更高的要求，这就要求我们设置更多交际性的成语习题，让留学生全面掌握成语的意义及用法。因此，连线、填空这样常规的题型是不能满足成语学习的要求的，设计一些如根据交际情景选择成语进行表达之类的习题形式才能更好、更全面地掌握成语。但是教材中出现这种成语练习形式的习题并不多见，也不成体系和规模。

教材是教学各个环节的基础，"教材与教学的关系，很像剧本跟演出的关系。

1 朱志平、江丽莉、马思宇：《1998—2008十年对外汉语教材述评》，《北京师范大学学报（社会科学版）》2008年第5期，第131-137页。

剧本是演出的基础，没有剧本不行，但剧本还不是演出。演出才使剧本形象化、具体化。在教学中，教师就像导演，他必须对教材进行再创造"[1]。剧本没有设计好，教师的再创造工作便从一开始就偏离了方向，因此，成语是需要特别重视的一类国俗语言。

二、成语选取的对比分析

1.高频成语的筛选

从之前的对比分析中我们已经得知，三套教材中的成语重合度很低，而三套教材与《等级划分》词汇大纲中的成语重合度也非常低。那么，究竟哪些成语应该编入教材当中呢？这些成语又具有什么样的特点呢？张和生认为，对外汉语词汇教学应选取三方面的词汇："一是使用频率高的词；二是具有普遍功能的词；三是适当收录学习者母语中具有特色的词语。"[2] 高频使用率是成语入选教材的必要条件，人们在日常生活中经常使用的成语才能被选入当下的汉语教材当中。既然《等级划分》词汇大纲中选出的成语不能经过与三套教材对比而解决成语问题，我们将成语参考标准扩大范围，把刘长征、秦鹏的《基于中国主流报纸动态流通语料库（DCC）的成语使用情况调查》和国家语言文字工作委员会发布的《中国语言生活状况报告（2008）》中统计出的成语划入研究范围。

刘长征、秦鹏撰写的《基于中国主流报纸动态流通语料库（DCC）的成语使用情况调查》[3]，根据国家语言资源监测与研究中心平面媒体分中心动态流通语料库（DCC）的 15 种中国主流报纸 2005 年 1 月 1 日至 12 月 31 日全年的语料，经过对 591315 个文本，538752953 字符次，其中汉字出现 425789961 字次的统计分析，得出 915533 次，条目总数为 8637 条的成语。他的文章列出了前 300 个高频成语，其中前 110 个成语的使用频率都在 1000 次以上。我们也将这 110 个高频成语作为本书成语的对比研究对象。这 110 个成语按词频降序排列如下：

前所未有、引人注目、当务之急、得不偿失、见义勇为、坚定不移、

脱颖而出、实事求是、千方百计、众所周知、艰苦奋斗、一如既往、

1　鲁健骥：《对外汉语教学思考集》，北京：北京语言文化人学出版社，1999 年，第 93 页。
2　张和生：《对外汉语课堂教学技巧研究》，北京：商务印书馆，2006 年，第 91-92 页。
3　刘长征、秦鹏：《基于中国主流报纸动态流通语料库（DCC）的成语使用情况调查》，《语言文字应用》2007 第 3 期，第 78-86 页。

一年一度、深入人心、无论如何、与众不同、全力以赴、出人意料、
名副其实、不约而同、供不应求、全心全意、息息相关、层出不穷、
成千上万、齐心协力、不可思议、不知不觉、络绎不绝、想方设法、
安居乐业、紧锣密鼓、坚持不懈、意想不到、如火如荼、因地制宜、
来之不易、可想而知、行之有效、源源不断、理所当然、独一无二、
家喻户晓、突如其来、五花八门、截然不同、大街小巷、小心翼翼、
应运而生、弄虚作假、十面埋伏、显而易见、讨价还价、得天独厚、
后顾之忧、耳目一新、惊心动魄、日新月异、沸沸扬扬、此起彼伏、
举足轻重、当家作主、千家万户、敲诈勒索、触目惊心、耳熟能详、
独立自主、莫名其妙、兴致勃勃、举世瞩目、名列前茅、源远流长、
座无虚席、眼花缭乱、一目了然、排忧解难、不遗余力、各式各样、
卓有成效、自强不息、天下第一、轰轰烈烈、尽如人意、循序渐进、
迫不及待、一心一意、滥用职权、迫在眉睫、潜移默化、别开生面、
大势所趋、耐人寻味、急功近利、一应俱全、一席之地、轩然大波、
力所能及、取而代之、史无前例、记忆犹新、聚精会神、喜闻乐见、
屡见不鲜、错综复杂、声势浩大、发扬光大、随时随地、比比皆是、
不得而知、不以为然[1]

国家语言文字工作委员会发布的《中国语言生活状况报告（2008）》通过对
包括平面媒体、有声媒体、网络媒体在内的报纸、广播电视、网络用语情况的调查，
经过对 1374157 个文本文件，1209676776 个字符次（包括标点、符号及西文字母、
数字等出现的次数），其中汉字出现 991717791 字次的统计分析，统计出高频词
语 12490 个，其中成语为 37 个。这 37 个成语按词频降序排列如下：

前所未有、杂乱无章、全力以赴、引人注目、一目了然、脱颖而出、
坚定不移、不可思议、突如其来、众所周知、物美价廉、丰富多彩、
千方百计、实事求是、众志成城、一如既往、出人意料、不约而同、
抛砖引玉、与众不同、泰山压顶、名副其实、当务之急、小心翼翼、

1 刘长征、秦鹏：《基于中国主流报纸动态流通语料库（DCC）的成语使用情况调查》，《语言文字应用》
2007 年第 3 期，第 78-86 页。

意想不到、淋漓尽致、深入人心、源源不断、可想而知、独一无二、

供不应求、层出不穷、迫不及待、雪上加霜、成千上万、见义勇为、

不知不觉

我们将《中国语言生活状况报告（2008）》中的 37 个高频成语与《基于中国主流报纸动态流通语料库（DCC）的成语使用情况调查》中的 110 个高频成语进行比对统计，二者相同的成语为 29 个。这 29 个成语按词频降序排列如下：

前所未有、全力以赴、引人注目、一目了然、脱颖而出、不可思议、

众所周知、千方百计、实事求是、一如既往、出人意料、不约而同、

与众不同、名副其实、当务之急、小心翼翼、意想不到、淋漓尽致、

深入人心、源源不断、可想而知、独一无二、供不应求、层出不穷、

迫不及待、雪上加霜、成千上万、见义勇为、不知不觉

我们再将这 29 个高频成语与《等级划分》词汇大纲中的成语进行比对分析，其中"淋漓尽致"没有重合，剩余 28 个成语。这 28 个成语按词频降序排列如下：

前所未有、全力以赴、引人注目、一目了然、脱颖而出、不可思议、

众所周知、千方百计、实事求是、一如既往、出人意料、不约而同、

与众不同、名副其实、当务之急、小心翼翼、意想不到、深入人心、

源源不断、可想而知、独一无二、供不应求、层出不穷、迫不及待、

雪上加霜、成千上万、见义勇为、不知不觉

2.高频成语的分析

这 28 个高频成语经过三层筛选，可谓是高频成语中的高频成语，它们高频使用的原因是什么呢？

（1）高频成语的语音分析

音乐性是汉语语音的特点之一，成语也是有乐感的词汇，声调是汉语富有音乐性的重要原因之一。我们首先分析这 28 个成语在声调方面的特点。

"平仄"原本是汉语音韵学的一个概念，所谓平仄，是古代文人在诗歌韵文创作过程中对"平、上、去、入"从是否有平声的角度重新划分合并，"平"指平声调；"仄"意为"不平"，包括上、去、入三声；平声没有升降变化，仄

声或升或降变化较大。[1] 古汉语中的平仄发展到现代汉语中的声调，是一个复杂的变化过程，我们引入平仄问题只是为了简单观察 28 个成语声调配合的大致规律，求泛而不求精，所以不对这些成语用古汉语严格的平仄规律进行研究，本书该处的平仄分类按照现代汉语普通话的读音进行，简单地将平仄规律归纳为："阴平和阳平是平，上声和去声是仄。"[2] 根据这一规律，我们将 28 个高频成语平仄搭配分布及二、四位上的平仄搭配归纳至表 4.1。

表 4.1   28 个高频成语平仄搭配的分布对比统计分析表

格式	数量	百分比 /%	二、四位上的平仄搭配
平仄仄仄	2	7.14	仄仄
平平平仄	2	7.14	平仄
仄平平平	1	3.57	平平
仄仄仄平	2	7.14	仄平
平仄平平	4	14.29	仄平
仄平仄仄	3	10.71	平仄
仄仄平仄	2	7.14	仄仄
平仄仄平	1	3.57	仄平
仄平平仄	1	3.57	平仄
平平仄仄	3	10.71	平仄
仄仄平平	3	10.71	仄平
平仄平仄	1	3.57	仄仄
仄平仄平	1	3.57	平平
平平仄平	2	7.14	平平

从表 4.1 中可以看出，出现数量在 3 个以上同一格式的高频成语共有四类，分别是：平仄平平式，共 4 个，占 14.29%；仄平仄仄式、平平仄仄式、仄仄平平式，各 3 个，分别占 10.71%。吴洁敏曾指出："四字格成语一般分成两个韵步，根据汉语节奏的轻重律，前一个音节较轻，后一个较重，强拍落在第二个音节上，

1   刘振前：《汉语四字格成语平仄搭配的对称性与认知》，《山东大学学报（哲学社会科学版）》2004 年第 4 期，第 44-51 页。
2   刘振前：《汉语四字格成语平仄搭配的对称性与认知》，《山东大学学报（哲学社会科学版）》2004 年第 4 期，第 44-51 页。

所以一、三位上的声调可以不论。"[1] 也就是说，成语一、三位的平仄变化不会过多影响成语的节律性，成语的节奏鲜明的特点主要是通过二、四位上的平仄搭配体现的。按照这一规律，我们可以看出，这四类格式的成语在二、四位上的平仄搭配分别是仄平、平仄、平仄、仄平，属于完全合律型搭配。按照这一规律，我们也看到 28 个高频成语中不太符合成语节律性特点的有五类，分别是：平平仄平式、仄仄平仄式、平仄仄仄式，各 2 个，各占 7.14%；仄平平平式、仄平仄平式，各 1 个，各占 3.57%。整体不太符合成语节律性特点的成语共 8 个，共占 28.57%，同时也说明 71.43% 的高频成语都具有成语节律性的特点。细分析不太符合成语节律性特点的成语，我们也可发现，它们并不是完全不具有节律性，如仄平仄平式的前两个音节与后两个音节相同，使该成语节奏整齐划一，平平仄平式、仄仄平仄式在全平或全仄中都插入了一个相反的声调，这样就打破了僵局，出现了"平－仄－平"和"仄－平－仄"的声调升降的变化，也使成语具有了抑扬顿挫的变化，平仄仄仄式、仄平平平式亦是如此。在 28 个成语中，并未出现全平或全仄的成语，"全平式因为有阴平和阳平之区别，所以节奏性相对较强；全仄式多由去声组成，从语感上讲，全仄式成语的听觉效果最不和谐，是最不合律的一种声调的搭配形式，但音韵可能是一种补偿手段"[2]。据统计，带韵的成语也达到了 64.2%。[3] 因此，我们可以看出，28 个高频成语均属完全合律型及基本合律型搭配，都体现出了成语音乐美的特性。成语这一特性在教材编写和汉语教学中有意识地强调练习，会使汉语学习者读到成语时，能够体会到四字成语结构整齐性及节律顿挫性，从而帮助学生加深记忆。

（2）高频成语的语法、感情色彩分析

四字格成语四个字之间有不同的组合关系，且成语两分之后，两部分构成不同的语法结构，组合成一个成语后可充当不同的语法成分，反映出不同的感情色彩，如表 4.2 所示。

1　吴洁敏：《汉语节奏的周期及层次——节奏规律研究之一》，《中国语文》1992 年第 2 期。
2　周长楫：《汉语成语的音律美》，载中国华东修辞学会：《修辞学研究（第四辑）》，厦门：厦门大学出版社，1988 年，第 311-319 页。
3　刘振前：《汉语四字格成语平仄搭配的对称性与认知》，《山东大学学报（哲学社会科学版）》2004 年第 4 期，第 44-51 页。

表 4.2　28 个高频成语语法、感情色彩对比统计分析表

语法结构	成语	充当句法成分	用法
联合（4）	千方百计	状语	中性义
	成千上万	定语、状语	表示数量多
	不知不觉	谓语、定语	形容无意识的
	独一无二	谓语、定语	含褒义
状中（10）	小心翼翼	谓语、定语、状语	形容人的举动，含褒义
	前所未有	谓语、定语	指从来没有过的
	全力以赴	谓语、定语、状语	含褒义
	不可思议	谓语、定语、补语	用于人或物
	脱颖而出	谓语、宾语、定语	含褒义
	与众不同	谓语、定语、补语	形容出色，含褒义
	源源不断	定语、状语	指连续不断
	层出不穷	谓语、定语	表示连续不断地出现
	雪上加霜	谓语、宾语、分句	含贬义
	迫不及待	谓语、状语	形容心情急迫
	可想而知	谓语、宾语、补语、状语	用于推测想象等
定中（1）	当务之急	主语、宾语	用于判断语句中
中补（1）	意想不到	定语、谓语	
主谓（4）	众所周知	谓语、分句	用于书面语
	一目了然	谓语、定语	含褒义
	名副其实	谓语、定语	含褒义
	供不应求	谓语	用于人或商品
动宾（3）	一如既往	谓语、定语、状语	含褒义
	出人意料	谓语、定语、状语	指事物出乎人们意料之外
	深入人心	谓语、宾语	含褒义
兼语（1）	引人注目	谓语、定语、状语	含褒义
连动（1）	见义勇为	谓语、定语	含褒义
紧缩式（2）	实事求是	定语、补语、状语	含褒义
	不约而同	状语	指行动、动作相同

对表 4.2 进行分析可知：

从成语的语法结构及充当句法成分来看，状中结构、主谓结构、联合结构为数量前三的语法结构，其中状中结构的成语就多达 10 个，占 35.71%，比重较大。

在这 10 个成语中，9 个为动词性成语，1 个为形容词性成语。定中结构、中补结构、动宾结构、兼语结构、连动结构、紧缩式等六种结构也有出现。在这 9 种语法结构的成语中，名词性成语只有两个：千方百计、当务之急，但是在实际使用中，"千方百计"多充当状语，"当务之急"多充当主语、宾语。也就是说，真正被当作名词性成语使用的只有"当务之急"一个成语，其余 27 个成语多充当谓语、定语、状语，以及补语、分句等句法成分。综合语法结构及充当句法成分两方面的因素可以看出，28 个高频成语主要是表示行为动作或描述限制的成语，动作性和描述限制性的语法意义非常突出，而纯表人或事物的语法意义的词很少。这说明，高频的成语更多的是具有动词性或形容词性的成语，它们能够记述事件或描述、限制事件、人、事物，且能够承当多种句法成分，语法功能更强，语法意义更丰富。另外，28 个高频成语四个字之间均为"2+2"式的组合方式，即每个成语都可做两分，前两个字和后两个字分别组合成词或相当于词的结构，两两再结合构成整个成语。这种两分式的成语符合汉语语音双音节占优势的语音规律，读起来整齐划一，朗朗上口，这是这 28 个高频成语语音和语法相一致的表现。

从成语的情感色彩来看，具有褒义色彩的成语有 13 个，中性色彩的有 14 个，贬义色彩的有 1 个，可见，具有正能量的，反映内容积极向上的成语更容易成为高频成语的首选。

（3）高频成语的意义分析

从成语的内容角度出发，不同的成语归属不同的意义类别，下面将 28 个高频成语制成表 4.3，考查其涉及的意义类别及数量。

表 4.3　28 个高频成语的意义对比统计分析表

意义类别	对应成语	成语数量
程度数量类	前所未有、引人注目、全力以赴、深入人心、不可思议、迫不及待、出人意料、意想不到、一目了然、千方百计、成千上万	11
动作行为类	脱颖而出、供不应求、层出不穷、见义勇为、不约而同、雪上加霜、源源不断	7
总结评价类	名副其实、可想而知、众所周知、与众不同、独一无二	5
情感态度类	小心翼翼、不知不觉	2
工作方针类	实事求是、一如既往	2
人物事件类	当务之急	1

　　从表4.3中可以看出，28个高频成语可分为程度数量、动作行为、总结评价、情感态度、工作方针、人物事件6个类别，其中程度数量类最多，达11个，动作行为类和总结评价类紧随其后，且数量接近，人物事件类最少，只有一个。这样的分布说明，相当于形容词性、数量词性以及能够做插入语表评价总结的类别的成语出现频率更高，而表人或事物的名词性的成语使用频率相对较低。

　　从内容角度出发，汉语学习者常常对两类成语感兴趣，一类是日常交际中必然用到的，如"马马虎虎、入乡随俗、物美价廉、一路平安"等，另一类是趣味性强的故事类成语，如"自相矛盾、掩耳盗铃、井底之蛙、守株待兔、刻舟求剑"等。这两类成语都被一些教材作为成语学习或文化知识介绍，以补充课文、课后练习等形式引入汉语教材。从提取的28个高频成语中我们可以看到，交际性的成语更容易成为高频成语，故事性的成语，即使在《基于中国主流报纸动态流通语料库（DCC）的成语使用情况调查》高频成语前300条中，也没有出现一个。从意义角度出发对成语的分析结果，也可对成语在教材中的选取问题提供参考价值。

　　三、成语的教材编写建议

　　总结上述对成语的分析，我们建议在教材编写过程中，对教材的选取应注意以下五方面的编写问题：

　　第一，教材应从初级阶段便引入成语，并在教学过程中有意识地引导汉语学习者熟悉成语语音、意义、语法等方面的特点，培养学生对成语的关注度和敏感度，以及对成语学习的兴趣，降低畏惧心理，为中、高级成语学习打下良好基础。

　　第二，在成语选取与分布问题上，从内容角度出发，在初级阶段选取适量的故事性成语，以引起学生学习的兴趣，同时选取适量的口语交际中必然遇到的成语表达，让学生在使用成语与中国人或其他国家的学生交流时，因成语的使用而感受到成语学习的成就感。同时成语的选取应以联合式结构为主，因为联合式成语必然是"2+2"的构成形式，结构相对简单，前后两部分的意义多为同义或反义，多为实词的并列，这样的对称结构语音整齐，朗朗上口，结构清晰明了，方便判断，意义多表人、物或行为动作，容易理解，同时应侧重选取平仄相间的乐感强的成语。学生感知这些成语特点后，便可自行体会，逐渐积累。待进入中、高级阶段，学生具备一定的汉语水平后，故事性成语逐渐减少，或退居到练习及课外自修的环节中学习，教材正文中主要以交际型成语为主要学习对象。成语结构从联合式结构向其他结构转变，更多引入动词性和形容词性的成语，适量引入名词性的成语，让学生从语音、语法特征、意义、内容等多角度逐步深入地了解成语的丰富多彩和博大精深，学习难度随等级的提升而逐步提高。

在成语整体分布问题上，综合性教材都或多或少地出现了分布不均衡的现象，在初级教材中不涉及或涉及很少的成语，中级教材中仍持尽量回避、虽课文需要被动选择成语，高级教材中更由于课文选取的需要而出现大量难度过大、实用性不强的成语。在教材编写中，成语整体布局必须作为编写者重点考虑的问题加以解决，力求成语从初级到中、高级阶段的数量、类型、难度的渐增性和过渡性。

第三，成语释义体例问题上，从初级开始便采取"汉语拼音 + 英语释义 + 注释举例 + 课后练习"的形式，重点强调，特别是注释举例，是阐释成语意义的重要环节，应多举例子，让学生在充分的语言情景中体会成语的深层含义及正确的使用方法。这样的成语释义体例也让学生倍感成语的存在及其学习的重要意义。

第四，加大成语课后习题的比重，同时在题型选择上，多设计交际性的习题，少采用选择、填空、连线等传统题型，以便学生在交际环境中更加准确到位地掌握成语的含义及用法，使学生可以将学到的成语真真切切地运用到语言交际的实际活动中，增强成语习题的针对性和实效性。

第五，无论是在课文还是在习题的设计中，都要注意成语复现率的问题，让已学成语成为即将学习的新的语言知识的辅助表达词汇，在学习新语言知识的同时不忘温习巩固已学语言知识，循环往复，形成螺旋上升式的学习形式。

第二节　新 HSK 模拟试题中的国俗语言的统计分析

新汉语水平考试（HSK）是国家汉办组织中外汉语教学、语言学、心理学和教育测量学等领域的专家，在充分调查、了解海内外实际汉语教学情况的基础上，在原来旧 HSK 的多年实践的基础上，借鉴近年来国际语言测试研究而出台的针对海外汉语学习者的最新研究成果，是国内外衡量汉语学习者汉语水平的最权威的测试形式，也是外国留学生进入中国院校学习的汉语能力证明的必需条件。在汉语学习的基础上进行的考试，新 HSK 也是检查留学生汉语学习成果的一个重要标准，学生依据教材学习，因此新 HSK 与教材构成了互测的关系：教材的全面与否将影响留学生汉语学习，进而影响新 HSK 考试成绩，是对新 HSK 试题内容的一个检测；反之，新 HSK 成绩反映出留学生汉语学习的优秀之处和不足之处，映照教材，也反映出汉语教材的优势与不足。因此，我们将对新 HSK 中的国俗语言进行考查分析，再与之前对三套教材中的国俗语言的调查分析对比，从实践的角度考察教材中国俗语言分布的合理与否，并为之后对留学生国俗语言问卷调查研究提供实践数据支撑。

一、关于新 HSK

1. 新 HSK "明降实升" 的特点表现

HSK 是为测试母语非汉语者的汉语水平而设立的标准化考试，自 1990 年开始实施。经过 19 年的摸索实践，2009 年国家汉办 / 孔子学院总部正式推出新 HSK。与旧 HSK 相比，新 HSK 从考察角度与考察难度上呈现出 "明降实升" 的总体特点，即从表面来看，新 HSK 考试难度降低，而从实质分析，新 HSK 更加注重对考生综合能力的考察。具体而言：

（1）新 HSK "明降" 的主要表现

第一，考试内容明确化：旧 HSK 考试主张 "考教分离"，强调 "不以任何特定教材为依据，考生不需要按特定教材的内容准备考试"，希望考生锻炼较强的汉语综合运用能力，而事实上，参加 HSK 的考生大多数非汉语专业，未能达到灵活自如地使用汉语的程度，汉语水平不足造成考生备考无从下手。新 HSK 则出版考试大纲，发行复习资料，紧密结合汉语教材，"以考促教" "以考促学"，使考生备考有的放矢。

第二，考试等级合理化：旧 HSK3 卷 4 等 11 级或 14 级的等级结构过于复杂，且一张试卷同时考查三个等级的考生，考生不能站在同一起跑线上公平竞争，增加了低汉语水平考生考试的难度，挫伤了他们的积极性和自尊心。新 HSK 分为 6

个等级，每个等级明确规定考生汉语水平及应掌握的词汇量，考试目标明确，同一等级的考生汉语水平相差不大，心理负担减小。

第三，词汇量减量不减质，语法考查比重降低：旧 HSK 词汇量高达 8000，收词过泛，且弹性偏大，考生"望而生畏"，有失科学。新 HSK 将其压缩，如旧 HSK 词汇大纲中的"喜欢、喜爱、饭馆、饭店、星期、星期天"，在新 HSK 词汇大纲中只收入"喜欢、饭馆、星期"，将词汇总量压缩至 5000。而考生学过"商店"，自然能够掌握"饭店"，学过"星期"，自然能够理解"星期天"。兼顾"字本位"的新 HSK 词汇大纲中的词汇数量减少，降低了考生的畏惧心理，而质量上却丝毫未减。新 HSK 大大减少了对语法知识的考察，更多关注考生汉语交际能力的体现，这对难以掌握灵活多变的汉语语法的留学生来说，无疑是个喜讯。

（2）新 HSK"实升"的主要表现

第一，注重交际能力的考察：旧 HSK 最早基于结构主义语言学而创制，注重对词汇、句型、语法等语言要素的考察，强调语言的规范性；新 HSK 更多借鉴交际能力语言学思想，注重考生交际能力的考察，是一种将汉语教学从"知识传授"引向"能力培养"的尝试。

第二，注重听、写、说能力的考查：在新 HSK 中，听力试题数量等于或超过了阅读试题数量，且在笔试之外，单独设置口语考试，考生可单独报名考试，不受笔试成绩的影响。此外，在笔试试题中，从新 HSK 三级到六级分别设有连词成句和汉字填空、连词成句和用词造句、连词成句和用词写短文、缩写等书写题目的考查。

从以上两点可见，表面上，貌似新 HSK 忽视了或更多包容了对考生的语法错误，更加注重了交际能力的考查；而实际上，语法是定性的，相对固定的，可通过努力记忆加以解决的，但是交际能力除了语言基础之外，思维模式、表达习惯、文化差异、个体特点等诸多因素都将影响交际能力的最终实现。看似降低难度的新 HSK，实际上是对考生提出了更高、更综合性的能力要求。

2. 新 HSK 考试等级介绍

新 HSK 是一项国际汉语能力标准化考试，重点考查汉语非第一语言的考生在生活、学习和工作中运用汉语进行交际的能力。新 HSK 的考试结构包括 HSK（一级）、HSK（二级）、HSK（三级）、HSK（四级）、HSK（五级）和 HSK（六级）。

表 4.4　新 HSK 考试等级及与《国际汉语能力标准》《欧洲语言共同参考框架（CEF）》的对应关系一览表[1]

新 HSK	词汇量	国际汉语能力标准	欧洲语言框架（CEF）
HSK（六级）	5000 以上	五级	C2
HSK（五级）	2500		C1
HSK（四级）	1200	四级	B2
HSK（三级）	600	三级	B1
HSK（二级）	300	二级	A2
HSK（一级）	150	一级	A1

从表 4.4 中可以看出，从词汇量的要求来看，新 HSK 一到四级相当于初级水平的词汇量要求，新 HSK 五级相当于中级水平的词汇量要求，新 HSK 六级相当于高级水平的词汇量要求，因此，我们在统计分析时也按照这三个阶段分段统计分析。又因为新 HSK 一、二级要求词汇量过低，主要是对一些非常简单的汉语词语和句子，以及最基础的日常话题进行简单而直接的交流能力的考察，主要目的是测试汉语学习者是否达到最基础的汉语交际的能力，因此考察的词汇也是最基础的日常口语交际词汇，暂不归入我们的统计范畴。我们将新 HSK 三、四级作为初级阶段，五级作为中级阶段，六级作为高级阶段，考察新 HSK 模拟试题中的国俗语言及文化项目的分布特点。[2]

二、新 HSK 模拟试题中的国俗语言及文化项目的统计分析

表 4.5　新 HSK 模拟试题中的国俗语言及文化项目的统计分析表

级别	试题	试题类型	文化项目	国俗语言举例
初级	三级（H31001–H31005）	听力	俗语	更上一层楼
		阅读	称谓语	妹妹、女儿、奶奶、爷爷、叔叔、阿姨、同事、小高、小李、老师、学生、校长、张经理、刘阿姨、王小姐
			俗语	吃饭七分饱；太阳从西边出来了；面包会有的，牛奶也会有的；6 月的天，孩子的脸，说变就变；笑一笑，十年少；有借有还，再借不难；一个耳朵进，一个耳朵出

1　表格参引自孔子学院总部 / 国家汉办网站。
2　注：所有新 HSK 模拟试题均选自孔子学院总部 / 国家汉办网站提供的模拟试题。

续表

级别	试题	试题类型	文化项目	国俗语言举例
初级	三级（H31001–H31005）	听力	俗语	更上一层楼
		阅读	语言文字	普通话
			文学	七个小矮人的故事
			风俗习惯	啤酒节
			饮食	茶、花茶、绿茶、红茶、筷子
		书写	成语	五颜六色
	四级（H41001–H41005）	听力	称谓语	王师傅、李教授、先生
		阅读	问候寒暄	抱歉、对不起
			味觉类象征观念	酸、甜、苦、辣、咸
			俗语	不要仅仅为了一棵"大树"而放弃掉"森林"；友谊就像酒一样，时间越长，味道越好；便宜没好货，好货不便宜；熟悉的地方没有风景
			艺术	京剧、民歌
			文学	《富爸爸，穷爸爸》
			语言文字	"明"的造字法及意义
			地理	黄河、母亲河、长江
			家庭观念	少数民族
		书写	饮食	饺子、牛肉面
中级	五级（H51001–H51005）	听力	饮食	烤鸭
			风俗习惯	七夕节
			文学	《老人与海》《神笔马良》
		阅读	饮食	老舍茶馆、传统风味小吃、川菜、鲁菜、淮菜、粤菜
			文学	"愚公移山"的故事、《木兰辞》、花木兰、"守株待兔"的故事、"望梅止渴"的故事、"刻舟求剑"的故事、阿凡提的故事、晏子使楚的故事、《围城》
			风俗习惯	元宵佳节、冰雪节、春节、赛龙舟、端午节
			艺术	相声、国画、中国画、《清明上河图》
			语言文字	甲骨文
			成语	恍然大悟、妙不可言、自寻烦恼、早出晚归、日出而作，日落而息、尽力而为、取而代之、不知不觉、不时之需、束手无策、无名小卒、交口称赞、人杰地灵 四字短语：灿若朝阳、始料不及、一时之需
			俗语	露马脚、活到老学到老、上有天堂，下有苏杭
			社会行为	苦肉计、逐客令
			问候寒暄	请原谅
			称谓语	胆小鬼

续表

级别	试题	试题类型	文化项目	国俗语言举例
高级	六级 （H61001 –H61002）	听力	文学	《西游记》
			成语	彬彬有礼、不可磨灭、名副其实
			俗语	知子莫若父、"男儿有泪不轻弹，只因未到伤心时"
		阅读	成语	大禹治水、家喻户晓、如释重负、漠不关心、无所作为、不言而喻、不以为然、物美价廉、不约而同、小心翼翼、汗马功劳、因地制宜、小巧玲珑、明辨是非、删繁就简、无师自通、一钱不值、手忙脚乱、独一无二、不惑之年、误打误撞、迥然不同、妇孺皆知、尽人皆知、众口一词、众口难调、众说纷纭、人云亦云、显而易见、德高望重、依依不舍、不择手段、无恶不作、一掷千金、罪魁祸首、大名鼎鼎、不可避免、百思不得其解、可望而不可即、反其道而行之 四字短语： 毫不犹豫、层层叠叠、争奇斗巧、以少胜多、水天相接、自学成才、漆黑一片
			俗语	吃不到葡萄说葡萄酸、平地起高楼、绊脚石
			文学	"千山鸟飞绝，万径人踪灭，孤舟蓑笠翁，独钓寒江雪"、《三字经》
			动物类象征观念	喜鹊、鹊桥
			风俗习惯	对联、饮茶、重阳节
			艺术	喜鹊登梅（绘画）、剪纸、年画、瓷器、木雕、洞窟壁画、彩陶纹、《寒雀图》、《花篮图》、《寒江独钓图》
			建筑	四合院、宫殿、衙署、街区、坊巷、胡同
			社会行为	摆龙门阵、碰壁
			科学发明	造纸术、兵马俑、窗花、风筝
			历史人物	陶渊明、秦始皇
			宗教哲学	女娲补天、
		书写	成语	与日俱增、漫不经心、雪上加霜、笑容可掬

经过对新 HSK 六套三级模拟试题、六套四级模拟试题、六套五级模拟试题、两套六级模拟试题中的国俗语言及其所对应的文化项目的分布统计分析，制成表 4.5。需说明的是，新 HSK 六级模拟试题题量较大，且网站所提供的模拟试题重复率高，本书以能将问题展示并阐述清楚为目的，由于篇幅所限，故只选取了两套六级模拟试题进行分析。

1. 新 HSK 模拟试题中的国俗语言整体分布规律及对比分析

整体来看，在三级模拟试题中，称谓语出现最多，并在四、五、六级中重复出现，或深入出现，如在三级模拟试题中出现了大量的家族称谓语及部分社交称谓语，到了四级模拟试题中又出现了"王师傅、李教授、先生"等更多形式的社交称谓语。在列举的称谓语中，三级中出现的称谓语在以后级别的模拟试题统计中没有再重复。称谓语是成功的语言交际的第一步，初级的 HSK 又以日常交际用语为主要的考查对象，因此大量称谓语在三级模拟试题中出现是合情合理的，这也和《等级划分》词汇大纲和三套教材中称谓语的分布是一致的。另外，语言文字、文学、风俗习惯、饮食等相关的国俗语言也有少量出现，总体来看，三级模拟试题涉及的国俗语言数量和项目不多。但是值得一提的是，在三级模拟试题中，出现了大量的俗语，涉及了饮食、天气、生活、交际等多方面，且俗语的出现一直延续到四、五、六级的模拟试题中。俗语在《等级划分》词汇大纲和三套教材中出现的数量是非常少的，分析其原因，俗语是约定俗成、广泛流行于某时某地的、充满趣味和真理的口语，它寓意深刻，表现形式却通俗易懂，属口语化的语言，在新 HSK 三级阶段的考试中，所选语料需要口语性强的表达，为此，成语在三级模拟试题中也只出现了"五颜六色"一个，而俗语却出现了 6 个。俗语有些类似短语，有些类似句子，不太适合进入词汇大纲范畴，且因俗语最初为流行语或某一区域的地方俚语，随着其影响的扩大而慢慢进入普通话范畴，有些俗语虽有道理，但并不具备普遍性。如"6 月的天，孩子的脸，说变就变"这样的俗语适合云南这样的天气变化迅速的高原地区或者中国北方地区，而在有梅雨季节的江南地区，夏天的大部分时间都是阴雨绵绵，就不具备"孩子的脸，说变就变"的特点。俗语的表达具有隐喻的性质，需要对其文化背景有充分了解才能掌握这些俗语，显然，这对汉语水平还处于基础或初级阶段的汉语学习者来说，难度就过大了，这也是教材中没有选取过多俗语的原因，但是这也使得教材与新 HSK 在国俗语言的选取问题上出现了分歧和矛盾。当然，在新 HSK 中，这些俗语并不是原封不动地照搬中国人的固定表达，而是根据考试级别的高低做了适当的修改。如"不要为了一棵树放弃整片森林"表述成"不要仅仅为了一棵'大树'，而放弃掉'森林'"这样句子式的表达，且字词有所增删。"友情如酒，愈久弥香"表述成"友谊就像酒一样，时间越长，味道越好"，基本意思一样，后者通俗易懂，但是少了文学的味道。

在四级模拟试题中，称谓语、简单的问候寒暄语、饮食、俗语、文学、语言文字等国俗语言依然继续出现，并且增加了"黄河、母亲河、长江"等地理名词、"少数民族"等表家庭观念的价值观念大类的国俗语言，"京剧、民歌"等艺术类的国俗语言，且出现了汉字的六书释义："明"由两个字组成，左边的"日"代表太阳，右边的"月"代表月亮，所以"明"在汉语中表示有光亮的意思。从这些新增的文化项目及国俗语言中，我们可以看出，四级模拟试题已经从物质文化类国俗语言向精神文化类国俗语言逐渐过渡。这样的转变与《等级划分》词汇大纲和三套教材中国俗语言的选取走势也是一致的。另外，颜色词在三、四级模拟试题中也有出现，但是在三级模拟试题中没有使用它们的引申义。四级模拟试题中是介绍颜色反映人的性格，颜色对心情的影响等方面的科技文，没有使用色彩的象征观念的文化义项。

在五级模拟试题中，基本上都转向了精神类的国俗语言，如饮食介绍的是各大菜系的特色，风俗习惯介绍的是中国传统节日及风俗，艺术包括相声、绘画等多种艺术形式，语言文字介绍的是中国古老文字甲骨文。在这一阶段，成语数量开始上升，平均每套试题都出现 2~3 个成语，俗语的数量有所减少。除了成语外，还出现了如"灿若朝阳""始料不及""一时之需"等四字短语。它们虽不是成语，但是和"灿若繁星""意想不到""一时之选"形式或表达内容接近或一致，在留学生眼中，和成语没有太大的差别。四字短语的出现，也说明到了五级模拟考试，选取的语料也开始逐渐朝书面语过渡。在文学类国俗语言中，三、四级中也出现了如"七个小矮人的故事"等文学作品人物，而初级阶段的汉语教材中是很少涉及文学类的国俗语言的。在五级模拟试题中，虽然没有出现"愚公移山""守株待兔""望梅止渴""刻舟求剑"等成语，但是试题将其故事作为阅读材料。试题这样的选择，一是有意控制成语的数量，另一方面也在考查考生成语的知识储备量，如果学生知道这些成语，理解这些成语故事的文章就毫无难度了。这也从另外一个方面突出了中、高级阶段成语在新 HSK 中的重要性。

在六级模拟试题中,出现了类别更为丰富的国俗语言,除了前边提及的类别外,又增添了动物类象征观念、古建筑、社会行为、古代科学发明、重要历史人物、宗教哲学等类别的国俗语言,覆盖了中国文化的方方面面。成语成为六级模拟试题中的主角,在听力、阅读、书写等各种题型中都有出现,可以说,在六级模拟试题中,成语在各个题型中"遍地开花",在一篇短小的阅读文章中,都有出现三四个成语的情况。同时,还出现了"毫不犹豫""层层叠叠""争奇斗巧""以少胜多""水天相接""自学成才""漆黑一片"等更多的四字短语,语料越来越趋向书面化。

从三级到六级的模拟试题,我们可以看出,国俗语言的丰富度越来越高,这也说明新 HSK 对考生国俗语言及文化知识储备的要求越来越高。这一规律与汉语教学的要求是一致的。国俗语言及其对应的文化项目也与《等级划分》词汇大纲和三套教材中安排保持着一致。

2. 成语在模拟试题中考查形式的分析

在考察的 17 套新 HSK 模拟试题中,国俗语言均作为语料出现,在设置的问题及选项中基本上不会出现,成语除外。下面,我们以所选 H61001、H61002 两套六级模拟试题为统计对比对象,截取与成语相关的部分试题,成语用下画线标出,归纳成语在新 HSK 中的考查形式,以及与各类词汇大纲及三套教材中的成语的选取差异。

六级模拟试题中成语的考查方式,一是分布在阅读、书写等题型中,一是直接出现在选出有语病的句子、选词填空、阅读短文回答问题的选项中。

H61001 听力第一部分:

6."前三分钟定终身",找工作时你给面试考官的第一印象,从言谈举止到穿着打扮都将直接影响你被录取的机会有多大。要彬彬有礼,但不要显得过分殷勤;要大方得体,但不要拘谨或过分谦虚。

A. 面试时穿着最重要

B. 面试一般只要 3 分钟

C. 找工作的关键是谦虚

D. 面试时第一印象很重要

　　从这道听力题可以看出，"彬彬有礼"虽是纲内成语，但是所在的句子是一个排比句，在题干中句子较长且句式突出，加之有成语在其中，必然会吸引考生阅读的注意力，且"彬彬有礼"关涉到"但不要显得过分殷勤；要大方得体，但不要拘谨或过分谦虚"句子剩余部分的所有内容，过多的关注很可能导致学生选择 C 这一错误选项。

　　H61002 听力第一部分：

　　8.张衡是东汉时期伟大的天文学家、数学家、发明家和诗人，他为中国天文学、地震学、机械技术的发展做出了<u>不可磨灭</u>的贡献。由于他的巨大成就，联合国天文组织将太阳系中的一八零二号小行星命名为"张衡星"。

A. 张衡有许多朋友

B. 张衡去过很多国家

C. 张衡从小就很聪明

D. 张衡对地震学很有研究

　　从这道听力题中，我们可以看出"不可磨灭"这一超纲成语（均不在《等级划分》词汇大纲和《新 HSK 汉语词汇大纲》收录范畴）与正确答案"D 张衡对地震学很有研究"构成因果关系：因为张衡对地震学很有研究，所以他的成就对中国天文学、地震学、机械技术的发展做出了不可磨灭的贡献。确切来说，"不可磨灭"与正确答案的选择没有必然的联系，但是由于该成语与正确答案同处一个句子当中，他们的因果关系，加之超纲词汇对考生阅读理解造成的障碍，必然会影响到考生正确答案的选择。

H61001 阅读第一部分：请选出有语病的一项

56.C 草原上的天气<u>变幻莫测</u>，刚刚还是晴空万里，转眼间便乌云密布了。

60.D 大禹治水的故事<u>家喻户晓</u>，但人们多是把大禹看作一个治水的英雄，实际上大禹最大的功能是，他是中国第一个民族国家——夏王朝的奠基人。

H61002 阅读第一部分：请选出有语病的一项

51.D 正像世界上没有两片完全一样的树叶，每个人也是<u>独一无二</u>的。

54.A 妈妈把茶几擦得<u>一尘不染</u>得干净。

　　在选出有语病的句子的阅读题中，两套模拟试题中共出现了四句含有成语的句子，每套各两句，分配均匀。四个成语中，"家喻户晓"为纲内成语，"变幻莫测""独一无二"为《等级划分》词汇大纲中的纲内成语，《新 HSK 汉语词汇大纲》的超纲成语，"一尘不染"则没出现在这些词汇大纲中，是完全的超纲成语。这四句话中，恰恰"一尘不染"所在的句子是语意重复的病句。在完全不知道成语意思的前提下，学生只能凭借如排除法等一些做题技巧选出正确答案，面对超纲词汇只能猜测或者完全无能为力。

H61001 阅读第二部分：选词填空

70. 孩子一旦做错了事，总是会_____父母责备他，如果正如他所想的那样，父母责备了他，孩子反而会有一种"<u>如释重负</u>"的感觉，对批评和自己所犯的过错也就_____了。相反，如果父母_____沉默，孩子的心里反而会_____，会感到"不自在"，进而反思自己的错误。

A. 担忧　<u>漠不关心</u>　维持　平静

B. 忧虑　<u>无所作为</u>　坚持　慌张

C. 害怕　<u>不言而喻</u>　支持　谨慎

D. 担心　<u>不以为然</u>　保持　紧张

在这道题目中，选项中的三个成语，"漠不关心"是一个超纲成语，"无所作为""不以为然"在《等级划分》词汇大纲范畴内，不在《新HSK汉语词汇大纲》范畴内，"不言而喻"为纲内成语。按照《新HSK汉语词汇大纲》，该题目中只有三个超纲词汇，而超纲词汇恰恰成为正确选项。据周宇颂统计分析，"在阅读二中涉及的成语较多，大部分出现的成语都是词汇表内的成语，但是答案选项却大都是超纲成语。……在阅读二中出现的成语，大纲中的成语一般是干扰选项，而一般的超纲成语则是正确选项。"[1]

这一总结的规律虽不是绝对的，但是也有一定的参考价值，特别是上边题目中四个成语，三个为超纲成语，加上题干中还有"如释重负"这个成语，考生选做这道题目是难上加难。

在周宇颂的统计分析中，阅读第四部分"请选出正确答案"中，成语在提问中主要有两种情况，一种是成语出现在提问中：

"相持不下"的意思可能是（　　）。

A. 势均力敌　　B. 从容不迫　　C. 得不偿失　　D. 不择手段

选项同样也是四个成语，文章中出现的是超纲成语，选项中提供的是纲内成语，这种问题的设置同时考查了考生成语的储备量及阅读理解的能力；另一种情况是成语出现在选项中。

关于王羲之，可以知道（　　）。

A. 父亲是宰相　　　　B. 一生怀才不遇

C. 从小就热爱书法　　D. 是《笔说》的作者

这种设置要求考生首先要掌握成语的含义，再对提问作出选择。周宇颂统

1　周宇颂：《新HSK（六级）中成语的分析研究》，辽宁师范大学硕士论文，2012年。

计的这种题型中共有 7 个成语，其中 6 个均为超纲成语。[1]

在本书所选的两套模拟试题中，并未出现上述两种情况，但是有类似情况出现。

H61001 阅读第四部分：请选出正确答案

89. 第 2 段中的"反其道而行之"是指悬空寺（　　）。

A. 支撑物较少　　　　B. 建在悬崖上

C. 殿阁层层叠叠　　　D. 给人感觉很危险

在这个问题中，题干中出现了"反其道而行之"这个六字成语，非四字成语，在选项中出现了"层层叠叠"这个四字短语，非四字成语。六字成语数量较少，留学生很少能意识到这是一个成语，而更倾向于将其作为一句话来理解，"层层叠叠"虽不是成语，但存在着"密密层层、密密麻麻"等结构相似、意义相近的成语与之相呼应，留学生更倾向于将其作为一个成语来理解。如果能准确判断一个词是否是成语，留学生便可将其两分或三分，判断该词语前后两部分的结构关系和意义关系，从而更容易推测出该词语的词汇意义，如果不能，且词语又为文言文形式，势必加大留学生理解的难度。这一提问设计的"高明"之处便在于此，对考生是个不小的考验。

另外，即便是提问或题干中没有成语出现，题目设置也更愿选择四字格的表达形式，如：

H61001 阅读第四部分：请选出正确答案

93. 四川人去茶馆主要做什么？（　　）

A. 品尝点心　B. 打发时光　C. 调解纠纷　D. 洽谈生意

这个题目中，四个选项均不是成语，但都为四字格动宾结构的短语，选词

1　周宇颂：《新 HSK（六级）中成语的分析研究》，辽宁师范大学硕士论文，2012 年。

均偏书面化，与书面化的成语相似，这样的设置，给留学生考试时不论是理解还是心理暗示，都带来不小的压力，毕竟成语学习对汉语学习者而言是一个难以攻克的难点，心存畏惧。

在第三大部分"书写"的阅读文章中，六级试题中也常有成语出现：

H61001 书写　第 101 题：缩写

因为老医生的名气越来越大，从四面八方来看病的人与日俱增。为了不让来看病的人等得太久，老医生决定让年轻医生也独立给病人看病，并给了他一个独立的房间。两人约定：病情比较轻微的患者，由年轻医生诊断；病情比较严重的患者，由老医生出马。

……

因此，病人们总结：虽然年轻医生的经验不够丰富，但是他足够耐心、细致，并且关心病人，找年轻医生看病，他们心里会得到很大的安慰和鼓励；而老医生虽然经验丰富，但是他看病时漫不经心、与己无关的态度，让病人本来就因身体疼痛而糟糕的心情雪上加霜。所以，他们最终都选择了年轻医生。

这篇短文中出现的"与日俱增""雪上加霜"两个成语均为纲内成语，要理解短文意义，顺利完成缩写，就必须知道这两个成语的意思。在含有两个成语的两句话中，"与日俱增""雪上加霜"均各自和前一分句构成因果关系，是前一分句的结果。一种原因不一定只出现一种结果，如"老医生名气越来越大"可能导致看病的人慕名而来，也可能导致怕难排号看病而选择放弃，"与日俱增"随着时间一天天地增长的义项便给出了前一结果。当然，考生也可以根据后边的内容回过头来判断"与日俱增"的意思，但是这也需要很好的逻辑思维和推断能力。如果直接掌握了该成语的意思，所有的问题也就迎刃而解了。

综合上述模拟试题各题型中出现成语的情况，在六级试题中，成语大量出现，且超纲词汇甚多，不只出现在语料中，导致考生阅读障碍，也进入提问及选项当中，给考生选择正确答案带来足够大的负面影响。一方面，说明成语是高级阶段汉语学习的一个难点，同时也说明成语是高级阶段汉语学习的一个重点，"学而难，不学而滞"的成语学习现状使我们有必要对《新 HSK 汉语词汇大纲》中收录的成语进行统计分析。

三、《新 HSK 汉语词汇大纲》收录成语的统计对比分析

《新 HSK 汉语词汇大纲》共收录 114 个成语，我们将"成语"部分统计出的 28 个高频成语与《新 HSK 汉语词汇大纲》收录的 114 个成语进行比对，其中有 13 个成语未出现在《新 HSK 汉语词汇大纲》大纲中，它们是：

前所未有、引人注目、脱颖而出、出人意料、不约而同、与众不同、意想不到、深入人心、源源不断、可想而知、独一无二、成千上万、不知不觉。

基于生活语料实际调查，且在多个大纲中均出现的高频成语，在《新 HSK 汉语词汇大纲》竟然多达 13 个没能选取，占 28 个高频成语的 46.43%，接近半数，这说明《新 HSK 汉语词汇大纲》在成语选取实用性方面失之偏颇，未能将高频成语选录其中。

我们将《新 HSK 汉语词汇大纲》剩余的 101 个成语与《等级划分》词汇大纲中的成语进行比对，其中共选成语 54 个，它们是：

爱不释手、半途而废、不相上下、朝气蓬勃、从容不迫、川流不息、得不偿失、东张西望、根深蒂固、归根到底、后顾之忧、画蛇添足、恍然大悟、家喻户晓、竭尽全力、津津有味、精益求精、兢兢业业、精打细算、聚精会神、举世瞩目、举世闻名、理所当然、理直气壮、力所能及、络绎不绝、莫名其妙、迄今为止、恰到好处、轻而易举、齐心协力、岂有此理、潜移默化、日新月异、讨价还价、滔滔不绝、微不足道、相辅相成、欣欣向荣、新陈代谢、无精打采、无可奉告、无可奈何、想方设法、无能为力、无微不至、无忧无虑、一帆风顺、循序渐进、与日俱增、再接再厉、争先恐后、自力更生、总而言之。

《新 HSK 汉语词汇大纲》中的成语与《等级划分》词汇大纲中的成语比较，共选成语为 69 个（54+15=69），占《新 HSK 汉语词汇大纲》中的成语总数的 60.53%，未选成语为 45 个，占《新 HSK 汉语词汇大纲》中的成语总数的

39.47%，两部分大约为六四分。《等级划分》词汇大纲中共有成语406个，共选成语在《等级划分》词汇大纲中的成语占总数的17.00%。从这个比例来看，作为实用性的《新HSK汉语词汇大纲》，且其所对应的新HSK又以考察汉语学习者语言实际应用能力为主要目的，其所选成语只占到约60.53%，这说明另外39.47%的成语为超纲成语，或次常用成语，这样的选取比例是远远不能让人满意的。再加上在考试中，还会出现更多的《等级划分》词汇大纲之外的成语，这样一来，考试中的成语问题就更难解决了。

综合前后有关成语的讨论，我们可以看出，各成语大纲、各教材成语选取中，都没有统一的标准，导致大纲与大纲之间，教材与教材之间，教材与大纲之间，试题与教材、大纲之间的共选成语数量偏少，共性体现不足，呈现出来的是一种"各自为政"的状态。另外，国俗语言的选择也出现了相同的情况。这样，不同的教材、不同的教学地区便会呈现出差异巨大的教材模式和教学效果，这非常不利于汉语教学统一、规范地向前发展。国俗语言在教材中的选取与分布亟待统一规范。

第三节　本章小结

在成语统计分析部分，针对教材中成语选取的问题，依据三个成语大纲，经过三道筛选，获得28个高频成语，对其从语音、意义、语义、语法等四方面进行分析归纳，得出如下结论：

第一，在语音方面，28个高频成语均属完全合律型及基本合律型搭配，都体现出了成语音乐美的特性。

第二，在语法方面，28个高频成语多为具有动词性或形容词性的成语，且能够承当多种句法成分，语法功能更强，语法意义更丰富。28个高频成语四个字之间均为"2+2"式的组合方式，符合汉语语音双音节占优势的语音规律，读起来整齐划一，朗朗上口。

第三，在感情色彩方面，具有正能量的，反映内容积极向上的成语更容易成为高频成语的首选。

第四，在意义方面，相当于形容词性、数量词性以及能够做插入语表评价总结的类别的成语出现频率更高，而表人或事物的名词性的成语使用频率相比较低。交际性的成语更容易成为高频成语。

新 HSK 呈现出"明降实升"的特点，我们将新 HSK 模拟试题中的国俗语言从词汇量的角度划分为初、中、高三个等级，对其及文化项目进行统计分析。

第一，整体来看，在三级模拟试题中，称谓语出现最多，其他国俗语言也有少量出现，出现了大量的俗语，且一直延续到四、五、六级的模拟试题中。总体来看，三级模拟试题涉及的国俗语言数量和项目不多。四级模拟试题中，增加了地理名词、价值观念类国俗语言、艺术类的国俗语言，出现了汉字的六书释义等考查形式，四级模拟试题已经从物质文化类国俗语言向精神文化类国俗语言逐渐过渡。这样的转变与《等级划分》词汇大纲和三套教材中国俗语言的选取走势也是一致的。在五级模拟试题中，基本上都转向了精神类的国俗语言，成语数量开始上升，俗语的数量有所减少，选取的语料也开始逐渐朝书面语过渡。在六级模拟试题中，出现了类别丰富的国俗语言，覆盖了中国文化的方方面面，成语成为国俗语言的主角。从三级到六级的模拟试题，国俗语言的丰富度越来越高，对考生国俗语言及文化知识储备的要求越来越高。这一规律与汉语教学的要求是一致的，国俗语言及其对应的文化项目也与《等级划分》词汇大纲和三套教材中安排保持着一致。

第二，成语在模拟试题中考查形式的分析中，在六级试题中，成语大量出现，且超纲词汇甚多，不只出现在语料中，导致考生阅读障碍，也进入提问及选项当中，对考生选择正确答案带来足够大的负面影响。这说明成语是高级阶段汉语学习的一个难点，也是一个重点

第三，《新 HSK 汉语词汇大纲》与《等级划分》词汇大纲中的共选成语为 69 个，比例过低。成语问题综合考量，整体呈现出大纲、教材、试题"各自为政"的状态，其他类别的国俗语言的选择也出现了相同的情况。国俗语言在教材中的选取与分布亟待统一规范。

第五章　国俗语言与成语调查问卷统计与分析

在前文中，我们对《等级划分》词汇大纲及《课程》《课本》《发展》三套教材中的国俗语言进行了统计分析，还单独对成语进行了统计分析，得出了国俗语言在教材中的选取与分布规律，而这些分布规律是否适合汉语学习者学习规律呢？经过实践检验的理论才是可信的理论，国俗语言在教材中的选取与分布规律既符合具有权威性的词汇大纲要求，又符合汉语学习者学习规律，才是可取的国俗语言的选取与分布规律，才会在今后的汉语教材编写及汉语教学中大力宣传，加以推广，并有助于汉语教学。在本章中，我们根据国俗语言的选取与分布规律设计调查问卷，旨在了解汉语学习者在实际的汉语学习中对国俗语言的掌握情况，优点与不足，从实践的角度验证国俗语言相关问题，检查研究所得结论的正确与否。因成语在教材中数量巨大，在不同教材中数量、类型、共选词等方面都存在着巨大的差异，且不同的成语大纲中存在着相同的问题，因此，我们将成语从国俗语言调查问卷中提出来，单独设计调查问卷，进行更为详尽的调查统计分析。

第一节　国俗语言调查问卷的统计与分析

一、调查问卷的设计

1. 调查对象

在之前的分析中，我们已经得出结论，在三套教材中，《等级划分》词汇大纲中排名前七位的"熟语、社会观、称谓语、饮食、动植物、节令、风俗"和三套教材中国俗语言的排位基本上是吻合的，只是在前后位置上略有差别。为此我们主要以这七类国俗语言为最主要的调查对象，因为成语要在之后单独进行调查分析，因此在熟语中我们主要选取俗语。

　　我们向四川大学、西南财经大学、兰州大学、昆明理工大学四所高校的中、高级阶段的留学生共发放调查问卷232份。还需说明的一点是，四川大学、西南财经大学留学生比较多元化，来自多个国家和地区，兰州大学主要招收西北亚地区留学生，昆明理工大学主要招收东南亚地区留学生，四所高校的选取，保证了学生的多国别化的特点，避免了因生源相同而导致调查问卷数据不能准确反映国俗语言和成语理解共性问题的隐患。

　　2. 语料选取

　　《国俗语言问卷调查》中20个国俗语言的选取主要参考了《教程》《课本》《发展》三套教材，《等级划分》词汇大纲及中国人日常生活中使用频度高的国俗语言，以教材及《等级划分》词汇大纲中的国俗语言选取为主，同时考虑到调查问卷的难度平衡，也适度增加超纲国俗语言，尽量同时兼顾国俗语言的种类覆盖与难度控制两方面的因素。

　　3. 问卷设计

　　首先，国俗语言调查问卷的设计共分两部分进行。第一部分是针对留学生对国俗语言的态度及对汉语教材国俗语言的编排、汉语教学中的国俗语言的教学等学习倾向等问题的调查。其中，1-4小题的设计是为了掌握留学生的基本信息，第5、6题是调查留学生感兴趣的国俗语言的类别，第7-9小题是调查留学生对汉语教材中的国俗语言的满意度，第10-13小题是调查留学生对汉语教学中的国俗语言教学的满意度。第二部分是对留学生对国俗语言掌握情况的调查，我们根据前文统计出的共选项相对集中的"熟语、社会观、称谓语、饮食、动植物、节令、风俗"七项国俗语言，再经调整，将问题设计重点放在俗语、社会行为、社会心理、饮食、动物、植物、风俗习惯等小类的国俗语言的问题设计上，同时适量加入如建筑、称谓语、色彩、文学等小类的具有代表性的国俗语言。国俗语言考查题目具体分布情况为：1-3小题为社会行为类，4、5小题为社会心理类，6-8小题为动物象征意义类，9-11小题为植物象征意义类，12-14小题为风俗习惯类，15-17小题为俗语类，18小题为色彩类，19小题为时空类，20小题为称谓语类。

　　其次，尽量使用《等级划分》词汇大纲内的词汇为每一个国俗语言设计四个选项，并尽量用纲内词汇给予表述，确保被测试者不会因为读不懂选项而错选答案。

再次，调查问卷初稿先请部分学生和一线汉语教师试做，搜集反馈意见，进行二次修改，再将能力范围内研制的最科学完善的调查问卷大范围发放。

4. 调查问卷的统计方法

我们将国俗语言调查问卷第一部分收集整理的数据绘制成表并利用文化教育理论进行分析。第二部分调查问卷的统计结果输入 Microsoft Excel，并采用 $P=R/N$（P 是指成语语言的难度值，R 是指选对国俗语言选项的人数，N 是指有效调查问卷中作答的总人数）公式进行数据分析，考察哪类国俗语言是容易理解或难理解的。如果某成语答对人数多，数值便越大，说明难度值 P 越小；反之，如果某成语答对人数少，数值便越小，说明难度值 P 越大。

5. 问卷调查时间

2014 年 9 月 1 日—2014 年 9 月 30 日。

之所以用一个月的时间进行问卷调查，我们是将调查问卷中的第一部分请各任课教师帮忙随堂调查，第二部分以课题练习或学生课后作业的形式完成，提醒学生不可借助词典、网络、询问等任何辅助手段，只凭借自己的汉语水平独自完成。这样做是为了保证学生不是应付差事，敷衍了事，同时降低学生的紧张情绪，尽量做到让留学生在最佳的作答状态下完成问卷调查，从而也最大限度地保证调查问卷中数据的真实性。

6. 调查问卷的派发与回收

共向四所高校留学生发放调查问卷 232 份，回收 197 份，回收率为 84.92%，其中有效问卷 184 份，有效率为 93.40%，中级班留学生问卷 106 份，高级班留学生问卷 78 份。

7. 调查问卷的预设结果

根据调查问卷的设计目的，我们假设了调查的三种结果：

①留学生对国俗语言的兴趣点与三套教材、《等级划分》词汇大纲中国俗语言对应的文化项目分布保持一致。

②留学生对汉语教材中的国俗语言编排满意度高。

③留学生精神文化类国俗语言调查 P 值最低。

二、调查问卷的统计与分析

1. 留学生对国俗语言态度调查的统计分析

（1）国俗语言兴趣的统计分析

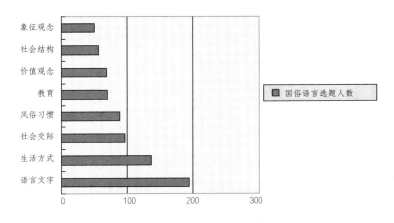

图 5.1 国俗语言兴趣调查表

我们将国俗语言调查问卷第一部分第 5 小题的数据统计，选题人数在 50 人以上的项目制成了图 5.1。从图 5.1 中可以看出，被调查者都选择了"语言文字"项，紧随其后的两项是"生活方式"和"社会交际"。可见，大多数留学生学习国俗语言及其对应的中国文化并不是出于自发的兴趣，而是为了学好语言，满足生活和交际需要，这说明驱动留学生学习汉语的动力带有强烈的功利性和目的性。他们对"风俗习惯"项目感兴趣，从物质的角度考虑，也是为了在中国更好地融入当地生活，归根结底也可以归结到他们的功利性目的中去。后四项"教育""价值观念""社会结构""象征观念"表现出他们对中国的社会关系、中国人的价值观念、思维模式及中国的教育体制的关注，四项都属于精神文化类的国俗语言及文化项目，可见，留学生更关注中国人在想什么。

与之前的教材中的国俗语言的统计分析做横向比较，两次调查中，国俗语言的重合项为五项，分别是熟语、社会观、动植物、节令、风俗，而教材中数量较多的称谓语和饮食两项所选人数不多，这说明留学生国俗语言学习，或者说汉语学习的目的，是在满足了自己生活需要和工作需要之后，摆脱最基础的物质束缚，更多关注形而上的内容，而教材编写要想完整展示国俗语言体系，必须从建筑、饮食、称谓语等基础的国俗语言项目开始，随着汉语等级的提高而逐步转向精神层面的国俗语言展示。综合上述种种因素，留学生更关心精神层面的国俗语言，教材编写必须从物质类的国俗语言写起，但是对熟语、社会观、动植物、节令、风俗等五类重要的国俗语言的关注，二者是重合的。所以，虽然教材中的国俗语言分布和留学生国俗语言兴趣调查表现出一定的差异，但是因为受到了一定的客观条件的限制，二者在主体上可以说是保持了一致性。我们之前的假设"留学生对国俗语言的兴趣点与三套教材、《等级划分》词汇大纲中国俗语言对应的文化项目分布保持一致"基本上是成立的。留学生对国俗语言的兴趣表现也可以成为汉语教材编写在保证科学性的前提下对某些国俗语言有所侧重的实践依据。

（2）教材中国俗语言设置满意度的统计分析

国俗语言调查问卷第一部分的第7—9小题是调查留学生对教材中国俗语言设置的满意度。对于教材中出现的国俗语言，184名留学生被试者中，38个人表示很感兴趣，47个人表示感兴趣，29个人表示不感兴趣，70个人表示无所谓。对汉语教材中的国俗语言很感兴趣、感兴趣的人数比例为46.20%，不感兴趣和无所谓的人数比例为53.80%。这样的分配比例，暗示出教材中的国俗语言及其文化项目的设置并没有引起留学生足够的兴趣，感兴趣的人还未超过半数，这与我们最初的假设"留学生对汉语教材国俗语言编排满意度高"的预设结果不一致。由此可见，虽然汉语教材经过了半个世纪左右时间的发展，已经形成了自己的体系和特色，但是还是未能满足教材使用者多方面的要求，汉语教学工作者还需要在教材编写上再下功夫。当然，这样的结果与被试的留学生生源也是有关系的，昆明理工大学、兰州大学以学历生为主，即经过汉补阶段转入专业学习，西南财经大学以短期项目，或生活在中国的闲散外国人群体为主，汉语只是他们学习和日常交流的工具，只有四川大学语言进修生及汉语言文字本科生居多，这样的生源情况也会影响到调查的结果。不过这样不尽如人意的数据也在提醒我们需要更加合理科学且趣味性丰富地去编写汉语教材，以期待借助教材更好地展示国俗语言及中国文化。

（3）国俗语言教学满意度的统计分析

国俗语言调查问卷第一部分的第 10—13 小题是调查留学生对国俗语言教学的满意度及喜欢的教学形式。国俗语言的教学内容和形式方面，184 名留学生被试者中，68 个人表示很满意，52 个人表示满意，18 个人表示不满意，68 个人表示无所谓。表示满意的留学生人数比例为 53.26%，表示不满意和无所谓的留学生人数比例为 46.74%，可见单就对国俗语言教学而言，留学生对其满意度不是很高。

（4）留学生对国俗语言学习方式喜好调查的统计分析

第 11—13 小题是考查留学生对国俗语言学习方式喜好的调查。学习方式是人们在学习活动中所采用的方法以及方法使用过程中呈现出来的形式，它表现出来的是一系列的操作步骤、操作方法和操作过程中呈现出来的形态和样式。[1]

这样的学习方式"不是一种固有程序、稳定组织结构和不变的活动形式的学习模式或教学方法，而是以确定价值、明确目标、学习心理基础和一般活动形式为基本特征的"[2]。也就是说，不同的教学内容决定着不同的学习方式的采用，学生的主体意愿也影响着学习方式的选取，为此，我们有必要调查留学生对国俗语言学习方式的喜好，以便以学生为中心，采用最恰当的教学形式，有效地进行教学活动。

表 5.1 留学生国俗语言学习方式喜好调查统计表

学习及教学类别	具体方法	选题人数	百分比 /%
学习方式	观察式	27	14.67
	体验式	39	21.20
	倾听式	53	28.80
	对比式	18	9.78
	讨论式	47	25.54
学习手段	语言中介	13	7.07
	视听媒介	74	40.22
	实物展示	29	15.76
	文化活动	62	33.70
	专业教材	6	3.26

1 段德诚：《几种学习方式之比较》，《当代教育论坛（宏观教育研究）》2003 年第 3 期，第 89-90 页。
2 扈中平、李方、张俊洪：《现代教育学》，北京：高等教育出版社，2005 年，第 319 页。

续表

学习及教学类别	具体方法	选题人数	百分比 /%
教学方法	演示法	24	13.04
	体验法	29	15.76
	讲授法	57	30.98
	讨论法	54	29.35
	比较法	20	10.87

从表 5.1 可以看出，在留学生国俗语言学习方式喜好调查中，无论是学习方式，还是教学方法的选取，都没有出现集中选取某一项或者集中不选取某项的极端选取结果。这说明不管是哪种学习方式或教学方式，都有支持的留学生，这也提示汉语教师在教学过程中，要用心观察学生的实际情况，根据留学生不同学习阶段的不同特点和实际要求，采取不同的教学方法，符合留学生的学习方式及学习需求，力争达到最好的教学效果。如没有特殊要求，汉语教师还是需要以大多数学生的意愿为主要的教学手段实施的依据，因此，我们有必要分项分析汉语学习者在学习方式、学习手段和教学方法上的整体喜好选择。

在学习方式的选择方面，28.80% 的留学生选择了倾听式的学习方式。高校的留学生，更多的时间是和其他国家的留学生在教室一起学习，而能提供让他们倾听的人便是汉语教师，也就是说，学生在国俗语言学习方面，需要汉语教师在课堂上以讲授的方式多输入一些有关国俗语言及其对应的中国文化的相关知识。虽然之前在教材中的国俗语言设置满意度的调查显示出的结果不尽如人意，但是从留学生倾听式学习方式的选择上，表明留学生对中国文化充满了好奇心和热情。相对应地，只有 3.26% 的留学生选择了通过专业教材的学习手段获取国俗语言，是学习手段中选择比例最低的一项，30.98% 的留学生选择了希望用讲授法获取国俗语言知识，是教学方法中选取比例最高的一项。这三项的选取达到了一致性，说明留学生在做调查问卷时思路和需求表达都是非常清晰的，各项最高与最低比例的选择说明这部分留学生共同希望能在课堂上收获更多的中国文化知识，这部分知识希望由教师亲口传授，而对教材寄予的希望并不是很高。

25.54% 的留学生选择了讨论式的学习方式，仅次于倾听式学习方式的选择，这说明留学生更渴望交流，希望在汉语学习过程中的个人参与，希望在讨论，甚至辩论的氛围中通过个人的思考判断，批判性地学习国俗语言及其对应的中国文化。可见，留学生对中国文化并不是全盘无条件地接受的，这就要求汉语教师不可在留学生面前心存语言表达占优势便等于文化表达占优势的侥幸心理，要对要讲授的国俗语言及中国文化做足课前的准备工作，去粗取精，选取中国文化中的精华及国俗语言中的精华，让留学生在课堂讨论的过程中，慢慢对中国文化产生浓厚的兴趣。

体验式、观察式、对比式三项学习方式紧随前两项之后，虽然只有 9.78% 的留学生选择对比式，但是由于参与调查并有效的留学生人数多达 184 人，因此对比式的学习方式也有 18 人选择。尽管比例较低，人数并不少，这也代表了不能因为显示出来的选择比例最低，便在汉语教学过程中忽视或忽略这种学习方式。这种学习方式也是有较大的群众基础的，是需要在教学过程中适时穿插的。

在学习手段的选择上，40.22% 的留学生选择了视听媒介的学习手段进行国俗语言的学习。视听媒介是借助视频、音频等多媒体手段进行文化教学的一种方式，这种方式最大的好处是具象可观，直观易懂，且信息量大，容易提供丰富多变的教学材料，便于留学生在头脑中形成感性直观的认识，构建中国文化图式。33.70% 的留学生选择了文化活动式的学习手段，文化活动最好的地方便是留学生可以参与其中，亲身感受真实的中国文化，免除了口头空谈的空洞性，让中国文化变成触目可视、触手可及的真实存在的事物。选择位于前两位的学习手段说明留学生更希望在条件允许的情况下，亲身接触和感受中国文化，而不是停留在专业教材中国俗语言及中国文化的符号空谈的阶段。

基于学习方式和学习手段的选择，在教学方法的选择上，留学生保持了完全的一致性：讲授法和讨论法分别以 30.98% 和 29.35% 的选择率位于前两位，要求亲身经历的体验法以 15.76% 的选择率紧随其后，演示法和比较法分别以 13.04% 和 10.87% 的选择率位于最后两位，但是即便是选择率最低的比较法，选择比率也超过了 10%。

综合上述调查情况，我们可以简单地总结出：留学生对国俗语言及中国文化的学习充满了热情，他们所希望的理想的国俗语言的学习模式是在眼见为实、亲身可触的文化环境中心有所动地学习。这样的调查结果应为汉语教学，特别是国俗语言的教学提供有针对性的教学思路。

2. 国俗语言理解的调查问卷的统计与分析

表5.2　国俗语言理解的调查问卷的统计表

国俗语言		P		
类别	具体	中级	高级	$\bar{P}$
社会行为	泼冷水	0.31	0.76	0.54
	碰钉子	0.43	0.73	0.63
	背黑锅	0.17	0.22	0.20
社会心理	红眼病	0.34	0.67	0.51
	黑手	0.11	0.22	0.17
动物象征	龙凤	0.25	0.63	0.44
	白眼狼	0.05	0.17	0.11
	鸳鸯	0.40	0.63	0.52
植物象征	红豆	0.34	0.44	0.39
	苦瓜	0.42	0.60	0.51
	松树	0.70	0.83	0.77
风俗习惯	新房	0.27	0.88	0.58
	闹洞房	0.14	0.60	0.37
	鹊桥	0.40	0.62	0.51
俗语	左耳进，右耳出	0.30	0.40	0.35
	熟悉的地方没有风景	0.08	0.30	0.19
	面包会有的，牛奶也会有的	0.49	0.85	0.67
色彩象征	黄色	0.32	0.78	0.55
时空观念	知青	0.08	0.10	0.09
称谓语	七大姑八大姨	0.27	0.21	0.24
分级 $\bar{P}$		0.29	0.53	0.41

从表5.2可以看出，中、高级的留学生在国俗语言的P值分布中，基本上保持着一致的走势，对某一个国俗语言的义项的选取上，P值均同高或同低。在分级 $\bar{P}$ 上，中级留学生的分级 $\bar{P}$ 仅为0.29，高级阶段的留学生的分级 $\bar{P}$ 也不过是0.53，这足以表现国俗语言学习对留学生的难度。在20个国俗语言中，有"龙凤、白

眼狼、鸳鸯、红豆、苦瓜、松树、新房"7 个物质类国俗语言，"知青、七大姑八大姨"2 个关系类国俗语言，"泼冷水、碰钉子、背黑锅、红眼病、黑手、闹洞房、鹊桥、左耳进右耳出、熟悉的地方没有风景、面包会有的，牛奶也会有的、黄色"等 11 个精神文化类国俗语言。而 $\overline{P} \leqslant 0.20$ 的国俗语言有：知青（$\overline{P}$=0.09）、白眼狼（$\overline{P}$=0.11）、黑手（$\overline{P}$=0.17）、熟悉的地方没有风景（$\overline{P}$=0.19）、背黑锅（$\overline{P}$=0.20），其中，物质类国俗语言 1 个，关系类国俗语言 1 个，精神文化类国俗语言 3 个。虽然"知青"的 $\overline{P}$ 值最低，然而精神文化类国俗语言 $\overline{P} \leqslant 0.20$ 的数量最多，这至少证明我们之前的预设结果"留学生精神文化类国俗语言调查 P 值最低"，虽不完全准确，但是精神文化类国俗语言绝对是留学生国俗语言学习的难点。

中、高级阶段留学生在对国俗语言的选择时，$P \geqslant 0.40$ 的仅有 5 个，而高级阶段留学生的选择中，$P \geqslant 0.40$ 的有 15 个，是中级阶段留学生选择正确率的 3 倍，$\overline{P}$ 值也高出了中级阶段留学生 0.24。单个国俗语言选择中，只有"七大姑八大姨"这一个国俗语言低于中级阶段留学生的选择 P 值，"知青"的选择 P 值比中级阶段留学生选择略高 0.02。高级阶段留学生相对于中级阶段留学生对国俗语言掌握和理解得更好一些，当然，也没有达到令人满意的程度，$\overline{P}$ 值只有 0.53。

"背黑锅、黑手、白眼狼、红豆、左耳进右耳出、熟悉的地方没有风景、知青、七大姑八大姨"是高级等级留学生在选择时 $P \leqslant 0.50$ 的 8 个国俗语言，中级阶段留学生的选择 P 值则更低。很多留学生只理解到了这些国俗语言的表层意思，如"白眼狼"多选择"有暴力的人"这一选项，只是从狼的凶狠的角度去考虑"白眼狼"所隐含的深层文化含义。在汉民族文化中，"狼"这一形象因《东郭先生误救中山狼》而具有了另一层文化内涵，成为"忘恩负义""恩将仇报"的代名词，成语"狼心狗肺"也表达出了同一层意思。"狼"在汉民族文化里多含贬义色彩。"左耳进，右耳出"也含有贬义色彩，但是有为数不少的留学生选择了"听课很顺畅"的选项，对国俗语言的褒贬色彩把握得不是很到位。"正确"的低 P 值选择，明显是缺少对中国历史了解的后果，"七大姑八大姨"这样字面意思与深层意思相距甚远的国俗语言，虽有调查问卷提供的简单语境，但是留学生也很难准确猜到该国俗语言的具体所指。

综合上述情况，我们可以归纳出，留学生在国俗语言理解方面存在的问题如下：

第一，国俗语言体现出了民族性、历史性、抽象性、深刻性的特点，这需要对汉民族文化具有深厚的理解，才能在不知道词义的时候运用联想及上下文语境分析得出该国俗语言的真正所指。由于汉语水平有限，文化知识欠缺，猜测国俗语言的含义是很有难度的。

第二，在不具备汉民族文化背景的时候，留学生只能启动自身民族的知识文化系统，在已知的知识体系中寻找汉民族国俗语言的含义，此时，留学生便是用母语文化来猜测目的语文化内容。我们也清晰地认识到，不同的民族文化之间思维习惯有很大的不同，国俗语言所具有的褒贬色彩也有很大的出入，因此，在这样的思考问题的过程中，这种负迁移的影响必然会导致留学生常常出现对国俗语言理解的偏误现象。

第三，留学生在思考汉语问题上，还未能具备汉语思维，见到一个个国俗语言后，他们首先会将国俗语言中的各个语素分开直译为母语，然后将它们组合在一起，经过调整组合，找到母语中合理的一个意义解释，再将这样一个加工过的意义对应到汉语表达的理解中，如此一来，有些国俗语言很难找到它的真实含义。例如"七大姑八大姨"直译的话为"七个大姑八个大姨"或者"第七个大姑第八个大姨"，怎么也不会和"亲戚多而杂"的义项联系在一起。而且在汉语中，"七、八"常常表虚指，含有多、乱、杂的意思，如果不知道这个古汉语知识，理解"七大姑八大姨"这个国俗语言就很有难度了。

第二节　成语理解的调查问卷的统计与分析

一、调查问卷的设计

1.调查对象

成语理解问卷调查主要针对在华进行汉语学习的高校留学生中的中、高级水平者设计，因汉语初级水平留学生所学汉语词语太少，还没有更多地接触到成语，成语的理解与运用超出了他们的语言能力范围，故不列为调查对象。问卷的发放范围与《国俗语言问卷调查》相同。

2. 语料选取

本成语理解问卷调查中 54 个成语的选取主要参考了《教程》《课本》《发展》三套教材，《等级划分》词汇大纲、《基于中国主流报纸动态流通语料库（DCC）的成语使用情况调查》高频成语前 300 条、《中国语言生活状况报告（2008）》、《新 HSK 词汇等级大纲》四个大纲级文件，孔子学院总部／国家汉办网站提供的新 HSK 模拟试题，提取上述资料中的所有成语，按照成语的意义对其进行分类，并按照教材及新 HSK 强调汉语学习者实际交际能力的要求，综合各种大纲中的成语，提取出 28 个高频成语，作为文件调查中最基本的成语语料，并根据成语实际使用情况、考试情况及学习要求，选取次常用成语及超纲成语。

3. 问卷设计

首先，经过对上述材料中成语的统计分析，确定分三个部分进行问卷调查：第一部分：字面意思与深层意思等值的成语；第二部分：字面意思与深层意思不等值的成语；第三部分：与历史典故、哲学文化相关的成语。在第一部分，前 10 个成语选自 28 个高频成语，后 8 个成语选自教材或大纲中较为常用的成语。其中，前 9 个成语从字面意思很容易猜出成语的深层意思，后 9 个成语字面意思与成语深层意思也等值，只是有些汉字较难，主要选择大纲中的及一些超纲但较为常用的成语。第二部分的成语多为比喻性的成语，前 9 个成语本体与喻体较容易联想在一起，词义透明度较高，主要选择大纲中的成语，后 9 个成语本体与喻体较难联系，词义透明度较低，主要选择大纲中的及一些超纲但较为常用的成语。在第三部分，鉴于新 HSK 中大量关于神话寓言故事类的阅读文章的出现及汉语学习中较为深层的文化内涵的语言学习的要求，故选取了 18 个神话寓言、历史典故类成语及包含丰富的文化内涵的成语。其中，前 9 个成语均源于神话寓言、历史典故，以 HSK 中级考试中出现的源于神话寓言、历史典故的成语的阅读短文为提取基础，再加上大纲及超纲词汇中出现的日常交际中常用的源于神话寓言、历史典故的成语，后 9 个均为与中国宗教、哲学、教育、建筑、哲学文化等文化方面相关的成语。

其次，以《高等学校外国留学生汉语教学大纲》中关于语言教学内容调整幅度的规定为参考，其中指出，高级词汇的大纲比例要大于 75%，超纲比例要小于等于 25%。我们以这条规定为参考，又考虑到成语学习高难度的特点，以及新 HSK 模拟试题中高比例的超纲成语的考查的现实情况，将超纲成语比例适当放宽，保证超纲成语不超过 30%，即在三部分中，每部分基本上保证 14 个纲内成语，6 个超纲成语的分配比例。

再次，尽量使用《等级划分》词汇大纲内的词汇为每一个成语设计三个选项，并对较生僻的字词给予解释，确保被测试者不会因为读不懂选项而错选答案。

最后，成语调查以学生对成语意义的理解调查为主，因此 54 个成语都是考查被测试者对成语真正含义的理解。另外，因为我们要考察的是留学生见到成语后，透过字面，猜测成语的真正意义，因此最终统计出来的数据都以留学生没有学过这些被调查成语为假设前提。

其他设计理念与国俗语言理解调查问卷相同。

4. 调查问卷的统计方法

我们将回收的调查问卷的统计结构输入 Microsoft Excel，并采用 $P=R/N$（P 是指成语的难度值，R 是指选对成语选项的人数，N 是指有效调查问卷中作答的总人数）公式进行数据分析，从而来考察哪类成语是容易理解或难理解的。如果某成语答对人数多，数值便越大，说明难度值 P 越小；反之，如果某成语答对人数少，数值便越小，说明难度值 P 越大。

5. 问卷调查时间

2014 年 9 月 1 日—2014 年 9 月 30 日。

之所以用一个月的时间进行问卷调查，我们是将调查问卷中的三部分分成三次进行调查，请各任课教师帮忙，以课题练习或学生课后作业的形式完成，提醒学生不可借助词典、网络、询问等任何辅助手段，只凭借自己的汉语水平独自完成。这样做是为了保证学生不是应付差事，敷衍了事，同时降低学生的紧张情绪，尽量做到让学生在最佳的作答状态下完成问卷调查，从而也最大限度地保证调查问卷中数据的真实性。

6. 调查问卷的派发与回收

与《国俗语言理解调查问卷》的情况相同。

7. 调查问卷的预设结果

根据我们调查问卷的设计目的，我们假设了调查的三种结果：

①字面意思与深层意思等值的成语的 P 最高。

②字面意思与深层意思不等值的成语中，不同文化中的喻体的不等值会产生成语理解的负迁移现象。

③与历史典故、哲学文化相关的成语的 P 最低。

二、调查问卷的统计与分析

1. 字面意思与深层意思等值的成语的统计与分析

字面意思与深层意思等值是指通过字面意思便能理解成语是真正意思。在这一部分中，留学生答题情况也呈现出三种情况，我们将这类成语统计情况制成表 5.3、表 5.4 和表 5.5。表格中，P 表示成语的难度值，表示该成语在中、高级阶段留学生中的平均难度值，后文中成语理解调查表格中 P 也是如此。

（1）字义和语义均简单易懂的成语

表5.3　字义和语义均简单易懂的成语

成语	P		
	中级	高级	$\overline{P}$
前所未有	0.82	0.88	0.85
成千上万	0.87	0.94	0.91
迫不及待	0.81	0.90	0.86
层出不穷	0.77	0.85	0.81
名副其实	0.88	0.88	0.88
独一无二	0.75	0.99	0.87
一如既往	0.70	0.88	0.79
当务之急	0.88	0.91	0.90
分级 $\overline{P}$	0.81	0.90	0.86

表 5.3 中的 8 个成语均来自 28 个高频成语，基本上没有生僻的汉字，字义

和成语的意思基本上等值，因此除了"一如既往"一词外，其他 7 个成语的正确率都在 80% 以上，高级阶段的留学生选择正确率略微比中级阶段留学生高出 0.05，整体来看，P 值较高，成语难度较低。分析原因，一是 8 个成语中没有生僻字，不影响留学生的理解；二是 8 个成语均是"2+2"的二二分结构，学生应该能够从前一半或后一半的成语语义猜出整个成语的意思。

（2）汉字较难、语义简单易懂的成语

表5.4　汉字较难、语义简单易懂的成语

成语	P		
	中级	高级	$\overline{P}$
小心翼翼	0.78	0.91	0.85
左顾右盼	0.21	0.63	0.42
沉默寡言	0.82	0.90	0.86
脱颖而出	0.37	0.42	0.40
难辞其咎	0.29	0.51	0.40
坐以待毙	0.42	0.56	0.49
分级 $\overline{P}$	0.48	0.66	0.57

表 5.4 中的成语意义也比较直接，但是出现了诸如"翼翼、寡、颖、咎、毙"等较为生僻的汉字，加大了留学生成语理解的难度，中级阶段留学生正确率未到一半，高级阶段留学生未到七成。可见，汉字是影响留学生语义理解的一项重要的障碍。"左顾右盼"虽然汉字都比较简单，但是在调查问卷中选项为"A. 形容非常紧张；B. 形容非常骄傲；C. 比喻胆小怕事"，并未考察"左右张望"的基本意义，难度加大，所以 P 值较低。

（3）汉字简单、语义较难的成语

表5.5　汉字简单、语义较难的成语

成语	P		
	中级	高级	$\overline{P}$
扬长而去	0.33	0.41	0.37
不苟言笑	0.27	0.53	0.40
井然有序	0.49	0.81	0.65
老气横秋	0.39	0.54	0.47
分级 $\overline{P}$	0.37	0.57	0.47

表 5.5 中，4 个成语汉字和整体成语的意思都没有较大难度，关键是要理解其中的字词。例如"扬长"是"大摇大摆的样子"，"苟"是"苟且、随便"的意思，"井然"是"整齐不乱的样子"，"横秋"是"横亘秋空"的意思，而这些义项，如果留学生先前没有学习过，理解起来是有一定难度的，中、高级留学生问卷中 0.37、0.57 的 P 值也说明了这一点。

综合三个表格，字面意思与深层意思等值的成语的统计与分析中，三部分的 $\overline{P}$ 依次为 0.86、0.57、0.47，这说明，汉字简单、语义简单的成语留学生最容易理解，汉字的难易程度会影响留学生对成语的理解，语义与汉字意思相差较远的成语，留学生很难猜出它的意思。这和我们之前的预设结果"字面意思与深层意思等值的成语的 P 最高"是吻合的。

2. 字面意思与深层意思不等值的成语

字面意思与深层意思不等值是指成语字面意思和深层意思不完全一致或差距甚远，需要有深厚的文化背景及扎实的汉语知识，进行联系推导。这类成语也分两种情况，一是字面义与深层义容易联想在一起的成语，二是字面义与深层义较难联想在一起的成语。我们将这两种情况统计结果制成表 5.6、表 5.7，分析结果具体如下。

（1）字面义与深层义容易联想在一起的成语

表 5.6　字面义与深层义容易联想在一起的成语

成语	P		
	中级	高级	$\overline{P}$
雪上加霜	0.44	0.79	0.62
胸有成竹	0.83	1	0.92
初出茅庐	0.37	0.51	0.44
雅雀无声	0.31	0.68	0.50
不翼而飞	0.58	0.88	0.73
一头雾水	0.39	0.74	0.57
水涨船高	0.47	0.92	0.70
另起炉灶	0.20	0.50	0.35
鸡毛蒜皮	0.34	0.60	0.47
分级 $\overline{P}$	0.44	0.74	0.59

在表 5.6 中的 9 个成语中，都需要留学生从字面义发展开来，联系到该成语的联想义，才能真正理解成语的深层意思。成语如果含有引申义，一般其引申义都会与人的行为、心理、交际等方面相联系，如果留学生能把握住这一点，便可将调查问卷中的很多选项排除。如"雪上加霜"对应的三个选项"A.形容气候恶劣；B.形容自然灾害很多；C.形容不断遭受灾难"中，前两个选项都具体指自然气候，只有第三个选项联系到了人，所以它是正确选择的概率非常大，而事实也是如此。"另起炉灶"是中、高级留学生 P 值都较低的一个成语，可能是由于灶台做饭的现象在城市中几乎没有了，脱离实际生活的词语让留学生难以联想。整体来看，高级阶段的留学生在这部分调查问卷中的 P 值比中级阶段留学生高出 0.3，说明在字面义与深层义容易联想在一起的成语的理解中，汉语水平高的留学生更占优势。

（2）字面义与深层义较难联想在一起的成语

表 5.7　字面义与深层义较难联想在一起的成语

成语	P		
	中级	高级	$\overline{P}$
炙手可热	0.29	0.26	0.28
囊中羞涩	0.40	0.40	0.40
峰回路转	0.16	0.31	0.24
三长两短	0.14	0.17	0.16
巧言令色	0.04	0.19	0.11
大材小用	0.40	0.68	0.54
满城风雨	0.40	0.44	0.42
如日中天	0	0.05	0.03
起死回生	0.31	0.42	0.37
分级 $\overline{P}$	0.24	0.32	0.28

在表 5.7 中的 9 个成语中，中、高级两个阶段的留学生调查问卷统计出来的 P 值都很低，分别为 0.24 和 0.32。P 值最低的成语为"如日中天"，字面意思是"像太阳在正空中"，该成语的真正意思是：比喻事物正发展到十分兴盛的阶段，或指人处于最好的时段。在西方国家中，"太阳"是光明和正义的化身，希腊神话中"太阳神"亦是如此，我们还没找到"如日中天"成语中"日"的文化含义。

"巧言令色"出自《论语》，"巧"有"技能好，灵敏，美好"的意思，"令"是"好、善"的意思，均为褒义词，"巧言令色"表面意思是：能言会道，表情亲切，而它的深层含义是：用花言巧语和媚态伪情来迷惑、取悦他人。所以"巧言令色"是个明褒实贬的成语，只看字面意思很难理解到它的真正含义。"三长两短"从字面来看，并无褒贬之分，是个中性成语，而汉语中"长短"一词的一个义项是：意外的变故，多指生命危险的变故，因此"三长两短"也用来指意外的灾祸或事故。还有一种说法是"三长"和"两短"本指的是未盖上盖儿的棺材，因为棺材正好由三块长木板、两块短木板构成一个匣子，又因为棺材代表着死亡，所以用指棺材的"三长两短"来形容性命不保。"峰回路转"同样也是一个中性词，表面意思是山峰、道路曲折迂回，北宋欧阳修的《醉翁亭记》便记有："峰回路转，有亭翼然临于泉上者，醉翁亭也。"后来用"峰回路转"来比喻事情经历挫折失败后，出现新的转机。这些成语或在中西文化中有不同的文化含义，或包含着留学生不知道或不熟悉的深厚的文化内涵，这应该是导致他们答案显示的 P 值很低的原因。

我们在之前预设结果中指出："字面意思与深层意思不等值的成语中不同文化中的喻体的不等值会产生成语理解的负迁移现象。"从调查问卷显示的数据中，并不能明确地证实这一点，但是在这一部分出现了一个有意思的现象：在前面的成语理解调查问卷中，不管是某个成语的 P 值高低，都始终保持着高级阶段的留学生答题 P 值高于中级阶段留学生的答题 P 值，高级阶段留学生的成语水平更好。然而在这一部分中，中级阶段留学生"炙手可热"的答题 P 值高于高级阶段留学生答题 P 值，"囊中羞涩"的 P 值相当，而"三长两短""巧言令色""满城风雨""起死回生"的答题 P 值，虽然中级阶段留学生低于高级阶段留学生，但是非常接近，且分级 $\overline{P}$ 分别是 0.24 和 0.32，相差不多。这说明成语字面义与深层义较难联想在一起、需要丰富的文化背景和良好的推理能力的时候，高级阶段留学生并未表现出区别于中级阶段留学生的绝对优势，或者说，高级阶段留学生的猜词能力，也可以扩展到他们的阅读理解能力，并未因汉语学习等级的提高而表现出明显的进步，还未准备掌握如何判断汉语成语的规律或许是高级阶段留学生成语理解表现不佳的重要原因之一。

3. 与神话寓言、历史典故、哲学文化相关的成语

在这一部分中，也分为两种情况，一是与神话寓言、历史典故相关的成语，二是与哲学文化相关的成语。在《等级划分》词汇大纲及教材中，涉及的与神话寓言、历史典故相关的成语并不太多，而在新 HSK 三、四级阅读模拟试题中，却出现了较多的与神话寓言、历史典故相关的成语考试试题。这些历史典故都是中国有名的神话寓言故事或名人名事，包含着丰富的人生哲理，具有很高的启发意义和教育意义，因寓意丰富，是中国人喜爱的成语类型。中国人委婉的思维方式倾向于把深奥的道理、思想浓缩在成语等语言形式中，形成言简意深、耐人寻味的表达风格，因此存在着丰富的与哲学文化相关的成语。这些故事性或文化性极强的成语仅靠字面推导是很难理解其深层含义的，必须精通汉民族文化才可。这类字面意思和深层意思可以说完全不等值的成语，留学生又是一个怎样的掌握情况呢？我们将调查问卷数据统计成表 5.8 和表 5.9，具体统计数据集分析如下。

（1）与神话寓言、历史典故相关的成语

表 5.8　与神话寓言、历史典故相关的成语

成语	P		
	中级	高级	$\overline{P}$
一毛不拔	0.51	0.94	0.73
井底之蛙	0.69	0.97	0.83
刻舟求剑	0.87	1	0.94
愚公移山	0.89	1	0.95
鹤立鸡群	0.44	0.76	0.60
相濡以沫	0.27	0.50	0.39
南辕北辙	0.32	0.64	0.48
滥竽充数	0.54	0.79	0.67
讳疾忌医	0.04	0.19	0.12
分级 $\overline{P}$	0.51	0.75	0.63

从表 5.8 中可以看出，"一毛不拔""井底之蛙""刻舟求剑""愚公移山""滥竽充数"等成语 P 值较高，在中级阶段留学生调查问卷中正确率都超过

了 50%，在中级阶段留学生调查问卷中正确率都超过了 70%，究其原因，这些成语在一些综合教材或阅读教材中都出现过，在 HSK 中也出现过，所以留学生不用猜测词义便能正确作出选择，而"鹤立鸡群""相濡以沫""南辕北辙""讳疾忌医"等成语不曾学习过，没有故事背景，便不可能知道该成语真正表达的含义是什么，特别是"讳疾忌医"，P 值极低。

（2）与哲学文化相关的成语

表5.9　与哲学文化相关的成语

成语	P		
	中级	高级	$\overline{P}$
中庸之道	0.20	0.56	0.38
宁静致远	0.10	0.13	0.12
名正言顺	0.12	0.32	0.22
举一反三	0.25	0.60	0.43
荣辱不惊	0.08	0.68	0.38
栋梁之才	0.41	0.78	0.60
礼尚往来	0.44	0.92	0.68
五体投地	0	0.03	0.02
明镜止水	0	0	0
分级 $\overline{P}$	0.18	0.45	0.32

表 5.9 所选的成语，囊括了思想、教育、处世、交际、佛教、道教、礼仪等多方面的哲学文化思想，如"明镜止水"出自《庄子·德充符》："人莫鉴于流水，而鉴于止水，唯止能止众止。"意思是正在流动的水，是无法照出任何相貌的；但是静止的水，却像是一面镜子，能够虚心坦白地接受一切事物。这个成语用来形容能够以宁静坦诚的心情面对任何事物的一种心性境界。又如"五体投地"是古印度佛教一种最恭敬的行礼仪式，要求行礼时两手、两膝和头一起着地。后来用这个成语表示佩服到了极点。"荣辱不惊"出自《新唐书·卢承庆传》："承庆典选，校百官考，有坐漕舟溺者，承庆以'失所载，考中下'。以示其人，无愠也。更曰'非力所及，考中中'。亦不喜。承庆嘉之曰：'宠辱不惊，考中上。'其能著人善类此。"后来用这个故事来形容不以得失而动心，表现的是一种豁达

的性格品质。这是这部分三个 P 值最低的成语，从这三个成语中，我们可以看出，一个成语的背后，蕴含着丰富的背景文化，如遇到这样的成语，而不具备相应的文化知识，在理解成语的时候难免失之偏颇，或完全不能理解。

在分级 $\overline{P}$，中级阶段留学生的 $\overline{P}$ 仅为 0.18，高级阶段留学生的 $\overline{P}$ 仅为 0.45，二者相加的 $\overline{P}$ 仅为 0.32，是成语调查问卷中 $\overline{P}$ 最低的一项。

这一部分同样印证了第二部分中的结论，"宁静致远""五体投地""明镜止水"等成语 P 值的相近，再一次说明了不具备相应文化背景，高级阶段留学生的成语运用能力及成语理解规律的掌握并没有因为汉语学习等级高而得到凸显。同时，与神话寓言、历史典故相关的成语的 $\overline{P}$=0.43、与哲学文化相关的成语 $\overline{P}$=0.32 也证实了我们最初的预设结果："与历史典故、哲学文化相关的成语的 P 最低。"

综合成语调查问卷统计数据，我们可以看到，各类成语按整体 $\overline{P}$ 由低到高排列为：

字面义与深层义较难联想在一起的成语 $\overline{P}$=0.28

< 与哲学文化相关的成语 $\overline{P}$=0.32

< 与神话寓言、历史典故相关的成语的 $\overline{P}$=0.43

< 汉字简单、语义较难的成语 $\overline{P}$=0.47

< 汉字较难、语义简单易懂的成语 $\overline{P}$=0.57

< 字面义与深层义容易联想在一起的成语 $\overline{P}$=0.59

< 字义和语义均简单易懂的成语 $\overline{P}$=0.86

$\overline{P} \leqslant 0.5$ 的成语均为字面含义与深层含义相距较远的成语，即词义透明度较低的成语，$\overline{P} > 0.5$ 的成语均为从字面意思可以猜测到深层意思的成语，即词义透明度较高的成语。7 小项成语的 $\overline{P}$=0.50，这样五五分的正确率和错误率说明留学生对成语知识的掌握还远远不足以达到汉语教学要求，这样的排列顺序也为汉语教材中成语编写与成语教材带来了很大启示。

第三节　本章小结

本章中，我们以之前的教材、词汇大纲的国俗语言统计结果为依据，并结合汉语教学与汉语使用的实际情况，分别设计了国俗语言调查问卷和成语理解的调查问卷。经对回收问卷进行统计分析得知：

在国俗语言调查问卷方面：

第一，国俗语言兴趣调查显示，问卷调查与教材中的国俗语言统计分析中，国俗语言的重合项为五项，分别是熟语、社会观、动植物、节令、风俗，而教材中数量较多的称谓语和饮食两项所选人数不多，二者虽有差异，但在主体上保持了一致性。

第二，教材中国俗语言设置满意度的统计分析中，46.20%的感兴趣的数据可以暗示出教材中的国俗语言及其文化项目的设置并没有引起留学生足够的兴趣。

第三，在学习方式和学习手段的选择方面，留学生希望在眼见为实、亲身可触的文化环境中心有所动地学习国俗语言知识。

第四，国俗语言理解的调查问卷的统计显示，中、高级阶段的留学生在国俗语言的 P 值分布中，基本上保持着一致的走势，分级 $\overline{P}$ 均偏低，国俗语言，特别是文化类国俗语言绝对是留学生国俗语言学习的难点。高级阶段留学生相对于中级阶段留学生，国俗语言掌握情况较好一些，但也没有达到令人满意的程度，$\overline{P}$ 值只有 0.53。

在成语理解调查问卷方面：

字面意思与深层意思越等值的成语、汉字越简单的成语越容易被理解，字面意思与深层意思越不等值的成语、汉字越难的成语越难被理解。对三大类、七小类不同类型的成语的统计分析，留学生整体 $\overline{P}$ 由低到高排列为：

字面义与深层义较难联想在一起的成语 $\overline{P}=0.28$

　< 与哲学文化相关的成语 $\overline{P}=0.32$

　< 与神话寓言、历史典故相关的成语的 $\overline{P}=0.43$

　< 汉字简单、语义较难的成语 $\overline{P}=0.47$

< 汉字较难、语义简单易懂的成语 $\bar{P}$=0.57

< 字面义与深层义容易联想在一起的成语 $\bar{P}$=0.59

< 字义和语义均简单易懂的成语 $\bar{P}$=0.86

第六章　国俗语言研究与教学的相关建议

第一节　国俗语言词表的研制

一、国俗语言词表研制的必要性

作为语言建筑材料的词汇，它是语音的承载者，也在其自身的组合和聚合关系中直接或间接地表现着语法，在语言系统中起着连接枢纽的作用，是语言系统的基础和纽带。同时，词汇在语言系统中也是最活跃、最具生命力的元素，最直接地、最迅速地反映着人类社会生活的发展与变化，是语言系统中最不稳定的元素。词汇也具有相对独立性，在语言交际中，交际双方可能未准确全面地掌握语法，但只要能提供关键词汇，便能完成简单的交际活动。在语言学习中，词汇学习是整个学习过程中的重中之重，贯穿整个语言学习过程，特别是到了中、高级阶段，学习者逐渐摆脱语音、语法的束缚之后，需要更多完成的是词汇的扩充，摆脱由于词汇的限制而不能阅读或进行交际行为，完成语言学习量的积累和质的飞跃。麦卡锡（McCarthy）就明确指出："无论学生在语法上学习得如何的好，也无论学生对第二语言的发音掌握得如何成功，没有词汇用来表示一个较广泛的意义，交际在第二语言里就不具有任何的意义。"

汉语学习者多借助教材进行汉语学习活动，初级教材便可解决所有语音问题及绝大多数的语法问题，中、高级阶段的语法，很多属于词法问题，因此，在整套教材中，从未间断解决的问题便是词汇的选取与编排。本书主要分析了三套通行度高的汉语综合教材，其他教材也多是用同样的方法进行教材编写：依据某一词汇大纲，再结合编写目的及具体话题的选取，确定教材中的词汇范围。在这一过程中，词汇大纲仅为基础，编写者为了达到编写目的，并照顾所选话题，总会跳出词汇大纲，自发选取词汇，这就造成了大量超纲词汇的出现，以及不同教材相同词汇重合率极低的汉语教材编写现状。部分教材，更仅为一家之言，如《东方韵味：中国文化泛读教程》，由北京大学出版社于 2008 年 1 月出版，作为中级以上学生的文化泛读教材被多家高校及汉语教学机构使用。该教材为编者廉德瑰在日本教学、生活了 16 年，用他教授日本学生时的讲义整理出版的教材，选材广泛，且相对客观，但是在国俗语言选取表达上，还是有很多值得商榷的地方，我们取一例：

> 周武王伐纣以后寻找天下的中心做首都，很快选择了洛阳，因此，洛阳一带被称为"中原""中州"或者"中土"。庄子说"中国有人焉，……处于天地之间"，意思是说，中原一带居住着人，……处在大地的中间。可见，"中国"一词本来是"中原"的意思。"夏"是夏朝的名称。史书《左传》里就有"华夏"一词。辛亥革命以后，孙中山定国名为"中华民国"，"中华"指"中华民族"，也指作为国家的"中国"，由此，"中国"一词也就从"中原"的意思变成了"中华民国"的简称。[1]

在这段介绍"中国"名称由来的表述中，出现了"周武王、庄子、孙中山"等历史人物，"洛阳、中原、中州、中土"等地理名称，"武王伐纣、辛亥革命"等历史事件，《庄子》《左传》等文学作品，若在学习教材过程中，仅仅解释为"周武王"是古代的一个帝王，"辛亥革命"是中国历史上重要的历史事件，《左传》是中国文学史上重要的文学作品，显然这样的解释等于没做解释，但是如果对上述含有文化内涵的国俗语言做详尽解释，恐怕一篇文章便需要不可计的授课时间了。迈克尔·韦斯特（Michael West）在 *Speaking-vocabulary in a Foreign Language* 一书中明确指出："学习一种外语最重要的一件事就是词汇的获得和使用，然而哪些词汇应该学习，现今却没有一本通行的教科书试着解决这个问题。"

　　教材中的文化学习是在解决语言问题之后的重要学习内容，现在新编或修订的汉语综合教材中也越发凸显文化教学的比例。国俗语言选取的随意性使不同教材之间差异巨大，选词优劣无据可依，教学效果千差万别。如果有一个国俗语

1　康德瑰：《东方韵味：中国文化泛读教程》（下册），北京：北京大学出版社，2008 年，第 130 页。

言词表，规定最基础的国俗语言，汉语教材编写者在保证选取词表中绝大多数国俗语言的基础上，再根据教材编写的具体需要，加入适量的超纲国俗语言，这样一来，综合汉语教材中的国俗语言曲张有度，文化教学有主线可依。由这些实际的汉语教材编写和汉语教学问题可见，国俗语言词表编写具有必要性和必然性。

需要说明的是，基于前文的研究，我们已经明晰，国俗语言中部分成分并不属于词汇范畴，但是含有丰富的文化内涵和高频的使用频率，被大纲及教材词汇收录，是汉语学习者应重点学习的对象，我们也泛泛地将其称为词汇。因此，在此提出国俗语言词表研制的建议，虽然称作"词表"，也可适量选入超出词汇范畴而文化内涵丰富且高频使用的汉语中的固定的语言形式。

二、国俗语言词表研制及相关研究现状

词表问题相关研究由来已久。1898 年，德国学者凯定（Kaeding）用频率编制了世界上第一部频率词典《德语频率词典》，开创了词汇和词表的专门研究的先河。1920 年，英国学者查尔斯·凯·奥格登（Charles Kay Ogden）和艾·阿·瑞恰慈（Ivor Armstrong Richards）编制出"足够用来表达人类思维活动的一切内容，也可以给语言中的一切词下定义"的由 850 个英语单词构成的"基础英语"（Basic English）词表。1965 年，德国学者 R.D. 凯尔 （R.D.Keil）把词汇频率的统计与现代统计学结合起来，正式提出了"词汇计量学"。冯志伟都曾提出用统计的测量方法来研制词表。之后多借助语料库语言学和词汇计量学对词表进行研究，如 1944 年爱德华·李·桑代克（Edward L. Thorndike）和欧文·洛尔奇（Irving Lorge）编著的 *The Teacher's Word Book of 30,000 Words*，1953 年韦斯特编著出版的 *A General Service List of Englsih Words*，1971 年 约翰·B. 卡罗尔（John B. Carroll）、彼得·戴维斯（Peter Davies）、巴里·里奇曼（Barry Richman）编著的 *The American Heritage Word Frequence Book*，1952 年威廉·纳尔逊·弗朗西斯（WilliamNelson Francis）、亨利·库切拉（Henry Kucera）编著的 *The Brown* 等等，都是借助语料库语言学和词汇计量学对词表进行研究的成果。

国内汉语教学从 20 世纪 50 年代开始，相应地也开始了词表的研究，但是相对于国外的词表研究，起步已是晚了很多。中华人民共和国成立后，出版的词表主要有两部：1959 年文字改革委员会汉字组编撰的《普通话三千常用词表》、1964 年北京语言学院（今北京语言大学）出版的《外国学生用四千词表》。改革开放以后，出版的主要词表有：1981 年出版的《外国人实用汉语常用词表》（3040 词）、1983 年出版的《报刊词语三千六百条》、1985 年出版的《现代汉语频率词典》（常用词部分共计 8548 词）、1986 年出版的《对外汉语教学常用词表》（4000 词）、1989 年北京航空航天大学出版的《现代汉语常用词词频词典》、1990 年北京师范大学现代教育技术研究所出版的《中小学汉语常用词表》（常用词部分共计 8107 词）、1990 年山东大学出版的《现代汉语常用词库》（常用词部分共计 9000 词）、1991 年的《北京口语调查》（常用词部分共计 6966 词）、1991 年中国国家汉语水平考试委员会办公室考试中心所编制的《汉语水平词汇和汉字等级大纲》、1996 年国家对外汉语教学领导小组办公室汉语水平考试部刘英林主编的《汉语水平等级标准与语法等级大纲》、1999 年《对外汉语教学初级阶段教学大纲》等等。进入 2000 年，主要的词表有：2002 年北京语言文化大学出版社出版的《高等学校外国留学生汉语教学大纲》，2008 年外语教学与研究出版社出版的《国际汉语教学通用课程大纲》，2009 年孔子学院总部编撰的《新汉语水平考试大纲（HSK 六级）》，2010 年国家汉办、教育部社科司《汉语国际教育用音节汉字词汇等级划分》课题组编制的《汉语国际教育用音节汉字词汇等级划分（国家标准·应用解读本）》等等。

　　在以上罗列的各大纲中，多数大纲已经陈旧过时，且是在共时语料库的字频或词频的统计分析的基础上研制而成的，缺少历时的调查分析，所得词表不尽科学。本书中作为研究对象及三套教材对比依据的《等级划分》词汇大纲是到目前为止最新的词汇大纲，材料广泛丰富，且以五年内的语料为调研对象，历时、共时相结合，具有权威性和说服力。

　　随着汉语教学中文化教学越来越受重视，国俗语言在教材中的分布问题也越来越受到关注和研究，但是到目前为止，还没有见到相关国俗语言词表的问世，这说明汉语教学重点与词表研究还未达到同步的阶段，这也是国俗语言在不同教材中有不同的选择与分布，缺少统一标准的重要原因。丁志斌在其博士论文《语言调查词表研究》中从国内外词表研究的历史回顾、语言调查词表理论体系建构、语言调查词表词汇体系分类等方面对语言调查词表的研制做出了理论阐释，可为国俗语言词表的研制提供相关理论参考。甘瑞瑗在其博士论文《国别化"对外汉语教学用词表"制定的研究：以韩国为例》中从"国别化"的角度制定汉韩汉语教学用词表，并提供国别化"对外汉语教学用词表"制定的总体建构模块和研究方法，指出了国别化"对韩汉语教学用词表"的语料库建设及筛选流程，为国俗语言词表的研制提供了有实践意义的操作流程。孙红、万日升分别在各自的硕士论文《面向泰国汉语教学"国别化"词表的研制》《对泰汉语初级阶段教学词表研究》中也从对泰汉语教学的角度提出了"国别化"词表的研制。一些词表研制的研究还散见于一些学术期刊中。这些词表研究的相关论文，虽未从国俗语言的角度阐述词表研制，其理论与具体操作却可为国俗语言词表研制提供参考和启示。

三、国俗语言词表研制的若干建议

1. 国俗语言词表定位

语言学意义上的"词表"一般分三大类：人类语言调查词表、人类语言认知核心词表、语言教学词表。其中，人类语言调查词表是以核心词、基本词、常用词和特征词为重点调查对象，基本词汇是最核心的语言调查部分，其目的是通过对这些词汇的调查，提供一种语言或方言中最基本的词汇，从而了解该语言或方言的基本轮廓。人类语言认知核心词表是为了调查凝聚在词汇背后的人类对所生活的社会认知。江荻认为："词语是概念和范畴的语言表达，是世界知识体系的表达，人们通过范畴化和概念化来认知世界，也通过范畴化和概念化凝聚的词语来表达对这个世界的认知。"[1]"这类词表编制的主要目的与功能是开展语言谱系关系和接触关系专题研究。"[2]语言教学词表是为了调查搜集在一种语言教学或习得过程中最基础、最核心的词汇条目。通过调查统计，查看与人们日常生活最为息息相关的原始词汇，即表达最基本的概念，代表最基本的人或事物、最基本的动作行为和性质状态的词汇，从而汇集成词表，或编撰成词典。

1　江荻：《基本范畴与核心词集构建》，载北京大学汉语语言学研究中心《语言学论丛》编委会：《语言学论丛（第三十八辑）》，北京：商务印书馆，2008年，第33页。
2　丁志斌：《语言调查词表研究》，上海师范大学博士论文，2012年。

从以上三种"词表"来看，国俗语言词表属于"语言教学词表"。从汉民族众多的文化条目中，通过调查统计，得出汉民族大多数成员都遵循的，且在文化意识中根深蒂固的、在脑海中有意识或无意识地出现，或在日常生活中经常提及或执行的文化条目以及其所对应的国俗语言，将其汇编成国俗语言词表。国俗语言词表的定位便是：作为汉语综合教材及其他文化专题教材的国俗语言选取基础，确定教材中基础的国俗语言的选取范围及难易程度，把握教材中国俗语言的整体走势及涉及的文化角度，在此基础上，允许不同的教材根据自身的特点和需求适当加入纲外国俗语言。

2. 国俗语言词表的语料来源

国俗语言词表的研制主要是为汉语教材编写及汉语教学服务，所以国俗语言词表的语料来源也应筛选自典型的、具有权威性的词汇大纲、语料库及教材。下边列举几种：

①《汉语国际教育用音节汉字词汇等级划分（国家标准·应用解读本）》；

②《汉语水平词汇与汉字等级大纲》（HSK 六级）；

③北京语言大学应用语言学研究所的"动态流通语料库"（Dnynamic Cicculating Corpus，DCC）；

④典型汉语教材。

《汉语国际教育用音节汉字词汇等级划分（国家标准·应用解读本）》是本书国俗语言研究的指导性的和最主要的词汇参考大纲，前文已有详细介绍，其编撰机构的权威性、取材的典型性和广泛性、历时调查与共时调查的研究方法，使其成为最新、最权威的汉语大纲性文件。

《汉语水平词汇与汉字等级大纲》（HSK 六级）是在国家教委、国家汉办和中国 30 多所高等院校和研究机构的支持下，由 70 多位汉语专家、教授和从事对外汉语教学的工作者共同编制出来的一种规范性的水平大纲，是汉语水平考试词汇、汉字纲领性的文件。汉语水平考试注重的是测试留学生汉语实践水平，因此，《汉语水平词汇与汉字等级大纲》（HSK 六级）在词汇选取上也便具有了重交际性、实践性的特点。汉语教材中的国俗语言选取首先要紧贴社会生活，因此，从实践性的角度考虑，《汉语水平词汇与汉字等级大纲》（HSK 六级）就应该作为汉语教材国俗语言选取的重要参考依据。

　　DCC 主要是基于大规模真实报纸文本的书面语语料来测量语言成分的流通度而构建的语料库，它不同于其他语料库的最大特点便在于"动态流通"四个字，该语料库是动态的、历时的，不断更新、与时俱进的。当今的时代是一个信息化的时代，报纸、图书、杂志、广播、电影、电视、网络、手机等众多大众传媒手段加速了语言的流通度及发展变化的速度，社会不同阶层、不同年龄层人群的语言使用出现趋同化的现象，语言年龄的"代"在缩短，而共时的语言语料库在飞速发展的信息化时代下很快就会出现滞后化的特点。DCC 的"动态流通"的特点保证了时刻为语料库注入新鲜的血液，保证语言词汇的新鲜度，并能及时全面地反映语言社会的发展动态。要保证汉语教材的实效性，教材中的词汇的实效性是最明显、最突出的一个硬性表现，因此，汉语教材中国俗语言的选取基于 DCC，则可以保证国俗语言选取的实效性、新鲜度和高频度。

　　典型教材指的是在国内和海外使用范围广，业内评价高，课文的体裁、题材、结构布局、趣味性以及中国文化均较合理选取的汉语综合教材。从词汇的角度而言，一部优秀的教材，其词汇选取必然是贴近真实交际生活，最大限度地满足了汉语学习者的学习要求，为此，典型的汉语教材也是词表研制的重要参考语料。例如本书中所选的三套综合教材，均在不同的时期、不同的区域成为汉语学习的主流教材，得到广大汉语教育工作者和汉语学习者的好评和热推，以这种教材为参考，考察教材中国俗语言的分布规律，可以间接考察汉语学习者的语言需求及教材编写者的编写倾向，再结合权威的词汇大纲，便可观察它们之间的切合点与差异性，综合分析国俗语言的实际需求的规律，并作出取舍。

　　3. 国俗语言词表研制的基本原则

　　（1）重交际性原则

　　对于汉语学习者而言，汉语学习的首要目标便是交际，无论何种课型，使用何种教材，都是为提高自身的交际能力，为学术研究而进行汉语学习的留学生人数少之又少。"交际"是人类认知过程中"理解"与"表达"的双重结合体，

"'理解'和'表达'不但符合人类的认知行为，也符合对外汉语教育学的教学原则，而且具有将学习从一个被动学习的状态朝一个主动、积极学习的状态发展的实质意义。"[1] 国俗语言词表的制定的目的是为教材中国俗语言的选取提供范围圈定和蓝本，因此在国俗语言词表中出现的国俗语言，必须是人们日常生活中依然活跃的文化因素，能够保证汉语学习者理解并运用到日常口语交际当中去。

（2）重科学性原则

国俗语言词表的研制至少要在两对矛盾关系中作出平衡。一是全面覆盖与取舍有度。作为一项指导性的词表，里边收录的国俗语言应尽量做到覆盖全面，囊括带有文化因素的国俗语言。汉民族文化博大精深，历史悠久，文化多借助语言承载并传承，在一项国俗语言词表中囊括所有是不可能的，必须作出取舍。在取舍问题上，便涉及第二对矛盾，知识性国俗语言和交际性国俗语言的选取。在一种词表中，更多收录的是知识性词汇，交际性词汇多在对话或文章中得以体现，这一问题在国俗语言词表中也不会例外，而在教材编写与汉语教学过程中，知识性语言学习为基础，最终目标为顺畅交际。因此，在国俗语言词表研制过程中，需要考虑的便是高频常用的知识性国俗语言如何在教材中转化为交际性的国俗语言，换言之，教材编写者如何将知识性的国俗语言巧妙地运用到交际性的语言表达中，使汉语学习者在学习语言知识的同时也可掌握和提高交际知识和技能。这一工作是教材编写者须完成的，也是国俗语言词表须提前预设并埋下伏笔的工作。

（3）重实用性原则

在一些通用的词汇大纲中，主要是根据频率作为入选词汇的标准，但是并不是说中国人高频使用的词汇都适合入选汉语教材，我们应该从实用性角度出发，在难易程度、实用程度上作出取舍。理论指导应与实际需求相结合，最大可能地贴近汉语学习者实际需求的同时，保证国俗语言选取和分布的合理性。

4.国俗语言词表研制思路

第一，对国内外主要词表中的国俗语言进行梳理，主要的有前文提及的《汉语国际教育用音节汉字词汇等级划分（国家标准·应用解读本）》和《汉语水平

1　甘瑞瑗：《国别化"对外汉语教学用词表"制定的研究：以韩国为例》，北京语言大学博士论文，2004年。

词汇与汉字等级大纲》（HSK 六级），对选定的主要的汉语综合教程中的国俗语言进行梳理，《教程》《课本》《发展》经前文的分析，都可作为参考对象。

第二，整理分析已有国俗语言词表的理论基础和分类方法，结合词汇大纲及教材中的国俗语言的统计分析结果，对已有国俗语言词表作出适当调整，构建新的国俗语言词表的分类系统。如对新的国俗语言词表词目按物质文化类、关系文化类、精神文化类等分类标准进行大类、小类的分级分类与编码。

第三，根据新的国俗语言词表，设计国俗语言调查问卷，进行实际考察，分析新的国俗语言词表的可取与不足之处，对其进行检验、修订与补充。

第四，制定最终的国俗语言词表。

5. 国俗语言词表的制定流程

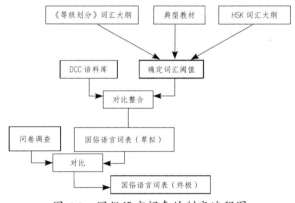

图 6.1　国俗语言词表的制定流程图

我们从国俗语言词表定位、语料来源、基本原则、研制思路、制定流程等五个方面提出国俗语言词表研制建议，这仅仅是针对前文的分析结果提出的建议之一，要想真正完成国俗语言词表的研制，还需要考虑更多方面的问题，如所筛选出来的国俗语言是否全面、权威且具代表性；针对不同层级的汉语学习者，国俗语言词表如何分级；国俗语言如何标注词性，特别是对超出词汇范畴的国俗语言的身份确定及词性标注问题如何解决；词表研制的依托机构及推广手段；如何利用网络平台，制定网络国俗语言词表；等等。要想这些问题得以解决，需要过硬的语言学理论知识、统计学知识、电脑技术及网络技术支持，并非一人之力所能完成。在此将建议提出，作为后续工作的一个开端。

第二节　文化项目大纲的研制

　　国俗语言词表的研制，可规定应入选汉语教材的国俗语言范畴，将相同类别的国俗语言归类之后，便可分出范围大小有别的国俗语言类别，归纳而得的这些类别便是在教材编写和汉语教学中应考虑的文化项目。国俗语言和文化项目是密切相连的，从国俗语言归类中可以归纳出文化项目，文化项目的确定，也就大致圈定了国俗语言的选取范围，可以说，国俗语言与文化项目是一个问题的两个方面。当然，这里的文化项目主要指的是汉语中知识性的文化项目。

　　一、文化项目的定位

　　前文中在对《等级划分》词汇大纲及三套教材中的国俗语言进行统计分析时已多次出现"文化项目"的字眼，在讨论文化项目大纲研制的问题时，首先还是要先明确"文化项目"的含义。人类学范畴的"文化"与汉语教学中教授的"文化"不是同一个概念范畴，人类学领域中的"文化"是一个极其宽泛的概念，凡是与人类社会有直接或间接关系的物质、关系、精神等各方面都可划入"文化"的范畴，而汉语教学中教授的"文化"指的是"汉语学习者在学习过程中基于对语言的理解而生发的问题，他们与汉语是母语的人进行交际时由于文化的差异而产生分歧，学习者必须搞清楚这些不同于自己母语的文化才算是真正掌握了对外汉语教学中的文化"[1]。这部分"文化"才是汉语教学中的文化，王平将这部分需要在汉语教学中教授的文化定义为"文化项目"。这些参与汉语教学过程中的"文化项目"属于应用语言学范畴的知识，赵金铭将文化项目或者汉语教学中的文化因素概括为："作为第二语言和对外汉语教学中必不可少的文化教学内容，语言教学本身不应该也不能脱离文化因素的教学。所谓的文化因素，是指跟目的语的理解和用目的语表达密切相关的文化因素，主要是隐含在目的语的结构系统和表达系统中反映该民族的价值观念、是非取向、衣食住行、风俗习惯、审美情趣、道德规范、生活方式、思维方式等方面的特定的文化内涵。"[2]因此，语言知识文化因素、非语言知识文化因素、语言交际文化因素、非语言交际文化因素

1　王平：《浅析对外汉语教材中文化项目的选取与编排——以〈桥梁〉为例》，河北大学硕士论文，2013年。
2　赵金铭：《对外汉语教学概论》，北京：商务印书馆，2004年，第108-109页。

都属于"文化项目"的范畴。本书主要是从汉语教材中的词表出发，以语言知识文化因素作为主要研究对象，其他方面的文化项目暂不做考察分析。

二、文化项目的相关研究

文化项目是与汉语语音教学、词汇教学、汉字教学、语法教学地位相当的教学因素，只是与传统的知识形式略有不同，属于应用语言学的范畴。当文化参与交际当中，并影响到交际效果的时候，这些文化因素便成为文化项目，汉语教学过程中必须加以重视并放入到教学环节中科学有序地进行讲解。传统的语言知识形式，如语音、词汇、语法、文字等都具有完备的等级体系和明确的教学大纲，而文化项目虽近年来越来越受到重视，并尝试在汉语教材中加以体现，但是目前还处于不同编写者各自为政的局面。文化项目的研究没有达成共识，文化项目的分类及在汉语教材中的编排尚未有统一的标准，文化项目的筛选、编排、导入等问题均分头尝试，语音、词汇、语法、功能项目中的文化项目由教材编写者自主确定。虽尽量向已有的一些大纲靠拢，但是编写者因无明确统一的大纲为依据，在编写教材过程中具有过大的主动权，或者说随意性很大，因此不同教材在文化项目问题上各有得失。教材中文化项目越发受到重视和无文化项目大纲的矛盾要求我们应在文化项目大纲的研制上多做工作。

各种大纲中，专项解决文化项目问题的大纲还未出现，《国际汉语教学通用课程大纲》是对汉语作为第二语言课程目标与内容的梳理与描述，目的是为汉语教学过程中制订教学计划、评测汉语学习者语言能力及编写教材等方面提供参考依据和参考标准。在其"文化意识"中的"文化知识"板块中，对学生应达到的文化知识水平做了目标描述，从这些描述中，我们可以归纳出大纲所侧重的文化项目的类别。具体情况见表6.1。

表6.1　《国际汉语教学通用课程大纲》中"文化知识"统计分析表

文化知识	目标描述	涉及的文化项目
一、二级	1. 初步接触所在国有关个人使用不同语言的权利； 2. 初步了解所在国和中国在文化、教育等方面的发展和成就； 3. 初步体验中国文化、艺术、节日庆祝等； 4. 初步了解汉语中最常见的简单成语故事、某些典故的文化内涵； 5. 初步了解中国文化中的语言交际和非语言交际功能； 7. 初步了解中国文化中的人际关系； 8. 初步了解华人对所在国社会的贡献	语言、教育、艺术、节日、成语、典故、交际、华人
三级	1. 开始学习所在国有关个人和社区学习不同语言的权利； 2. 开始了解所在国和中国在文化、教育等方面的发展及成就； 3. 开始学习中国文化、艺术等方面的历史及其对世界的贡献； 4. 开始了解汉语语言文化的发展历史及其对世界文化的贡献； 5. 基本了解汉语中最常用的成语故事和典故的文化内涵； 6. 开始了解汉语文化中的语言交际和非语言交际功能； 7. 开始了解中国的交际礼仪与习俗； 8. 开始了解汉语文化中的社会结构和人际关系，如个人、家庭等； 9. 开始了解华人对所在国社会的贡献	语言、教育、艺术、成语、典故、交际、习俗、礼仪、华人、社会结构
四级	1. 基本了解所在国有关个人及群体学习不同语言的权利； 2. 基本了解所在国个人、社区和社会使用不同语言的权利； 3. 基本了解所在国和中国在经济、文化、科学、教育等方面的发展、交流及成就； 4. 基本了解中国文学、艺术科学、思想等方面的成就及其对世界文化的贡献； 5. 基本了解汉语言文化的发展及其在世界文化中的地位、贡献和作用； 6. 进一步了解汉语中常用成语、俗语、某些典故的文化内涵； 7. 基本了解汉语言文化中的语言交际和非语言交际功能； 8. 基本了解汉语言文化中的交际礼仪与习俗； 9. 基本了解汉语言文化中的社会结构和人际关系； 10. 基本了解所在国华人的创业史和华人对所在国社会的贡献	语言、经济、科学、教育、艺术、思想、成语、俗语、典故、交际、习俗、礼仪、华人、社会结构
五级	1. 了解所在国个人及群体学习不同语言的权利； 2. 了解所在国个人、社区和社会使用不同语言的权利； 3. 了解所在国和中国在交际、文化、科学、教育等方面的发展、交流及成就； 4. 了解中国文学、艺术、科学、思想等方面的成就及其对世界文化的贡献； 5. 了解汉语语言文化的发展及其在世界文化大家庭中的地位、贡献和作用； 6. 了解汉语中常用成语、俗语和某些典故的文化内涵； 7. 了解汉语文化中的语言交际和非语言交际的功能； 8. 了解汉语文化中的交际礼仪和习俗； 9. 了解汉语文化中的社会结构和人际关系； 10. 了解中国的某些文化现象并具有对其进行解释的能力； 11. 了解所在国华人的创业史和华人对所在国社会的贡献	语言、科学、教育、文学、艺术、科学、思想、成语、俗语、典故、习俗、礼仪、华人、社会结构

从表6.1中可以看出，在《国际汉语教学通用课程大纲》的文化知识部分，在"目标描述"中贯穿始终的文化项目有：语言、教育、艺术、成语、典故、交际、华人，三级中新增"习俗、礼仪、社会结构"并贯穿到最后，四级中新增"经济、科学、思想"并贯穿到最后。在措辞上，从一级中的"初步了解"到五级中的"了解"，《国际汉语教学通用课程大纲》旨在使文化因素，特别是主要的文化因素在汉语学习的每个阶段都有出现，并随着汉语学习难度的加大而对文化了解的程度加深，最终达到比较深入地了解中国文化知识的程度，具有跨国际意识和国际视野。

干科安将《国际汉语教学通用课程大纲》（2010）中各汉语等级里中国文化题材的教学类项进行归纳总结，制成表6.2[1]。

表6.2　《国际汉语教学通用课程大纲》（2010）中各汉语等级里中国文化题材的教学类项

等级＼内容	中国文化题材								
一级	风俗礼仪	家庭称谓	生肖属相						
二级	交通	音乐	舞蹈	绘画	体育	大众传媒			
三级	风俗礼仪	音乐	舞蹈	绘画	建筑	教育	地理		
四级	风俗	音乐	舞蹈	绘画	体育	大众传媒	地理	戏剧	节日	交通
五级	风俗	历史	当代	文学	物产	饮食	气候	戏剧	旅游

将干科安统计出来的中国文化题材与前文我们对《等级划分》词汇大纲及三套教材国俗语言及文化项目的统计进行对比，我们很容易发现：

《国际汉语教学通用课程大纲》中的一级文化题材在《等级划分》普及化等级及教材中的初级阶段均有出现；二级中的音乐、舞蹈、绘画、大众传媒等文化题材多出现在《等级划分》词汇大纲及教材中的中、高级阶段，且涉及量很少；三级、四级中涉及的文化题材在《等级划分》词汇大纲及教材中初、中、高各阶

1　干科安：《初、中级对外汉语教材之中国文化词语及其教学研究——以〈新实用汉语课本〉和〈成功之路〉为例》，浙江大学硕士论文，2012年。

段或多或少均有出现，五级中历史、当代、文学等文化题材也常出现在《等级划分》词汇大纲及教材的高级阶段，而饮食题材多出现在《等级划分》词汇大纲及教材的初、中级阶段。

综上可见，出发点不同，要求不同，导致不同大纲中的文化项目排列等级不同。《国际汉语教学通用课程大纲》中对中国文化的"了解"要求，从一到五级的逐层递进过程中，我们不难发现，"了解"其实是对中国文化由浅到深地逐步深入认识，所以大纲中涉及了诸如"了解所在国个人、社区和社会使用不同语言的权利；了解所在国和中国在交际、文化、科学、教育等方面的发展、交流及成就；了解中国文学、艺术、科学、思想等方面的成就及其对世界文化的贡献；了解汉语语言文化的发展及其在世界文化大家庭中的地位、贡献和作用；了解所在国华人的创业史和华人对所在国社会的贡献"等对文化地位、作用、成就深入认知的要求，并要求能对中国文化现象进行阐释，具备中国文化从输入到输出转换能力。因此，虽然如饮食文化出现在五级中，但是到了这一层次，不仅仅是要求知道各种饮食的名称，而是进一步要求精通每一种饮食背后的文化含义，以及反映出来的汉民族的思维方式、崇拜信仰、哲学思想等等。而教材中文化项目的设置目的在于汉语学习者的文化"学习"，"学习"的含义指的是对某一方面的中国文化完成从"不知"到"知"的学习过程，达到在汉语交际中不会因文化因素阻碍交际进行的目标。可见，汉语教材中的文化项目以学习为出发点，只要求学生浅显了解，而不要求达到深层领会，甚至精通的程度。

三、文化项目大纲研制的若干建议

在文化项目大纲的设计方面，黄海萍以语音、词汇、句子、语法和语篇五种语言表现形式为纲，以各类文化项目为目，以综合课教学中最重要和必要的文化项目种类为例，设计出了语言形式的文化项目大纲例本，试图"揭示语言本体所体现的文化背景知识和语言交际中体现出来的文化规约，让学生清楚所讲的是什么文化因素，文化因素如何通过语言交际表现出来，进而理解这些文化因素背后所隐藏的深层思想观念"[1]，并从文化背景知识、文化规约、深层思想三个方

1　黄海萍：《〈汉语新目标〉中文化项目的考察分析》，黑龙江大学硕士论文，2013 年。

面进行文化项目大纲设计，深浅有度，具有明晰的层次性。个人认为有些文化项目的设置还需再斟酌，如文化项目与其他语言项目的界限区分问题，在她的文化项目大纲设计中，"复合词：长短、大小"、"形容词 AABB 式、动词 AABB 式、形容词 A 里 AB 式"、"边……边……"、"左……右……"、"不……不……"、主谓词组和主谓谓语句、无主句、"缩复句：爱……不……"、嵌套句式、意合句和流水短句、"三……二……"、"七……八……"、"紧缩复句：非……不……"、谓式复合词等一系列语法问题都归入了文化项目范畴当中，导致文化项目范畴过于宽泛或界限不够明晰。还有诸如"袁隆平"等科学家都归入了"人物"项目的文化范畴，那么是否只要是中国人名，都可归入文化项目当中呢？不可否认，文化因素是可以从语言生活中的方方面面体现出来的，但不能说只要有文化因素体现的语言形式就可以归入文化项目当中去，如果这样，也就等于说文化项目的无界性，语言因素皆是文化因素。所以，同国俗语言词表的设计一样，文化项目大纲设计同样需要考虑语言各方面的问题。文化大纲的研制亦非一人之力所能为的工作，需要各方力量共同协作才能完成。

1.取舍的科学性

中国幅员辽阔、历史悠久，文化也呈现出多元化的局面，以语言教学为主要任务的汉语教材中渗入文化因素，面临着文化项目取舍的问题。我们应选取具有主流性和代表性的文化项目，面面俱到则有失科学。不同的综合教材中的文化项目常呈现出地域性的特点，如北京语言大学出版的一些汉语教材里，多出现诸如"北京语言大学""四合院""胡同"等北京市的地名及建筑，对话中也多出现北京市区公交路线之类的话题。这样的文化项目及话题的选取，对在北京学习的留学生来说，是亲切而实用的，而对于在其他省市学习汉语的留学生而言，却是陌生而无实用价值的。所以，汉语教材中的项目尽量选取有共性的部分，如北京的长城、故宫、天坛等建筑是中国代表性的建筑，可作为建筑类的共选项编入汉语教材，将对话中的公交路线的站点设计成如清华大学站、北京西站这样的典型性站点，留学生在学习之后，有机会到北京也可将书本知识转变成交际知识，使所学有用武之地。总之，汉语教材中的文化项目必然会有取舍，典型性的、共性的、主流性的，且能反映汉民族丰富的多元文化的文化项目应为首选，并做精心编排。

2.编排的针对性

教材的编写是为了学生使用教材进行汉语学习，因此教材编写应以学生为中心，作为教材组成部分的文化项目的编排也必须紧随学生需求，针对学生的实际情况进行编排。这里的针对性包括三个方面：学生学习目标的针对性、学生学习兴趣的针对性、学生学习水平的针对性。

留学生汉语学习的目的是语言交际。汉语教材编写的最主要目的也是满足汉语学习者日常交际的需要，因此，交际需求是文化项目选择最重要的标准，要确保汉语学习者能够掌握汉语教材中设置的文化项目之后，可将其运用到语言交际活动当中去，帮助语言交际活动的顺畅完成，为此，生活性、实用性强的文化项目是教材编写中的首选。兴趣是学生学习最大的动力，在文化项目设置之前，我们首先要了解学生对中国文化的兴趣所在，这就要求我们要对学生生源情况、文化背景、文化兴趣点等因素进行调查分析，将汉语学习者文化需求和中国文化的主流特点相结合，配之图文、音频、视频等多种教学资料和教学形式，充分调动留学生对中国文化的兴趣度。另外，学生的汉语水平是设置文化项目需要重点考虑的另一个因素。语言学习和文化学习是一种相辅相成、互为因果的关系。语言学习是基础，也是大多数留学生的学习目标，良好的语言功底可以帮助学生更加准确到位地理解文化内涵；相对地，全面的文化知识又可以帮助学生在语言学习过程中扫除众多非语言因素的障碍，促进语言学习更大的进步。因此，文化项目的编排要充分考虑到汉语学习者实际的汉语水平。在我们重点考察的三套教材中，分布相对均衡的为《课本》，而成语的分布中，《发展》就表现出严重失衡的现象。又如我们前文提及的《东方韵味：中国文化泛读教程》虽评价较高，使用广泛，但过多的文化因素集中出现的现象，也是我们应该在教材编写的文化项目编制的问题上多做思考并调整的。

3.性量的控制性

为了能选取典型且主流的文化项目，我们首先要明确哪种性质的文化项目是能够进入教材的，这样就为我们文化项目的选取圈定了大致的范围。林国立认为文化大纲要解决两个问题："中国人为什么这么说"和"这么说的含义是什么"。"实质上就是究竟是什么样的思想观念、哪些心理特征、什么样的生活方式以及哪些风俗习惯使中国人形成了这样的语言表达方式和表达习惯。"[1]他提出了编制文化项目大纲的原则："条理分明，层次清楚，没有冲突和重叠。文化大纲的制定应以文化为纲，即以隐含在语言内部的'一个民族的心理状态、价值观念、生活方式、是非标准、道德标准、风俗习惯、审美情趣，等等'为纲。"[2]中国人的民族观念、民族心理、民族的生活方式、风俗习惯四个方面成为文化大纲的基本内容。这样的观点与我们对《等级划分》词汇大纲及三套教材中国俗语言及其对应的文化项目的选取与分布结果是一致的，因此也是值得赞同并作为文化项目编制定性标准的。

确定了文化项目的性质，我们还需考虑的就是，为避免出现文化因素集中出现、数量过多而影响留学生文化知识吸收的弊端，必须在文化项目编制的量上有所控制。林国立用形式逻辑的方法提出了文化因素定量的处理方法："民族观念是一个无限集合的概念，无限集合概念是无法定量的。但是有限集合是可以定量的……我们不能说有多少民族观念，但在民族观念这一无限集合概念中，可以划分出若干有限的集合概念。……由于文化因素的隐含性和依附性，我们在教学实践中可以从文化因素所依附的语言形式入手，对文化因素进行定量处理。例如，我们可以确定在甲级词中有多少个词反映了哪些汉民族的民族观念和生活习俗等。"[3]也就是说，我们将无形无限的民族观念转化为文化项目的形式，而文化项目的数量及每类文化项目下所包含的文化因素能出现在教材中的数量，则通过普通词汇和带有文化色彩的国俗语言的数量对比来确定。这样的数量比例也要通过在教学过程中的实地考察，统计多少的国俗语言是学生可以接受的，再将这样的调查结果运用到我们项目在汉语教材中的实际编排中去，并控制好纲内国俗

1　林国立：《对外汉语教学中文化因素的定性、定位与定量问题刍议》，《语言教学与研究》1996年第1期，第100-107页。
2　林国立：《对外汉语教学中文化因素的定性、定位与定量问题刍议》，《语言教学与研究》1996年第1期，第100-107页。
3　林国立：《对外汉语教学中文化因素的定性、定位与定量问题刍议》，《语言教学与研究》1996年第1期，第100-107页。

语言和超纲国俗语言的比例分配问题。

4. 文化的国际性

汉民族文化是中国的，也是国际的。不同文化之间总是存在交融与冲击的矛盾，且留学生在学习中国文化时，总是有意识或无意识地在和本民族文化进行对比，在认可与否定的辩证接受过程中，最终形成对汉民族文化的理解与评价。因此，在文化项目的选择与编排问题上，教材编写者也不能想当然地选取自认为重要的，或者有趣的文化项目，而要先理解汉语学习者的文化背景，将学生的文化体系与所要选取的汉民族的文化项目进行对比分析，提前预设学生可能接受或排斥的文化因素，对这部分内容进行实地调查，根据学生反映作出恰当的修改，使文化项目出现在教材之前，便将不利因素控制在最低限度。为达到这一目标，汉语教材编写者应具有跨文化意识，并将这一意识贯穿到教材编写的前后过程中。

第三节　成语词表大纲的编写

从《国际汉语教学通用课程大纲》的文化知识部分，我们可以看到，成语在最初阶段便要求出现，并贯穿始终，在汉语综合教材中也有同样的成语分布情况，可见成语在教学中的重要地位。我们已经从教材中成语选取的问题、成语选取对比分析、高频成语分析以及成语语音、语法、感情色彩、意义分析等角度对成语作了统计、对比分析，在成语的教材编写方面也提出了一些合理的建议。在汉语教材编写过程中，不可无纲而行文，否则必然偏失方向，有失科学。鉴于成语在汉语及汉民族文化中的比重及重要性，在此建议，在国俗语言词表之外，应单独编写成语词表大纲。

一、成语词表大纲构成因素分析

成语词表大纲构成因素的选择基于两个原因的考虑，一是该因素能更好说明成语的自身特点和使用特点，便于汉语学习者利用该成语词表学习汉语；二是综合考虑汉语学习者在成语学习过程中的偏误集中项目，将其作为成语词表大纲的构成因素加以明确展示说明，防患于未然，保证汉语学习者在运用成语之前，对成语各要素都有正确的掌握。综合上述两方面的考虑，我们从成语整体的词性、句法功能、色彩意义和成语内部的构成形式及语法结构的两个大方面、五个小方面进行阐述。

1. 成语整体分析

（1）词性

在汉语教材注释中，有些教材只标出该词是成语，或者直接不标注，还有一些如"好久不见、不见不散、优生优育、头痛医脚、漫漫长夜、男主外女主内、由此可见、柔声柔气、急急忙忙、春夏秋冬、稀哩呼噜、傲气凌人、放他一马"等，它们仅为四字格短语，并不属于成语。这些四字格短语在留学生看来，与成语没有太多区别，近乎"类成语"，且教材中也将其放入生词表中，它们在使用过程中的语法作用相当于词。成语之所以划入词汇范畴，也是因为其语法作用相当于词。既然这些成语和类成语的语法作用都与词相当，可以像实词一样充当句法成分或独立成句，那么，在汉语教材中，应对这些语言成分标注词性，以便学生根据词性标注判断该语言成分可承当的句法成分，从而在用词造句的时候能让这些成语和类成语出现在符合语法要求的句子位置上。成语一般都是有实际意义的，所表现出的是实词的特征，所以成语一般多为体词性或谓词性的词性，能够较为清晰地标注出成语是名词、动词，还是形容等。在成语词表大纲编写中，词性标注可行且必需。

（2）句法功能

词性与句法功能具有规律性的对应关系，一般而言，名词常常充当主语和宾语，动词常常充当谓语，形容词常常充当定、状语和补语。当然，汉语是一种重意合的语言，某类词在主要充当的句法成分之外，也充当其他的句法成分，如时间名词也可充当状语、谓语，能愿动词、心理动词也可充当状语，趋向动词也可充当补语，形容词也可充当宾语、主语、补语；少数性质形容词还能做状语。在一类词所能充当的句法成分中，既有一些词可以主要充当某些句法成分，也有一些词只能部分地充当这些成分。根据原型语法理论，每个范畴都有一些与其原型十分接近的中心成员，也有一些远离原型的边缘成员。[1] 这一理论虽多用于语义研究的范畴，在句法成分问题上也可适用。某一类词可主要充当的句法成分就是这类词在充当句法成分中的"原型"。具有实词功能的成语也具有相同的功能，因此也会出现一个成语可充当多种句法成分的现象，在充当的众多句法成分当中，其中某一类或某几类是其"原型"，根据其"原型"将其归类，确定其句法成分的归属，并作为成语词表大纲的组成部分，划入词表，汉语学习者见到词表，便可掌握成语的最核心的充当句子成分的功能，学习过程由主及次，循序渐进。

（3）色彩意义

成语的色彩意义包括书面色彩、形象色彩、感情色彩等，其中，感情色彩直接影响到成语使用正确与否。如果在成语词表大纲中将成语的色彩意义全部罗列，内容繁多，势必增加汉语学习者的学习负担和心理负担，建议将最主要的感情色彩在成语词表中标出。在教材中的注释中，一般对成语也仅仅是词义的解释，很少有标注感情色彩的，高频错误率让汉语学习者对成语产生了能避则避的心理，色彩意义的强调，可使他们能够更快、更准确地找到成语的语用环境，降低成语学习的难度。

2.成语内部结构分析

（1）构成形式

成语主要是四字结构，按照双音节占优势的特点，在朗读成语的时候，基本上为二二分的划分方式，即"2+2"式。但是成语按音节划分的结果和按意义划分的结果是不一致的，且如果成语均做二分，有时候会影响对成语意义的理解。因此，如果在成语词表大纲中，能够标出成语的构成形式，则可以帮助汉语学习者正确地分段理解成语，降低成语理解的难度。成语内部的构成形式有：2+2式、1+3式、2+1+1式、1+1+2式等等。

（2）语法结构

成语内部构成形式作出划分之后，各成分之间除了依靠意义之外，也借助语法关系将其联合成一个成语的整体，因此，正确的构成形式的划分，其实也是

1　蓝纯：《认知语言学与隐喻研究》，北京：外语教学与研究出版社，2005年，第25页。

正确的语法结构的划分，在此基础上，我们就可以分析出成语内部结构的语法关系。这样做的益处在于：在汉语语法中，词法同句法，我们若能将成语内部结构的联合、定中、状中、主谓、动宾、中补、连动、兼语、紧缩等各种语法结构得以归纳，我们便可得知成语内部各成分之间的主次关系及语义关系，语法关系明了之后，成语词义的表层意义也就浮出水面了，若再加上过硬的汉民族文化背景及联系思维，就会很容易理解到成语的深层含义。

二、28 个高频成语词表大纲编制举例

综合以上对成语两个大方面、五个小方面的分析，我们可将按一定标准统计出来的成语制成成语词表，为汉语学习者提供标准统一的参考大纲，便于他们在学习和运用成语时有据可依，降低成语学习和运用的难度。我们以统计出的28 个高频成语为例，提供成语词表大纲范本。（表 6.3）

表 6.3　成语词表大纲编制范本（以 28 个高频成语为例）

序号	成语	词性	句法功能	结构形式	语法结构	感情色彩
1	千方百计	名	状语	2+2	联合	中
2	成千上万	形	定语、状语	2+2	联合	中
3	不知不觉	动	谓语、定语	2+2	联合	中
4	独一无二	形	谓语、定语	2+2	联合	褒
5	小心翼翼	形	谓语、定语、状语	2+2	状中	褒
6	前所未有	动	谓语、定语	1+1+2	状中	中
7	全力以赴	动	谓语、定语、状语	2+1+1	状中	褒
8	不可思议	形	谓语、定语、补语	2+2	状中	中
9	脱颖而出	动	谓语、宾语、定语	2+1+1	状中	褒
10	与众不同	动	谓语、定语、补语	1+1+2	状中	褒
11	源源不断	动	定语、状语	2+2	状中	中
12	层出不穷	动	谓语、定语	2+2	状中	中
13	雪上加霜	动	谓语、宾语、分句	2+2	状中	贬
14	迫不及待	形	谓语、状语	1+3	状中	中
15	可想而知	动	谓语、宾语、补语、状语	2+1+1	状中	中
16	当务之急	名	主语、宾语	2+1+1	定中	中
17	意想不到	动	定语、谓语		中补	中
18	众所周知	动	谓语、分句	1+1+2	主谓	中

续表

序号	成语	词性	句法功能	结构形式	语法结构	感情色彩
19	一目了然	形	谓语、定语	2+2	主谓	褒
20	名副其实	动	谓语、定语	1+3	主谓	褒
21	供不应求	动	谓语	1+3	主谓	中
22	一如既往	形	谓语、定语、状语	2+2	动宾	褒
23	出人意料	动	谓语、定语、状语	1+1+2	动宾	中
24	深入人心	动	谓语、宾语	2+2	动宾	褒
25	引人注目	动	谓语、定语、状语	2+2	兼语	褒
26	见义勇为	动	谓语、定语	2+2	连动	褒
27	实事求是	动	定语、补语、状语	2+2	紧缩	褒
28	不约而同	动	状语	2+1+1	紧缩	中

　　这样的成语词表大纲范本也只是停留在初步建议的阶段。要想制定出精准的词汇词表大纲，还需要统计分析入选词表大纲的成语特点，并对其有明确的数量控制，对所选成语进行多方检查，以及词表初稿的实地再检验。另外，成语词表大纲设计中，还应有对成语的释义。成语具有双层含义的特质，且一个成语有时有多个义项，不可能统而化之地全部收录，要根据汉语教学实际需要及汉语学习者自身特点、汉语水平等特点，对成语义项进行科学合理的调整或删减。因此，成语词表大纲编写建议的提出还需要大量后续的工作及大量的检验修改过程。成语本身具有丰富复杂的内容和表意功能，不可能只言片语所能穷尽，要想编制成语词表大纲，还需要对成语作更深入的分析。

第四节　国俗语言的教材编写

　　教材是教育思想和教学原则、要求、方法的物化，是教师将知识传授给学生、培养学生能力的重要中介物。它不仅是学生学习的依据，也体现了对教师进行教学工作的基本规范。国俗语言词表、成语词表大纲的研制，文化项目大纲的编制，都是为汉语教材中的国俗语言的编写服务。赵金铭曾指出："编写任何一种第二语言教材都无法也不应该回避如何处理文化因素和文化内涵的问题，这是第二语言教学的性质和目的所决定的。……教材的设计和编写应恰当地选择和安排文化点，这些文化点一般应是目的语的主流文化、现代文化、跟目的语交际密切相关的文化、跟学习者母语文化有差别的文化。教材中对待不同文化的态度应该是尊重和平等、包容和多元、沟通和理解、求大同存小异、抓主流不猎奇、要求了解不强求认同，这既是对教师的要求，也是对学习者的要求。"[1]具体落实到教材编写中，国俗语言的编排还应注意以下几方面的问题。

一、国俗语言大纲与教材编排的一致性

国俗语言词表、文化项目大纲、词汇词表大纲等大纲的研编是为了更好地指导国俗语言在汉语教材中的编写工作，因此，国俗语言词表、文化项目大纲、词汇词表大纲等大纲与国俗语言在教材中的编写必须原则一致、贯彻执行。如国俗语言词表编排的交际性原则、科学性原则、实用性原则，文化项目大纲编排的取舍科学性、编排针对性、性量控制性、文化国际性等原则也都应在汉语教材编写中得到体现，从而达到纲领与实践相统一。

二、国俗语言在教材中的编排的整体性

国俗语言在教材中的编排应注意整体性。汉民族文化丰富且复杂，应在哪些文化为主流文化、表现出中国文化的特点，且贴近生活实践，对汉语学习者有实用价值，容易产生共鸣或引发思考等方面达成一致，把主线文化统筹起来，并按难易程度做出初、中、高三个阶段的划分，将国俗语言按合理比例及难易程度科学分布到不同等级的综合教材中去，使汉语教材中的国俗语言呈现出以主流文化为主线，贯穿整套汉语教材始末，课文之间相互有内在联系，教材整体呈现出和谐有序的总体规划模式。

三、国俗语言编排的"i+1"模式

在对纲内国俗语言与超纲国俗语言的问题上，采取"i+1"的编排模式。"i+1"理论由美国著名应用语言学家克拉申（Krashen）提出，是指输入的语言信息既不要过难，也不要过易，应处在语言的就近发展区之内，也就是说语言的输入要略高出学习者的水平，使学习者既有学习新知识的成就感，也不会因为语言过难而不能进行语言学习。对于国俗语言的编排，同样需要在保证纲内国俗语言编入

1　赵金铭：《对外汉语教学概论》，北京：商务印书馆，2004年，第231页。

汉语教材的同时，根据教材内容的实际需要、汉民族文化的真实特点及汉语学习者学习需求，加入适量的超纲国俗语言，只是超纲国俗语言应保持一定的度，不可超过汉语学习者汉语学习能力承受范围，国俗语言的选取超纲与否都要综合考量汉语学习者的实际需求。赵金铭指出："教材必须有针对性，为谁而编，为什么目的而编，要明有所指，要符合学习者的自身情况与要求。"[1] 国俗语言的选取亦是如此。

在汉语教材研究中，词汇大纲只规定了超纲词汇与纲内词汇的比例分配，而超纲国俗语言的比例分配问题并未有人提出确切的数据来，这一量化工作也是今后科研工作需重点完成的任务之一。

四、国俗语言及其设置的具体要求

1. 保证国俗语言的可交际性

交际是汉语学习者学习汉语的最终目的，虽然教材词表中出现的国俗语言为知识性国俗语言，也须保证这些国俗语言的选取和编排符合交际性原则，即国俗语言必须是真实自然的，汉语学习者学习之后可在日常语言交际中经常运用，在交际中理解并深度掌握，进而加深对中国文化的理解和认识。刘珣就认为："要了解学生的需要，提供学生最希望学习的内容。"[2]

2. 保证国俗语言解释的到位性

汉语教材中出现的国俗语言，多采用逐字解释，停留在解释其表面意思的程度，这不仅让汉语学习者费解，还会造成文化信息流失。这种解释方式特别是在汉语教材的生词表中出现，教材使用者遇到不理解的词汇，首先依赖的便是生词表，错误或不到位的国俗语言的解释致使汉语学习者从一个错误的起点学习该词汇，这就注定了学习的结果也会是错误或不完善的。正确的做法是：将文化因素释义加入国俗语言理性意义的解释当中去，可以在解释其理性义的基础上再进行文化义的阐释，如果解释冗长，不妨省去字面义的解释，直接透析国俗语言文化内涵，或直接将其对译为学生母语语汇中相应的国俗语言，而解释的差异性可

1　赵金铭：《论对外汉语教材评估》，《语言教学与研究》1998 年第 3 期，第 4-19 页。
2　刘珣：《新一代对外汉语教材的展望——再谈汉语教材的编写原则》，《世界汉语教学》1994 年第 1 期，第 58-67 页。

留给教师在课堂进一步解释，或等待学生自己主动发现问题并解决问题。

3.保证国俗语言操练形式的多样性

在课文中出现的国俗语言，应在课后练习中尽量以交际性的习题形式进行操练，在虚拟而又贴近语言实际的交际性习题中，学生不断地对国俗语言进行复习、巩固、强化，最终达到掌握并灵活运用的程度。另外，无论是在课文还是在习题中，都应保证国俗语言的重现率，万艺玲就曾指出："词在课文中往往以某个义项的身份出现，下次又可能以另一个义项的身份出现，对于学生来说，每个义项与这个词的形式的联系，都是一次新的联系，都需要重新学习，虽不是生字但都是生词。"[1]重现的国俗语言既是学生对已学知识的又一次巩固，又是用已学知识学习新知识的一次操练，在巩固中求前进，最终形成良性循环。

第五节　国俗语言教学的策略与方法

"对外汉语教学的总目标为：培养学生的汉语言交际能力，了解中华文化和历史，增进中外人民之间的相互理解和友谊。"[2]从杨金成的观点中可以看出，培养汉语言交际能力是语言教学的主要目标，了解中华文化和历史，增加中外人民的相互理解和友谊则是文化教学的目标，也是语言教学的更高层级的目标。

一、重新认识国俗语言教学在汉语教学中的地位

首先，部分教师多疲于完成语言教学任务，认为留学生汉语水平整体不高，无法深入开展国俗语言教学，完成语言教学任务已非易事，因此从意识上便将国俗语言教学放置在次要或作为语言知识教学的补充位置上，根据教学时间决定选择国俗语言教学与否。这样的意识和实际的操作方法便将国俗语言教学放到了一种可有可无的位置上。其实，语言知识教学与国俗语言教学是教学中互为因果的两个环节，语言知识教学是国俗语言教学的基础，过硬的语言能力才能进一步了解和学习汉民族文化层面的知识，而国俗语言教学则可为教师、留学生都带来益处：对留学生而言，对中国文化的深入学习、理解、融合，有利于他们汉语学习

1　万艺玲：《对外汉语词义教学中的两个问题》，《语言教学与研究》1997年第3期，第51-60页。
2　杨金成：《试论对外汉语教学目标分类》，《汉语学习》2006年第1期，第56-59页。

及跨文化交际能力的提高；对教师而言，有利于汉语教学活动的深入开展，且留学生文化了解能力的提高相应地降低了语言教学的难度，能更好地推进汉语教学，事半而功倍。国俗语言教学过程也会推动教师跳出语言知识教学的禁锢，对中华文化作出更多的反思，从而提高汉语教师的专业素养。

其次，在目前的实际教学活动中，国俗语言教学多随文进行，即教材中出现国俗语言，便进行讲解，反之则忽略不计。有些教师也有意识地对留学生，特别是中、高级的留学生进行文化的输入，但多根据个人喜好而进行，不论是教材，还是教师，都缺乏大纲依据，致使国俗语言教学缺乏系统性。国俗语言教学的实际情况也反过来呼吁相关国俗语言大纲的出台，指导教材编写、课堂教学等诸多工作科学、系统、有效地开展。

二、国俗语言教学的"文化沉浸"策略

沉浸式双语教育（Immersion Bilingual Education）源于加拿大圣兰伯特双语教育实验，也被称为"浸入式双语教育""浸润式双语教育"或"浸泡式双语教育"。"在沉浸式教育课堂中，教师不但用第二语言教授第二语言本身，还用第二语言讲授学科内容。因此，第二语言不仅是学习的内容，还是学习的工具，从而培养出母语和第二语言一样精通的人才。"[1]"文化沉浸"是这一教学方法的延续，即要求在汉语教学及与汉语教学相关的环节中，教师都要有意识地营造中华文化氛围，在语言教学过程中，合理有度地引导留学生向中华文化靠拢，培养兴趣爱好及汉民族文化思维，使留学生沉浸于中国文化之中，时刻与中华文化接触，自觉不自觉地使用汉语作为语言媒介，与教师、同学或其他人群探讨中华文化相关内容。要达到这样的教学效果，需要注意两方面的教学工作，一方面是课堂内的国俗语言教学：在汉语教授过程中，教师不能仅停留在词汇理性义的解释层面，还必须借助图片、视频、音频、实物等媒介，运用汉语交际，将国俗语言背后的文化含义阐释清楚，并留给留学生思考、质疑、解疑、讨论、分享的空间，不可全盘灌授，要让留学生经过个人判断后自行选择接受。另一方面便是文化体验：在各高校留学生院或汉语教学机构，都设有文化体验活动，让留学生多与真实的

---

1   Mohan, B. Language and Content. Reading, MA: Addison-Wesley, 1986，pp1-4.

中国社会接触，感受人文世界及其中国文化。在文化体验活动开展中，中方组织方式并未能达到完全理想的效果，有些文化体验活动变成了纯粹的旅游活动，达不到文化体验的目的。因此，文化体验活动必须明确活动的文化意图，并有详尽的活动环节安排，活动结束后通过采访或书面作业的形式对留学生的反应和感受进行整理，作为本次文化体验活动效果的检验，并为之后的国俗语言活动提供借鉴。

三、国俗语言教学的对比联想法

来华留学的汉语学习者多数是成年人，有时汉语水平与思维能力不成正比，这使教师有时忽略了留学生强大的思维能力和理解能力，一味采用讲授的方法灌输国俗语言及文化知识，认为教师传授的便是留学生所要接受和所能接受的。其实事实恰恰相反，留学生对中国文化和中国社会现状都有自己的认识和判断，虽有时出于礼貌，不对教师言论提出反驳，其实内心并未接受教师的观点。因此，正确的做法应是教师客观地展示国俗语言，征询留学生对所授国俗语言的看法，留学生自然会用自身知识体系和文化体系与汉民族的国俗语言及文化进行对比，择同接受。在掌握留学生接受的国俗语言及相应文化后，教师便可与留学生产生共鸣，降低留学生的防范心理，这时再运用联想的教学方式，由此及彼，由浅入深，引导留学生从国俗语言的表层含义向深层含义过渡。留学生在这一过程中会慢慢培养出主动思考、自我判断、自我接受的学习心理。

四、强调学生的主体实践性

教学活动一直强调"教师为主导、学生为中心"的教学模式，国俗语言教学活动也不例外。留学生大多数都有强烈的自我意识，强调个人自由，因此，在教学过程中，应重视留学生教学过程的参与性，让留学生感受到国俗语言及文化知识的吸收是通过自身的主体实践而获得的，是自我参与的结果。这样，留学生便能保持高度的积极性和参与性。主动的学习态度是主动接受文化知识的前提，在这一教学过程中，需要教师很好地控制留学生主体实践性的方向与走势。

第六节　本章小结

针对国俗语言相关问题的分析，本章对汉语综合教材中的国俗语言提出了五方面的建议：

一是在明确国俗语言词表的必要性之后，从定位、语料来源、基本原则、研制思路、制定流程五个角度对国俗语言词表研制提供编写思路。

二是明确文化项目定位之后，根据研究现状，从取舍的科学性、编排的针对性、性量的控制性、文化的国际性四个角度对文化项目大纲编写提出建议。

三是鉴于成语在国俗语言的比重及其负载的文化内涵的丰富性，在对成语整体与内部结构进行分析之后，以 28 个高频成语为例，从词性、句法功能、结构形式、语法结构、感情色彩五个角度为成语词表大纲编制提出编写设想。

四是将国俗语言研究具体落实到汉语教材编写中，提出了国俗语言在编写中的四点建议：国俗语言大纲与教材编排的一致性，国俗语言在教材中的整体编排，国俗语言编排的"i+1"模式，以及保证国俗语言的可交际性、解释的到位性、操练形式的多样性等国俗语言及其设置的具体要求。

五是将国俗语言研究落实到具体汉语教学中，提出了国俗语言的四点教学建议：重新认识国俗语言教学在汉语教学中的地位、国俗语言教学的"文化沉浸"策略、国俗语言教学的对比联想法、强调学生的主体实践性。

第七章　结语

本书参照多种词汇大纲，以《教程》《课本》《发展》三套通行度高的汉语综合教材的生词表中的国俗语言为研究对象，并结合国俗语言问卷调查的统计、对比分析，对汉语综合教材中的国俗语言及其对应的文化项目的分布规律、存在问题进行了一个初步的研究和探索，并在此基础上从多个角度对国俗语言的教学与研究提出了个人的相关建议。作为总结，简要谈论三方面的问题：第一，本书已完成的研究工作；第二，本书存在的不足之处；第三，后续研究工作。

第一，本书已完成的研究工作：

①阐述了语言与文化各自的特点及相互关系，简要介绍了语言—文化互动理论、中介语理论、语言迁移理论，将其作为本书的理论基础，确立了本书的研究基调。

②通过对"国俗语言"称谓及其分类的陈列分析，得出结论：不同称谓实属同源异名，它们研究对象的实质相同，但是在对国俗语言范畴及分类标准的认识上却存在着较大的差异。确定知识文化与交际文化中的语言交际形式的文化作为本书的研究范围。

③《等级划分》词汇大纲中国俗语言及文化项目的统计分析结果：物质文化类国俗语言主要集中在中级词汇中，选词总体来说是一种从具体到抽象的渐变过程；关系文化类国俗语言主要集中在普及化等级词汇中，选词分布总体来说是一种锐减的走势；精神文化类是国俗语言主体，比重巨大，总体呈现出迅猛增长的走势。将《等级划分》词汇大纲中的文化项目具体分为 14 大类、30 小类。其中，生活方式类、社会交际类中的称谓语、象征观念类、风俗习惯类文化项目及对应的国俗语言数量比重较大。

④教材国俗语言统计分析结果：各套教材中的国俗语言数量均呈从低到高的走势。三套教材中的国俗语言整体分布主要集中在语言文字、社会交际、象征

观念、生活方式、风俗习惯五大类上，小类分布主要集中在"熟语、社会观、称谓语、饮食、动植物、节令、风俗"七小类上。从阶段性分布来看，初级阶段中，称谓语、饮食、数字、风俗习惯、动植物、建筑等国俗语言项目共选比例更高；中级阶段中，称谓语、价值观念、成语、风俗习惯、动植物、俗语等国俗语言项目共选比例更高；高级阶段中，精神文化类国俗语言占据绝对优势，其中，成语成为代表国俗语言的重中之重，数量庞大。从初级到中、高级，国俗语言呈现出物质文化类国俗语言向精神文化类国俗语言过渡的趋势。这与《等级划分》词汇大纲中国俗语言分布基本吻合。从教材中的共选国俗语言来看，三选和二选的国俗语言大多数分布在初级阶段的教材中，中、高级阶段教材中的共选国俗语言数量甚少，且重合率低。

⑤成语与新 HSK 模拟试题中的国俗语言的统计分析结果：高频成语统计结果，在语音方面，均属完全合律型及基本合律型搭配；在语法方面，多为具有动词性或形容词性的成语均为"2+2"式的组合方式；在感情色彩方面，具有正能量的、反映内容积极向上的成语更容易成为高频成语的首选；在意义方面，相当于形容词性、数量词性以及能够做插入语表评价总结的类别的成语出现频率更高，交际性的成语更容易成为高频成语。

新 HSK 模拟试题中的国俗语言统计结果：整体来看，从三级到六级的模拟试题，国俗语言的丰富度越来越高，对考生国俗语言及文化知识储备的要求越来越高。这一规律与汉语教学的要求是一致的，国俗语言及其对应的文化项目也与《等级划分》词汇大纲和三套教材中的安排保持着一致；从考查形式来看，在六级试题中，成语大量出现，且超纲词汇甚多，不只出现在语料中；成语问题综合考量，整体呈现出大纲、教材、试题"各自为政"的状态，其他类别的国俗语言的选择也出现了相同的情况。

⑥问卷调查统计分析结果：在国俗语言调查问卷方面，问卷调查与教材中的国俗语言统计分析中，国俗语言的重合项为五项，分别是熟语、社会观、动植物、节令、风俗；教材中的国俗语言及其文化项目的设置并没有引起留学生足够的兴趣；留学生希望在眼见为实、亲身可触的文化环境中心有所动地学习国俗语言知

识；留学生在国俗语言的 P 值分布中，基本上保持着一致的走势，分级 $\bar{P}$ 均偏低，国俗语言，特别是文化类国俗语言绝对是留学生国俗语言学习的难点。

在成语理解调查问卷方面：字面意思与深层意思越等值的成语、汉字越简单的成语越容易被理解，字面意思与深层意思越不等值的成语、汉字越难的成语越难被理解。对三大类、七小类不同类型的成语的统计分析，留学生整体 $\bar{P}$ 由低到高排列为：

字面义与深层义较难联想在一起的成语 $\bar{P}=0.28$

< 与哲学文化相关的成语 $\bar{P}=0.32$

< 与神话寓言、历史典故相关的成语 $\bar{P}=0.43$

< 汉字简单、语义较难的成语 $\bar{P}=0.47$

< 汉字较难、语义简单易懂的成语 $\bar{P}=0.57$

< 字面义与深层义容易联想在一起的成语 $\bar{P}=0.59$

< 字义和语义均简单易懂的成语 $\bar{P}=0.86$

⑦针对国俗语言相关问题的分析，从国俗语言词表研制、文化项目大纲研制、成语词表大纲研制、国俗语言的教材编写、国俗语言汉语教学五个方面提出了若干合理建议。

第二，本书存在的不足之处：

①精力有限，只选取了三套典型的通行汉语综合教材，可能不能全面彻底地反映汉语教材中国俗语言分布的最真实的情况。在今后的研究中，可以多部教材对比分析，不同时段的几部大纲相互比较，这样更能找出国俗语言在词汇大纲及教材中的核心部分，显示出来的数据则更具说服力和可信性。

②在国俗语言筛选过程中，因主观确定词汇的国俗语言的性质，并根据需要，将诸如一些人名、地名、作品名等忽略未计，另因是人工统计国俗语言相关数据，这样一来，所获得的国俗语言相关数据不能完全保证其准确性，本书中的各种数据及结论还需在今后的学术研究中进一步精确和证实。

③教材等级划分对比缺乏标准，《课程》是初级教材，但是一年的时间不可能完成，常需要一到两年的时间，为此，也有将其用作初、中级教材使用。有

些人认为《课本》是中级教材，但是实际高级阶段也在使用。《发展》明确标出是初、中、高三个阶段的教材。虽然有些大纲明确指出初、中、高级阶段词汇量的规定，但是具体到教材中，并没有严格地控制，因此教材适用哪个等级的汉语学习者，也是有待商榷的，对教材的阶段划分因缺乏标准也可能导致本书在研究过程中出现不科学之处。

④在上述主客观因素的影响下，问卷调查的设计也需在今后的研究工作中再做进一步的改进与完善。

第三，后续研究工作：

①对本书中的统计数据及分类再做精确复查与改进，对汉语教材中的国俗语言问题做进一步深入调查研究。

②国俗语言词表研制、文化项目大纲研制、成语词表大纲研制仅在本书中提出建议，是今后研究工作的重点。

③超纲国俗语言的比例分配的量化工作也是今后科研工作的重点。

附录

附录一：《等级划分》词汇大纲中的国俗语言分等级统计

初级：爱人、爸爸／爸、妈妈／妈、弟弟／弟、妹妹／妹、哥哥／哥、姐姐／姐、太太、家人、华人、华语、大姐、大妈、老王、小李、大家、老太太、老头儿、同志、长城、饺子、筷子、红茶、绿茶、家、功夫、武术、国庆、过年、汉字、汉语、普通话、人民币、三、六、七、八、九、两、零、一路平安、一路顺风、中国、中华民族、龙、福、白、红、黄、绿、黑、京剧、京戏、中医

中级：醋、豆腐、豆制品、馒头、月饼、中药、拜访、佛教、胡同儿、皇帝、酒鬼、苹果、蛇、鼠、酸甜苦辣、五颜六色、意想不到、一模一样、中秋节、端午节、清明节、竹子、松树、自言自语、开夜车、成语、大熊猫、狗、猴、老婆、老朋友、小伙子、师傅、茶叶、茶、梅花、桃花、除夕、戏剧、戏曲、相声、高手

高级：烤鸭、茅台（酒）、茶馆儿、灯笼、风筝、红灯、龙舟、蜜蜂、小康、儒家、儒学、福气、腊月、红包、爆竹、鞭炮、穴位、针灸、八卦、串门儿、爆冷门、出风头、出血、钻空子、走过场、八婆、下岗、下台、吹牛、下海、拜托、走后门儿、二手车、中国画、太极拳、元宵节、外公、媳妇、老人家、亲朋好友、年画、年夜饭、会晤、伯伯、必不可少、不可避免、不大不小、长期以来、从早到晚、粗心大意、打官司、打交道、大吃一惊、大街小巷、大名鼎鼎、东道主、东张西望、断断续续、多种多样、翻来覆去、丰富多彩、各式各样、毫不犹豫、哄堂大笑、乱七八糟、千变万化、千方百计、实事求是、提心吊胆、四面八方、无家可归、小心翼翼、兴高采烈、鸦雀无声、依依不舍、一动不动、一事无成、一帆风顺、无可奈何、或多或少、难以想象、讨价还价、一塌糊涂、犹豫不决、异口同声、与众不同、时好时坏、实话实说、随处可见、无论如何、喜怒哀乐、

自由自在、相比之下、与此同时、一长一短、一年到头、一天到晚、由此可见、粗心大意、无论如何

高级"附录"词汇：爱理不理、挨家挨户、爱不释手、半途而废、半信半疑、半真半假、暴风骤雨、悲欢离合、比比皆是、变幻莫测、别具匠心、彬彬有礼、不亦乐乎、不翼而飞、不耻下问、不辞而别、不得而知、不可思议、不了了之、不假思索、不同寻常、不为人知、不相上下、不以为然、不由自主、不约而同、不知不觉、层出不穷、成千上万、成群结队、乘人之危、持之以恒、愁眉苦脸、出口成章、出人意料、触目惊心、川流不息、垂头丧气、此起彼伏、从容不迫、措手不及、错综复杂、大公无私、大惊小怪、大模大样、大同小异、大有可为、当务之急、当之无愧、得不偿失、得天独厚、得意洋洋、东奔西走、独一无二、大大咧咧、大包大揽、耳目一新、耳熟能详、耳闻目睹、奋发图强、发扬光大、翻天覆地、废寝忘食、沸沸扬扬、风餐露宿、风风雨雨、风和日丽、峰回路转、改邪归正、格格不入、根深蒂固、供不应求、沽名钓誉、孤陋寡闻、画龙点睛、画蛇添足、光明磊落、归根到底、骇人听闻、鹤立鸡群、横七竖八、古今中外、吃喝玩乐、多劳多得、方方面面、各奔前程、呼风唤雨、胡思乱想、筋疲力尽、精益求精、敬而远之、居高临下、举世闻名、举世无双、举世瞩目、举一反三、聚精会神、开天辟地、恍然大悟、绘声绘色、化险为夷、家喻户晓、坚持不懈、艰苦奋斗、见钱眼开、可乘之机、可歌可泣、可想而知、刻舟求剑、见仁见智、见义勇为、交头接耳、接二连三、节衣缩食、竭尽全力、津津有味、经久不息、惊慌失措、惊天动地、惊心动魄、兢兢业业、精打细算、忽高忽低、后顾之忧、扣人心弦、哭笑不得、夸夸其谈、来龙去脉、冷酷无情、理所当然、理直气壮、力不从心、连滚带爬、恋恋不舍、寥寥无几、灵机一动、络绎不绝、力所能及、眉开眼笑、美中不足、门当户对、迷惑不解、密不可分、面红如赤、面面俱到、面目全非、名副其实、耐人寻味、难得一见、难以置信、恼羞成怒、念念不忘、弄虚作假、鹏程万里、疲惫不堪、萍水相逢、迫不及待、莫名其妙、默默无闻、扑面而来、七嘴八舌、齐心协力、奇花异草、岂有此理、迄今为止、恰到好处、恰恰相反、恰如其分、千家万户、千军万马、千钧一发、前赴后继、前所未有、轻而易举、倾家荡产、情不自禁、取而代之、全力以赴、全心全意、忍饥挨饿、

任人宰割、日复一日、日新月异、容光焕发、前无古人、前仰后合、潜移默化、
如愿以偿、如醉如痴、三番五次、身不由己、深入人心、盛气凌人、史无前例、
势不可当、勤工俭学、目不转睛、目瞪口呆、目中无人、顾全大局、记忆犹新、
守株待兔、水落石出、水涨船高、顺理成章、顺其自然、司空见惯、思前想后、
死心塌地、似曾相识、突如其来、土生土长、脱口而出、脱颖而出、万古长青、
万无一失、亡羊补牢、微不足道、随心所欲、损人利己、所作所为、滔滔不绝、
天长地久、无恶不作、无关紧要、无话可说、无济于事、无精打采、无可奉告、
无可厚非、无能为力、无情无义、无所事事、无所作为、无微不至、无忧无虑、
无足轻重、五花八门、息息相关、熙熙攘攘、喜出望外、显而易见、相辅相成、
相提并论、相依为命、想方设法、心安理得、心急如焚、心灵手巧、心想事成、
欣欣向荣、新陈代谢、形形色色、形影不离、胸有成竹、袖手旁观、雪上加霜、
循序渐进、摇摇欲坠、夜以继日、衣食住行、一概而论、一技之长、一目了然、
怡然自得、以身作则、一成不变、一筹莫展、一干二净、一鼓作气、一举一动、
一毛不拔、一如既往、一声不吭、一无所有、一无所知、一心一意、一言不发、
一言一行、一应俱全、异想天开、抑扬顿挫、意料之外、因人而异、引经据典、
引人入胜、引人注目、应有尽有、勇往直前、有的放矢、有口无心、有声有色、
有朝一日、愚公移山、与日俱增、与时俱进、愈演愈烈、原汁原味、源源不断、
远近闻名、约定俗成、杂乱无章、赞不绝口、赞叹不已、斩草除根、张灯结彩、
朝气蓬勃、朝三暮四、朝夕相处、针锋相对、争分夺秒、争先恐后、指手画脚、
众所周知、众志成城、重中之重、诸如此类、自力更生、自强不息、自然而然、
自始至终、自私自利、自相矛盾、自以为是、纵横交错、走投无路、足智多谋、
罪魁祸首、左顾右盼、天经地义、同舟共济、头头是道、似是而非、素不相识、
家家户户、不正之风、不假思索、吃喝玩乐、独立自主、各奔前程、顾全大局、
合情合理、总而言之、随时随地、爱面子、半边天、大锅饭、包干儿、出洋相、
出山、穿小鞋儿、大腕儿、垫底儿、侃大山、马后炮、跑龙套、碰钉子、泼冷水、
敲边鼓、随大溜、平常心、好家伙、黑马、黑手、黑心、太极、仙鹤、一锅粥、
一揽子、中庸、汤圆、粽子、算盘、旗袍、牡丹、菊花、庙会、刺绣、麻将、阎
王、一把手、第一手、拍板

附录二：三套教材中的国俗语言统计 [1]

《教材》中的国俗语言：

《教程》（一上）：八 1、爸爸 2、北京 3、茶 5、茶叶 13、弟弟 2、二 4、哥哥 2、贵姓 6、汉语 2、黑 13、红 13、饺子 7、姐姐 15、九 3、两 8、六 3、妈妈 2、马马虎虎 14、妹妹 2、苹果 8、人民币 9、三 4、十 5、四 4、天安门 4、小姐 9

《教程》（一下）：阿姨 26、白色 23、狗 20、京剧 22、劳驾 23、妻子 28、青年 18、太极拳 24

《教程》（二上）：爱人 4、长城 5、灯笼 10、丢三落四 7、父亲 3、各种各样 9、故宫 5、海南岛 5、黄河 5、烤鸭 5、孔子 6、哭笑不得 9、老外 6、《梁祝》5、民歌 1、母亲 3、双喜 10、泰山 5、糖葫芦 5、新郎 10、新娘 10、针灸 5、中成药 5

《教程》（二下）：兵马俑 18、春节 11、对联 12、夫人 12、长江 18、辣子鸡丁 18、落汤鸡 14、水仙 12、四合院 11、松 19、岁寒三友 19、糖醋鱼 18、甜 11、仙女 15、相声 16、新春 12、中国通 20、竹 19

《教程》（三上）：白 6、半死不活 6、不约而同 11、不知不觉 8、诚心诚意 12、吃力不讨好 12、吹牛 7、打交道 5、独生女 1、儿子 7、姑娘 3、刮目相看 10、红人 10、黄 2、火锅 3、家伙 8、开夜车 10、滥竽充数 7、恋恋不舍 1、马大哈 12、毛笔 2、女儿 4、瑞雪兆丰年 13、手忙脚乱 11、双 12、酸甜苦辣 4、讨好 12、有说有笑 8、自相矛盾 7、左顾右盼 5

《教程》（三下）：不由自主 21、不知所措 14、成千上万 20、出洋相 17、打退堂鼓 17、黑社会 25、黑市 25、黑手 25、黑心 25、红眼病 25、花轿 26、华人 18、坏蛋 25、皇帝 25、恍然大悟 21、或多或少 17、家喻户晓 26、将错就错 18、老婆 24、乐于助人 15、乱七八糟 14、落榜 22、女扮男装 26、翩翩起舞 26、七手八脚 15、求知若渴 17、设身处地 24、师母 26、十全十美 21、随心所

欲 23、提心吊胆 15、头昏脑涨 22、先来后到 16、小心翼翼 15、兴高采烈 18、兴致勃勃 14、绣花 26、一干二净 22、一见如故 26、一五一十 22、一笑了之 24、一心一意 17、应有尽有 23、迎亲 26

《发展》中的国俗语言：

初级综合（Ⅰ）：AA制 21、爱人 17、八 1、北京 14、长城 28、二 1、贵姓 3、黑 22、红 3、红茶 12、黄 22、急急忙忙 18、饺子 17、九 3、六 3、绿茶 12、苹果 6、三 2、十 2、四 2、太极拳 12、万里长城 28、中国画 11

初级综合（Ⅱ）：不好意思 1、不知不觉 17、成语 1、春夏秋冬 21、低碳 23、烽火台 24、各种各样 10、功夫 4、和气 14、皇帝 5、懒虫 1、老奶奶 18、老年 8、乱七八糟 2、蚂蚁 11、男子汉 24、婆婆 5、妻子 5、情人 17、入乡随俗 1、神仙 21、唐装 4、媳妇 5、油条 5、愚公移山 21、自由自在 11、广东话 8、毛泽东 25、玉帝 21

中级综合（Ⅰ）：摆地摊儿 14、拜年 12、蝉 1、虫 9、串门儿 12、打交道 6、护身符 7、结结巴巴 10、老婆 14、乐此不疲 12、迷信 14、面子 7、茉莉花茶 1、七上八下 14、旗袍 11、气喘吁吁 6、穷鬼 7、人来人往 1、傻小子 4、五花八门 13、小伙子 4、心灰意冷 13、新郎 7、新娘 7、一帆风顺 3、意味深长 13、晕头转向 13、支支吾吾 6、中华 12

中级综合（Ⅱ）：八成 2、彩票 7、成千上万 4、吃苦 6、出洋相 11、敬老院 7、狼吞虎咽 3、老公 1、姥姥 15、老人家 15、毛驴 4、玫瑰 1、娘 15、青少年 4、如期而至 5、团聚 6、团圆 3、挖苦 15、无可奈何 11、武打 9、依依不舍 5、总而言之 11

高级综合（Ⅰ）：爱不释手 3、安贫乐道 15、傲气凌人 15、白 3、白发苍苍 14、笨鸟先飞 1、闭门羹 1、彬彬有礼 7、不胜枚举 11、不翼而飞 10、不置可否 3、不堪回首 5、不可开交 12、不谋而合 2、不起眼儿 1、不以为然 2、不足挂齿 14、擦肩而过 1、层出不穷 8、称兄道弟 7、重温旧梦 12、垂垂老矣 14、大惊小怪 14、低三下四 15、东道主 4、对牛弹琴 11、放他一马 3、甘霖 14、高薪养廉 9、光明磊落 15、过意不去 5、含情脉脉 3、毫无顾忌 6、轰轰烈烈 14、红颜知己 12、胡说八道 3、灰姑娘 3、火上加油 11、见利忘义 9、见钱眼开 9、筋疲力尽 1、惊慌失措 10、精打细算 7、井然有序 7、敬而无失 15、旧社会 2、可想而知 9、客套话 6、里弄 7、理直气壮 11、恋恋不舍 1、良心泯灭 11、马不停蹄 4、漫无目的 4、忙里偷闲 8、眉飞色舞 4、密密麻麻 7、南辕北辙 14、囊中羞涩 2、年迈 5、匹夫 7、迫不及待 2、起劲儿 7、千言万语 13、前所未有 10、俏皮话 7、轻而易举 6、取长补短 7、全神贯注 8、全心全意 6、热泪盈眶 12、荣辱不惊 14、如释重负 12、如影随形 13、如愿以偿 11、塞翁失马 11、色鬼 12、神气活现 3、十全十美 8、手足兄弟 15、受宠若惊 3、数以亿计 8、顺理成章 2、顺其自然 1、孙悟空 3、思前想后 12、随时随地 8、所见所闻 13、儒家 15、天地无常 14、天涯海角 14、莞尔一笑 3、我行我素 3、无理取闹 11、无所不谈 2、无影无踪 10、无休无止 15、嘻嘻哈哈 7、喜气洋洋 2、下不为例 9、相去甚远 7、相提并论 7、小心翼翼 5、心甘情愿 8、心血来潮 3、兴致勃勃 12、虚虚实实 3、衣食无忧 9、以德报怨 15、一本正经 12、一拐一拐 10、一好百好 7、一如既往 10、一团糟 11、一针见血 6、义正词严 11、油腔滑调 7、缘木求鱼 9、月老 6、战战兢兢 9、惴惴不安 15、谆谆告诫 14、龇牙咧嘴 10、左顾右盼 5

高级综合（Ⅱ）：安居乐业 15、百废待兴 1、暴跳如雷 9、变幻莫测 15、拨乱反正 1、不动声色 10、不可胜数 10、畅通无阻 10、初出茅庐 2、调兵遣将 9、独断专行 9、独具匠心 8、二郎腿 8、翻天覆地 14、风风火火 3、风口浪尖 1、更新换代 11、功不可没 8、古香古色 8、滚瓜烂熟 9、哄堂大笑 5、胡搅蛮缠 10、怀恨在心 9、挥毫泼墨 6、浑然一体 6、魂牵梦绕 4、鸡毛蒜皮 10、家喻户晓 4、津津有味 12、经纬万端 15、兢兢业业 2、可嗟可叹 13、溘然长逝 13、苦口婆心 2、滥砍滥伐 11、朗朗上口 8、乐不可支 3、礼尚往来 5、伶牙俐齿 2、另起炉灶 4、柳暗花明 2、络绎不绝 6、门当户对 14、面不改色 12、名列前茅 2、默默无闻 5、难辞其咎 15、千头万绪 10、迁延不决 15、前车之鉴 13、前仆后继 15、巧夺天工 13、巧言令色 15、寝食难安 3、忍俊不禁 5、日积月累 2、若有所思 3、煞费苦心 10、身体力行 6、声名狼藉 4、声势浩大 14、事无巨细 10、手足无措

3、孰真孰假 5、同甘共苦 1、突飞猛进 11、望而生畏 13、危急存亡 4、未雨绸缪 15、文人墨客 6、无独有偶 5、无所适从 5、毋庸置疑 11、五花大绑 14、息息相关 6、先发制人 9、相濡以沫 12、形影不离 7、一见如故 7、一目了然 6、一头雾水 10、应接不暇 14、悠然自得 12、有板有眼 4、有备无患 11、源远流长 6、招兵买马 4、炙手可热 14、众议纷纭 15、众所周知 3、专心致志 1、追悔莫及 3、自暴自弃 9、坐视不管 5、坐卧不宁 3

《课本》中的国俗语言 [1]

《课本》（1）：爸爸 2，7、北京 9、二 5、哥哥 2、贵姓 4、汉语 4、汉字 11、红 9、姐姐 8、烤鸭 9、两 8、〇/零 5、妈妈 2、妹妹 8、哪里 11、奶奶 3、女儿 11、苹果 10、寿面 9、孙女儿 11、外婆 3,14、小姐 5、鸭 9、中国 3 // [2] 茶 9、春节 14、儿子 9、女儿 9、外公 8、爷爷 8

《课本》（2）：白 17、兵马俑 15、不见不散 26、不敢当 19、长城 23、春江花月夜 20、地方戏 22、海南岛 23、好久不见 15、黑 17、《红楼梦》22、京剧 19、舅舅 24、舅妈 24、孔子 23、老外 26、马马虎虎 19、民乐 20、普通话 15、妻子 26、旗袍 17、人民币 15、涮羊肉 20、丝绸 17、太极拳 17（1 补 12）[3] 泰山 23、辛苦 24、越剧 22、中餐 26、中国画 19、中国通 26 // 爱人 24、茶楼 16、画蛇添足 20、贾宝玉 22、老人 16、林黛玉 22、孙子 18、太太 22、万事如意 20、相声 17、一路平安 24

《课本》（3）：AA 制 37、比上不足比下有余 32、表姐 38、茶馆 27、长江 31、床前明月光 36、低头思故乡 36、弟子不必不如师 29、姑爷 38、红双喜字 38、胡同 38、黄河 31、家书抵万金 36、举头望明月 36、君子兰 29、烤全羊 37、筷子 27、礼轻情意重 28、两岸猿声啼不住 34、毛笔 28、蒙族 37、民歌 37、名不虚传 32、扭秧歌 30、敲锣打鼓 30、轻舟已过万重山 34、入乡随

1　《课本》中的国俗语言统计时，包括了补充生词，如果上一册中的补充生词中出现的国俗语言在之后的教材的生词表中再次出现，二者算一个词，并归入后边教材的筛选范畴内，数字代表该国俗语言在教材中的所在课数。
2　"//"表示："//"前部分为《课本》"课后生词"中出现的国俗语言，"//"后部分为《课本》"补充生词"中出现的国俗语言，后同。
3　"1 补 12"表示：该词为《课本》第 1 册、第 12 课"补充生词"部分出现过的国俗语言，后同。

俗 27、山水画 34、师不必贤于弟子 29、书法 28、书法家 29（3 补 27）、双喜 38、太极剑 30、太太 38、《唐诗选》36、文房四宝 28、武术 30、西王母 34、新娘 38、小意思 28、秧歌 30、疑是地上霜 36、迎客松 31、月饼 28、岳父 38、岳母 38、中华 31、中秋节 28、字画 29、嫦娥 28、阿弥陀佛 27、计划生育 37、轿子 36、今朝有酒今朝醉 36、柳树 31、毛驴 36、鸟宿池边树 36、肉丝炒竹笋 37、僧敲月下门 36、仙女 28、优生优育 37、月宫 28、竹子 33、走马灯 38

《课本》（4）：阿姨 44（3 补 37）、半边天 40、鞭炮 42、嫦娥奔月 50（3 补 28）、除夕 42、窗花 42、春联 42、独生子女 48、放鞭炮 42、汉语水平考试 45、红烧鱼 42、华人 39、鸡 39、饺子 42、孔乙己 43、萝卜青菜，各有所爱 50、猫 40、奶奶 46、年夜 42、年夜饭 42、守岁 42、四合院 42、同仁堂 49、头痛医脚 49、万事如意 42、下岗 44、熊猫 44（3 补 33）、绣花 44、养儿防老 48、鱼 42、远亲不如近邻 42、针灸 49、中医 49、重男轻女 48 // 拜年 42、伯父 43、苍蝇 50、邓小平 48、汉族 41、黄牛 40、讳疾忌医 49、积谷防饥 49、老百姓 44、梨 42、宁静致远 39、碰壁 43、太爷爷 48、维吾尔族 41、小康 42、压岁钱 42、侄女 45

《课本》（5）：白发苍苍 51、白领 55、奔丧 58、不动声色 60、不能自已 58、沉默寡言 59、臭豆腐干 53、大去 58、大丈夫 57、东奔西走 58、奋不顾身 59、各种各样 54、祸不单行 58、脚夫 58、苦瓜 53、琳琅满目 54、麻婆豆腐 53、马褂 58、漫漫长夜 51、千方百计 53、千钧一发 59、说亲 53、丧事 58、少年不识愁滋味 57、少年 57、舍己救人 59、生意葱茏 60、双数 51、天无绝人之路 58、我的妈呀 53、无可奈何 54、五颜六色 54、贤妻良母 57、谢天谢地 52、一病不起 52、应有尽有 54、由此可见 53、总而言之 52、祖母 58 // 白族 12、拜访 54、长寿 55（3 补 30）、打交道 52、大爷 55、翻山越岭 60、负负得正 56、公公 57、鬼迷心窍 57、和尚 54（3 补 27）、黑熊 55、猴 60、恋恋不舍 55、美猴王 60、男主外，女主内 52、牛郎 52、仁兄 59、嫂子 57、四世同堂 58、沱茶 53、外孙女 52、喜鹊 52、养老院 58、织女 52

《课本》（6）：鼻青脸肿 65、不尽如人意 66、不亦乐乎 70、苍蝇 65、出头露面 69、触目惊心 65、打折扣 69、大名 66、胆小鬼 63、得天独厚 65、端午 6、顾影自怜 65、寒暄 67、黑社会 63、虎 66、画龙点睛 66、皇上 69、毽子 65、井底蛙 65、酒鬼 63、老婆 63、老气横秋 66、老太婆 69、老爷子 70、愣头愣脑 65、脸色 64、两下子 70、满面春风 65、没完没了 70、门当户对 69、俏皮话 61、人大代表 70、容光焕发 65、柔声柔气 70、三五成群 68、煞风景 65、审容膝之易安 67、《霜月》66、《水浒》65、十有八九 65、死鬼 63、下坡路 65、孝顺 70、兴致勃勃 68、扬长而去 68、一毛不拔 65、一丝一毫 66、因材施教 61、有求必应 69、政协委员 70、之乎者也 64、轴子戏 65、白杨树 70、大有作为 66、非此即彼 66、耗子 66、耗子精 66、哼哼唧唧 68、红枣 66、猴子 63、花生 66（4 补 42）、活灵活现 66、家和万事兴 65、娇生惯养 65、腊八 66、腊八粥 66、老爷 64、栗子 66、年迈 69、婆婆 65、情景交融 61、荣华富贵 69、实事求是 62、事半功倍 61、偷偷摸摸 64、无忧无虑 65、心满意足 70、一命呜呼 69、自私自利 64

附录三：《基于中国主流报纸动态流通语料库（DCC）的成语使用情况调查》
高频成语前 300 条（按频次降序排列）

前所未有	引人注目	当务之急	得不偿失	见义勇为	坚定不移	脱颖而出
实事求是	千方百计	众所周知	艰苦奋斗	一如既往	一年一度	深入人心
无论如何	与众不同	全力以赴	出人意料	名副其实	不约而同	供不应求
全心全意	息息相关	层出不穷	成千上万	齐心协力	不可思议	不知不觉
络绎不绝	想方设法	安居乐业	紧锣密鼓	坚持不懈	意想不到	如火如荼
因地制宜	淋漓尽致	来之不易	可想而知	行之有效	源源不断	理所当然
独一无二	家喻户晓	突如其来	五花八门	截然不同	大街小巷	小心翼翼
应运而生	弄虚作假	十面埋伏	显而易见	讨价还价	得天独厚	后顾之忧
耳目一新	惊心动魄	日新月异	沸沸扬扬	此起彼伏	举足轻重	当家作主
千家万户	敲诈勒索	触目惊心	耳熟能详	独立自主	莫名其妙	兴致勃勃
举世瞩目	名列前茅	源远流长	座无虚席	眼花缭乱	一目了然	排忧解难
不遗余力	各式各样	卓有成效	自强不息	天下第一	轰轰烈烈	尽如人意
循序渐进	迫不及待	一心一意	滥用职权	迫在眉睫	潜移默化	别开生面
大势所趋	耐人寻味	急功近利	一应俱全	一席之地	轩然大波	力所能及
取而代之	史无前例	记忆犹新	聚精会神	喜闻乐见	屡见不鲜	错综复杂
声势浩大	发扬光大	随时随地	比比皆是	不得而知	不以为然	无可厚非
有目共睹	津津乐道	统筹兼顾	四面八方	再接再厉	当之无愧	不折不扣
不堪设想	忧心忡忡	恶性循环	推波助澜	大江南北	不言而喻	脚踏实地
卷土重来	任重道远	雪上加霜	义不容辞	万众一心	难能可贵	玩忽职守
中流砥柱	长治久安	罪魁祸首	突飞猛进	形形色色	默默无闻	在所难免
铺天盖地	遥遥领先	一举一动	精益求精	千千万万	马不停蹄	无独有偶
竭尽全力	参差不齐	脍炙人口	大起大落	一视同仁	求同存异	扑朔迷离
无家可归	琳琅满目	自始至终	未雨绸缪	挺身而出	大吃一惊	炙手可热
情不自禁	有条不紊	浴血奋战	刻不容缓	出乎意料	栩栩如生	无可奈何

半壁江山	拒之门外	不知所措	一波三折	水泄不通	新陈代谢	赞不绝口
一丝不苟	锦上添花	顺理成章	恰到好处	掉以轻心	欢聚一堂	相得益彰
三位一体	面目全非	一蹴而就	一无所知	直言不讳	风云人物	独树一帜
自然而然	一帆风顺	别出心裁	翻天覆地	刮目相看	人满为患	身体力行
不绝于耳	相辅相成	应有尽有	必由之路	一模一样	与日俱增	相提并论
所作所为	拭目以待	难以置信	不翼而飞	持之以恒	如愿以偿	异军突起
心有余悸	博大精深	理直气壮	喜气洋洋	崭露头角	热火朝天	明明白白
久而久之	难以为继	措手不及	建功立业	争先恐后	万无一失	司空见惯
力不从心	可乘之机	波澜壮阔	家家户户	刻骨铭心	兢兢业业	接二连三
和睦相处	寥寥无几	望而却步	义无反顾	水涨船高	无能为力	艰苦卓绝
随心所欲	首当其冲	有声有色	微不足道	焕然一新	聪明才智	出谋划策
哭笑不得	微乎其微	首善之区	大相径庭	众说纷纭	议论纷纷	不见经传
无所适从	不合时宜	土生土长	轻而易举	叹为观止	视而不见	兴高采烈
纷至沓来	载歌载舞	大张旗鼓	推陈出新	一网打尽	金字招牌	背道而驰
归根结底	对症下药	接踵而至	赏心悦目	何去何从	针锋相对	交相辉映
不亦乐乎	绝无仅有	不可多得	审时度势	铤而走险	生机勃勃	乐此不疲
热泪盈眶	家常便饭	五颜六色	慷慨解囊	自力更生	意味深长	雪中送炭
立竿见影	大有作为	一触即发	捉襟见肘	浩浩荡荡	先发制人	畅所欲言
国计民生	肆无忌惮	良莠不齐	如出一辙	同心同德	屈指可数	

附录四：《新 HSK 词汇等级大纲》中的成语（114 个）（按音序升序排列）

爱不释手	安居乐业	饱经沧桑	半途而废	拔苗助长	不可思议
不相上下	层出不穷	波涛汹涌	不择手段	不屑一顾	不言而喻
博大精深	朝气蓬勃	称心如意	从容不迫	川流不息	飞禽走兽
得不偿失	得天独厚	丢三落四	东张西望	当务之急	风土人情
各抒己见	根深蒂固	供不应求	归根到底	后顾之忧	画蛇添足
恍然大悟	急于求成	急功近利	继往开来	家喻户晓	见多识广
见义勇为	竭尽全力	津津有味	锦绣前程	精益求精	兢兢业业
精打细算	聚精会神	举世瞩目	举足轻重	举世闻名	刻不容缓
空前绝后	苦尽甘来	理所当然	理直气壮	力所能及	络绎不绝
莫名其妙	名副其实	难能可贵	迫不及待	迄今为止	恰到好处
轻而易举	千方百计	齐心协力	岂有此理	潜移默化	锲而不舍
全力以赴	任重道远	日新月异	热泪盈眶	深情厚谊	实事求是
肆无忌惮	统筹兼顾	讨价还价	滔滔不绝	天伦之乐	微不足道
物美价廉	相辅相成	欣欣向荣	新陈代谢	无动于衷	喜闻乐见
无精打采	无可奉告	无可奈何	想方设法	兴高采烈	兴致勃勃
无理取闹	无能为力	无穷无尽	无微不至	无忧无虑	小心翼翼
一帆风顺	一举两得	一目了然	一如既往	一丝不苟	雪上加霜
循序渐进	咬牙切齿	优胜劣汰	有条不紊	与日俱增	再接再厉
争先恐后	知足常乐	斩钉截铁	自力更生	众所周知	总而言之

附录五：国俗语言调查问卷

国俗语言调查问卷

同学：

您好！因学术研究的需要，现在非常需要您的帮助，做一项关于成语国俗语言的调查问卷。请您在不借助任何辅助参考的前提下自己完成问卷。

此问卷的所有资料仅作研究使用，绝对保密。对您的帮助表示万分感谢。

＊＊＊＊＊＊＊＊＊＊＊＊＊＊＊＊＊＊＊＊＊＊＊＊＊＊＊＊

个人资料：

国家：_____　性别：_____

所在大学：_____　年龄：_____

所在班级：_____

教育程度：你现在是 □ 在籍本科生　□ 在籍研究生　□ 在籍博士生

你已获得 □ 学士学位　□ 硕士学位　□ 博士学位

学汉语学了____年 ____个月

考得最好的 HSK 成绩：_____（年份：____）

第一部分：

1. 你已经在中国时间是：

A.1~6 个月　B.7~12 个月　C.1~2 年　D.2~3 年　E.超过 3 年

答案：_____

2. 你对中国文化感兴趣吗？（回答 D 者可跳至第 5 题）

A. 很感兴趣　B. 感兴趣　C. 不感兴趣　D. 无所谓

答案：_____

3. 你学习中国文化是为了（可多选）：

A. 学习汉语　B. 了解中国　C. 找工作　D. 交友　E. 仅感兴趣而已
其他_____

答案：_____

4. 你平时通过什么方式了解中国文化？

A. 汉语课　B. 与中国人交流　C. 新闻　D. 电影　E. 报纸
其他_____

答案：_____

5. 你对哪类国俗语言较感兴趣？（可多选，但不超过 3 项）

A. 语言文字（特别是成语）　B. 价值观念　　　C. 称谓语

D. 饮食　E. 象征观念 (特别是动植物象征观念)

F. 风俗习惯　G. 生活方式　H. 社会结构　I. 社会交际

J. 时空观念　K. 教育　L. 健康
其他_____

答案：_____

6. 你对哪类国俗语言不感兴趣？（可多选，但不超过 3 项）

A. 语言文字（特别是成语）　B. 价值观念　C. 称谓语

D. 饮食　E. 象征观念 (特别是动植物象征观念)　F. 风俗习惯

G. 生活方式　H. 社会结构　H. 社会交际　J. 时空观念　J. 教育　L. 健康
其他_____

答案：_____

7. 你对教材中出现的国俗语言感兴趣吗？

A. 很感兴趣　B. 感兴趣　C. 不感兴趣　D. 无所谓

答案：＿＿＿＿＿＿

8. 你喜欢现用汉语教材中文化因素的呈现方式吗？（如通过词语、课文、注释、语言点、练习、图片、副课文呈现等）

A. 很喜欢　B. 喜欢　C. 不喜欢　D. 无所谓

答案：＿＿＿＿＿＿

9. 你认为教材中的国俗语言对你汉语学习和日常生活有帮助吗？

A. 一直有　B. 一直没有　C. 以前有，现在没有　D. 以前没有，现在有

答案：＿＿＿＿＿＿

10. 你对学校现在国俗语言的教学内容和形式满意吗？

A. 很满意　B. 满意　C. 不满意　D. 很不满意

答案：＿＿＿＿＿＿

11. 你更喜欢哪种学习国俗语言的方式？

A. 观察式　B. 体验式　C. 倾听式　D. 对比式　E. 讨论式

其他＿＿＿＿＿＿＿＿＿＿＿＿＿＿＿＿

答案：＿＿＿＿＿＿

12. 你更希望用什么手段学习国俗语言？

A. 语言中介　B. 视听媒介　C. 实物展示　D. 文化活动　E. 专业教材

其他＿＿＿＿＿＿＿＿＿＿＿＿＿＿＿＿

答案：＿＿＿＿＿＿

13. 你希望老师采用什么方式进行国俗语言教学？

A. 演示法　B. 体验法　C. 讲授法　D. 讨论法　E. 比较法

其他＿＿＿＿＿＿＿＿＿＿＿＿＿＿＿＿

答案：＿＿＿＿＿＿

第二部分　国俗语言理解的调查问卷

请选出对题中画线词语理解正确的一项。

1. 他才下定了决心去找工作，你总说他这不好那不好，这不是给他<u>泼冷水</u>嘛。
A. 鼓励人努力　B. 打击人的热情　C. 倒点儿凉水　D. 用凉水洗澡
答案：＿＿＿＿＿＿＿

2. 李明最近这段时间已经去了好几家公司找工作，在<u>碰了几次钉子</u>以后，有点儿没信心了。
A. 锻炼几次身体　B. 上几次当　C. 几次受伤流血　D. 经历几次挫折
答案：＿＿＿＿＿＿＿

3. 要不是"文化大革命"结束，父亲就得<u>背一辈子的黑锅</u>。
A. 做一辈子的饭　B. 受一辈子的冤枉　C. 做一辈子体力活　D. 受一辈子的罪
答案：＿＿＿＿＿＿＿

4. 现在的人们都有<u>红眼病</u>，你有什么，他就想有什么。
A. 一种眼睛红肿的生理疾病　　　B. 一种爱哭的心理疾病
C. 一种不喜欢帮助别人的心理　　D. 一种容易嫉妒别人的心理
答案：＿＿＿＿＿＿＿

5. 听说他就是幕后<u>黑手</u>，破坏了小王和小张的婚礼
A. 暗地里做坏事的人　　　　　　B. 不太讲卫生的人
C. 长得很难看的人　　　　　　　D. 喜欢做事和别人不一样的人
答案：＿＿＿＿＿＿＿

6. 大家都说他是人中<u>龙凤</u>，外貌和能力都是最好的。
A. 中国文化中的一对吉祥物　　　B. 一对不存在的动物
C. 中国人结婚时常用的一对动物图案　　D. 一群人中最优秀的人
答案：＿＿＿＿＿＿＿

7. 你怎么能打你的父母？别人一定会说你是<u>白眼狼</u>的。
A. 脾气很坏的人　　　　　　　　B. 很暴力的人

C. 没有良心的人　　　　　　　D. 不善良的人

答案：＿＿＿＿＿＿＿

8. 祝福你们像<u>鸳鸯</u>一样，生活幸福，白头偕老。

A. 感情很好的朋友　　　　　　B. 生活幸福的家人

C. 感情很好的夫妻　　　　　　D. 生活和睦的家人

答案：＿＿＿＿＿＿＿

9. 我送你这个<u>红豆</u>手链，希望你不要忘记我，等我回来。

这句话中，"红豆"的文化含义是：

A. 表示对死者的怀念　　　　　B. 表示对父母的爱

C. 比喻情侣间的想念　　　　　D. 表达朋友离别的悲伤

答案：＿＿＿＿＿＿＿

10. 他天天一副<u>苦瓜脸</u>，让人看了就不舒服。

A. 一脸健康的样子　　　　　　B. 一脸伤心的样子

C. 一脸忧愁的样子　　　　　　D. 一脸兴奋的样子

答案：＿＿＿＿＿＿＿

11. 我要做一棵冬天的<u>松树</u>，不管天气多么寒冷，我都要坚强地生长。

A. 不怕寒冷的人　　　　　　　B. 不怕困难的人

C. 不怕别人眼光的人　　　　　D. 不怕麻烦的人

答案：＿＿＿＿＿＿＿

12. 办喜事时，他们因为条件不太好，<u>新房</u>很简陋，现在他们生活都很富足。

A. 新盖的房子　　　　　　　　B. 新买的房子

C. 刚刷的房子　　　　　　　　D. 结婚用的房子

答案：＿＿＿＿＿＿＿

13. 结婚那天，亲戚朋友来了一百多人，吃完酒席就开始<u>闹洞房</u>。

A. 在山洞房间里嬉戏打闹

B. 新婚夫妇在房间里吵闹

C. 在新婚夫妇房间里表演节目

D. 传统婚俗，亲戚朋友戏耍逗乐新郎新娘，表达祝福

答案：_____

14. 传说只有每年农历七月初七晚上，牛郎织女才可以在<u>鹊桥</u>相会。

A. 喜鹊在银河上搭的桥　　　　B. 一座有喜鹊居住的桥

C. 一个旅游景点的名字　　　　D. 扁鹊设计建造的桥

答案：_____

15. 小明上课的时候总是<u>左耳进，右耳出</u>，所以他的爸爸妈妈常常被请到学校去。

A. 听课很认真　B. 听课很顺畅　C. 听课不认真　D. 听课不顺畅

答案：_____

16. 人们常常说"<u>熟悉的地方没有风景</u>"，所以我们应该经常有变化，让生活更精彩。

A. 在一个地方住的时间长了就看不到美的风景了

B. 习惯了一种环境就没有新鲜感了

C. 在一个地方住的时间长了就觉得风景不漂亮了

D. 习惯了一种环境，连风景都不想去看了

答案：_____

17. 你不要每天都压力这么大，只要我们努力，<u>面包会有的，牛奶也会有的</u>。

A. 不会没有吃的食物　　　　B. 不会没有好吃的食物

C. 不会缺少生活必需品　　　　D. 不会得不到你想要的

答案：_____

18. 妈妈收拾房间的时候，发现孩子的桌子上居然放着一本<u>黄色</u>杂志。

A. 黄色封面的　B. 有趣的　C. 惊险的　D. 色情的

答案：_____

19. 爸爸是上海<u>知青</u>，1969年从大上海来到内蒙古大草原，转眼就是30年了。

A. 知识渊博的青年

B. 知道青红皂白的人

C. 一种职业

D. 历史上自愿或被迫从城市下放到农村做农民，有一定知识的年轻人

答案：＿＿＿＿＿＿＿＿

20. 你不知道，我嫂子娘家的那些<u>七大姑八大姨</u>三天两天地就到我家来。

A. 亲友很多　　B. 七姑和八姨　　C. 姑姨很多　　D. 关系很复杂

答案：＿＿＿＿＿＿＿＿

附录六：成语理解的调查问卷

成语调查问卷

同学：

您好！学术研究的需要，现在非常需要您的帮助，做一项关于成语理解的调查问卷。请您在不借助任何辅助参考的前提下自己完成问卷。

此问卷的所有资料仅作研究使用，绝对保密。对您的帮助表示万分感谢。

＊＊＊＊＊＊＊＊＊＊＊＊＊＊＊＊＊＊＊＊＊＊＊＊＊＊＊

个人资料：

国家：＿＿＿＿＿＿＿＿　　性别：＿＿＿＿＿＿＿＿＿

所在大学：＿＿＿＿＿＿＿　年龄：＿＿＿＿＿＿＿＿＿

所在班级：＿＿＿＿＿＿＿＿＿

教育程度：　你现在是　□在籍本科生　　□在籍研究生　　□在籍博士生

　　　　　　你已获得　□学士学位　　　□硕士学位　　　□博士学位

学汉语学了＿＿＿＿年＿＿＿个月

考得最好的 HSK 成绩：＿＿＿（年份：＿＿＿＿）

学汉语是因为 (请选一个或更多)

□对汉语感兴趣　　□对中国文化感兴趣□

□要找工作　　□要学习其他专业

□公司派的　　□父母决定的

□其他：＿＿＿＿＿＿＿＿＿＿＿＿＿

成语理解的调查问卷

本问卷共分三部分，每部分有 18 个成语，请您根据自己的理解和学习过的成语知识，在不借助任何参考辅助的前提下，自己完成问卷。

您需要做的是：1. 把您认为正确的答案 A/B/C 写到每道题目后边的横线上。

2. 用〇标出不理解和不认识的字。

第一部分　请选出正确答案，并用〇标出不理解和不认识的字

1. 前所未有

A. 以前从来没有过的。

B. 前边都不会再有的。

C. 以前还没有过的。

答案：＿＿＿＿＿＿＿＿

2. 迫不及待

A. 被迫而不能等待。

B. 急迫而不能等待。

C. 被迫来不及等待。

答案：＿＿＿＿＿＿＿＿

3. 成千上万

A. 形容数量很多。

B. 形容非常复杂。

C. 形容计算方式复杂。

答案：＿＿＿＿＿＿＿＿

4. 脱颖而出

注：颖：尖子。

A. 比喻本领显示出来。

B. 比喻目标暴露出来。

C. 比喻根部显露出来。

答案：_____

5. 层出不穷

A. 一层一层地出现，没有穷尽。

B. 一个一个地出现，没有穷尽。

C. 一次一次地出现，没有穷尽。

答案：_____

6. 名副其实

A. 名义是次要的，实际是重要的。

B. 名义和实际相符。

C. 其实名义不重要。

答案：_____

7. 独一无二

A. 没有相同的，没有可比的。

B. 只有一个，不是两个。

C. 只有一到两个。

答案：_____

8. 小心翼翼

A. 形容心像长了翅膀一样高兴。

B. 形容非常小心。

C. 形容非常开心。

答案：_____

9. 一如既往

A. 一直想着过去。

B. 过去的已经过去了。

C. 完全像从前一样。

答案：_____

10. 当务之急

A. 当前任务中最重要的。

B. 当前任务中最紧急的。

C. 当前任务中最明显的。

答案：＿＿＿＿＿＿＿

11. 沉默寡言

A. 不声不响，很少说话。

B. 心情不好，很少说话。

C. 犹豫不决，不知说什么话。

答案：＿＿＿＿＿＿＿

12. 左顾右盼

注：顾、盼：看。

A. 形容非常紧张。

B. 形容非常骄傲。

C. 比喻胆小怕事。

答案：＿＿＿＿＿＿＿

13. 扬长而去

A. 大模大样地走过去。

B. 离开后走了很远。

C. 大模大样地离开。

答案：＿＿＿＿＿＿＿

14. 不苟言笑

A. 形容心情低落。

B. 形容态度严肃、庄重。

C. 形容表情僵硬。

答案：＿＿＿＿＿＿＿

15. 井然有序

A. 形容办事有顺序。

B. 形容做事有条理。

C. 形容说话有条理。

答案：＿＿＿＿＿＿＿

16. 老气横秋

A. 形容缺少活力。

B. 形容年龄很大。

C. 形容脾气不好。

答案：＿＿＿＿＿＿＿

17. 难辞其咎

A. 很难表达过失的责任。

B. 很难推脱自己的过失。

C. 很难辞职而被惩罚。

答案：＿＿＿＿＿＿＿

18. 坐以待毙

A. 病得很严重，只能等着死亡。

B. 用坐着的姿势等着死亡。

C. 不积极想办法解决问题。

答案：＿＿＿＿＿＿＿

第二部分　请选出正确答案，并用〇标出不理解和不认识的字

1. 雪上加霜

A. 形容气候恶劣。

B. 形容自然灾害很多。

C. 形容不断遭受灾难。

答案：＿＿＿＿＿＿＿

2. 胸有成竹

A. 胸口画好了竹子。

B. 胸口放好了竹子。

C. 心中想好了主意。

答案：＿＿＿＿＿＿＿

3. 初出茅庐

A. 刚离开草房不久。

B. 刚离开家不久。

C. 刚参加工作不久。

答案：＿＿＿＿＿＿＿

4. 鸦雀无声

A. 形容一点声音都没有。

B. 形容连一只鸟都没有。

C. 形容夜已经很深了。

答案：＿＿＿＿＿＿＿

5. 不翼而飞

A. 比喻有特别的功能。

B. 比喻物品突然就不见了。

C. 比喻没有翅膀但是飞走了。

答案：＿＿＿＿＿＿＿

6. 一头雾水

A. 形容天气恶劣。

B. 形容气候湿润。

C. 形容弄不清状况。

答案：＿＿＿＿＿＿＿

7. 水涨船高

A. 比喻大雨导致大水上涨。

B. 比喻事物凭借别的事物的增长而不断增长。

C. 比喻场面宏大。

答案：＿＿＿＿＿＿＿

8. 另起炉灶

A. 比喻放弃合伙生活。

B. 比喻放弃原来的，重新开始。

C. 比喻在原来的基础上再新加一套新的。

答案：＿＿＿＿＿＿＿

9. 鸡毛蒜皮

A. 比喻细小的小事或没有价值的东西。

B. 比喻东西都很便宜。

C. 比喻东西非常杂乱。

答案：＿＿＿＿＿＿＿

10. 炙手可热

注：炙：烤。

A. 比喻烤火手就会变热。

B. 比喻脾气暴躁。

C. 比喻权力很大。

答案：＿＿＿＿＿＿＿

11. 囊中羞涩

注：囊：口袋。

A. 形容经济困难。

B. 形容脸皮很薄。

C. 形容很爱面子。

答案：＿＿＿＿＿＿＿

12. 峰回路转

A. 形容道路顺畅。

B. 形容风景秀美。

C. 形容事情出现转机。

答案：＿＿＿＿＿＿＿

13. 三长两短

A. 形容杂乱不整齐。

B. 形容没有思路。

C. 形容发生意外。

答案：＿＿＿＿＿＿＿

14. 巧言令色

A. 形容表情丰富，口才很好。

B. 形容长得漂亮，说话得体。

C. 形容用好听的话和好看的样子骗人。

答案：＿＿＿＿＿＿＿

15. 大材小用

A. 比喻对人才的使用不当。

B. 比喻有才能的人却不被重用。

C. 比喻正确地管理，节省资源。

答案：＿＿＿＿＿＿＿

16. 满城风雨

A. 比喻大风 / 大雨把整个城市都淹了。

B. 比喻一件事大家都在讨论批评。

C. 比喻所有人都关注一件事情。

答案：＿＿＿＿＿＿＿

17. 如日中天

A. 比喻太阳在天空正当中，天气很好。

B. 比喻事物正发展顺利，到了最好的时候。

C. 比喻聪明、有能力的人总是比一般人强。

答案：＿＿＿＿＿＿＿

18. 起死回生

A. 比喻决心很大，就连死的也要变成活的。

B. 比喻一起走过生死困难的好朋友。

C. 比喻把看起来没有希望的事物救过来。

答案：＿＿＿＿＿＿＿

第三部分　请选出正确答案，并用○标出不理解和不认识的字

1. 一毛不拔

注：毛：汗毛。

A. 形容一个人非常小气。

B. 形容一个人非常仔细。

C. 形容一个人非常严肃。

答案：＿＿＿＿＿＿＿

2. 井底之蛙

注：蛙：青蛙，一种主要在农田生活的小动物。

A. 比喻遇到很大困难的人。

B. 比喻见识短浅的人。

C. 比喻失去自由的人。

答案：＿＿＿＿＿＿＿

3. 刻舟求剑

注：刻：用刀划；舟：小船；剑：古代一种兵器。

A. 比喻用对的人办事，才能保证事情的效果。

B. 比喻不懂得改变，总是用同一种方法看问题。

C. 比喻破坏了原来的东西，也没有得到想要的东西。

答案：＿＿＿＿＿＿

4. 愚公移山

注：愚 = 笨；移 = 把东西从一个地方搬到另一个地方。

A. 比喻爱做梦的人想着要做大事。

B. 比喻计划太大，根本不可能完成。

C. 比喻做事不怕艰难。

答案：＿＿＿＿＿＿

5. 鹤立鸡群

注：鹤：一种鸟，全身白色或灰色，生活在水边，吃鱼、昆虫或植物。

A. 比喻人和人之间有很大的不同。

B. 比喻不同的人生活在一起。

C. 比喻一个人的外貌或才能很突出。

答案：＿＿＿＿＿＿

6. 相濡以沫

注：濡：沾湿；沫：唾沫。

A. 比喻遇到困难时相互帮助。

B. 比喻遇到困难时相互说坏话。

C. 比喻遇到困难时相互吐唾沫。

答案：＿＿＿＿＿＿

7. 南辕北辙

注：辕：古代车前驾牲畜的两根直木；辙：车轮压的痕迹。

A. 比喻做事没有目的。

B. 比喻做事和目的正好相反。

C. 比喻做事和目的正好一致。

答案：＿＿＿＿＿＿＿

8. 滥竽充数

注：滥：假的；竽：古代一种吹奏乐器。

A. 比喻好的东西和不好的东西没有区别。

B. 比喻不好的东西变成了好的东西。

C. 比喻用好的东西冒充不好的东西。

答案：＿＿＿＿＿＿＿

9. 讳疾忌医

注：讳：避忌，不面对；忌：害怕。

A. 比喻害怕错误被发现而做掩饰。

B. 比喻害怕批评而掩饰自己的错误或缺点。

C. 比喻害怕生病而不敢去看医生。

答案：＿＿＿＿＿＿＿

10. 中庸之道

注：中庸：不偏向任何一方。

A. 不随便听从别人的意见，坚持自己想法的人生态度。

B. 凡事做到差不多就好，不要太出色的人生态度。

C. 对人和处事公正、中立，凡事调和的人生态度。

答案：＿＿＿＿＿＿＿

11. 宁静致远

A. 心情平静，才能有很大的成就。

B. 生活稳定，才能有很大的成就。

C. 环境安静，才能有很大的成就。

答案：_____

12. 名正言顺

A. 名义合理合法，道理自然讲得通。

B. 名人说的话一般都会得到赞同或支持。

C. 想要变得有名，必须有很好的口才。

答案：_____

13. 举一反三

A. 别人给出一个理由，你可以给出三个反对的理由。

B. 知道一件事情，就可以类推知道其他几件事情。

C. 得到一件东西，失去很多东西。

答案：_____

14. 荣辱不惊

A. 不管别人喜欢或者讨厌，自己都不在乎。

B. 不管自己得到或者失去，都不动心。

C. 不管自己还是别人得到或失去，相互都不在乎。

答案：_____

15. 栋梁之才

A. 比喻身体很强的人。

B. 比喻能做大事的人。

C. 比喻能力很强的人。

答案：_____

16. 礼尚往来

注：尚：重视。

A. 礼仪上应该互相来往，相互送些礼物。

B. 礼仪上讲究互相来往，也指你怎么对我，我也怎么对你。

C. 礼仪上是我先去然后对方来，有先有后。

答案：＿＿＿＿＿＿＿

17. 五体投地

注：投：向一个目标扔过去。

A. 害羞得想躲进地洞里去。

B. 形容跌倒，伤得很厉害。

C. 比喻特别尊敬、佩服。

答案：＿＿＿＿＿＿＿

18. 明镜止水

A. 比喻一个人没有理想，不能上进。

B. 比喻一个人心灵和身体明净，没有杂念。

C. 比喻一个人心灵干净，行为稳重。

答案：＿＿＿＿＿＿＿

如果您想知道此次调查的结果，请留下您的 E-mail 地址。我们会在完成数据整理分析之后发送邮件给您。

您的 Email 地址：＿＿＿＿＿＿＿＿＿＿＿＿＿＿＿＿＿

十分感谢您的善意帮助，祝您生活愉快！

参考文献

一、专著、教材类

[1] 洪堡特：《论人类语言结构的差异及其对人类精神发展的影响》，姚小平译，北京：商务印书馆，1999 年。

[2] 常敬宇：《汉语词汇文化》，北京：北京大学出版社，2009 年。

[3] 陈昌来：《对外汉语教学概论》，上海：复旦大学出版社，2005 年。

[4] 陈枫：《对外汉语教学法》，北京：中华书局，2008 年。

[5] 陈建民：《语言文化社会新探》，上海：上海教育出版社，1989 年。

[6] 陈建民、谭志明：《语言与文化多学科研究——第三届社会语言学术讨论会文集》，北京：北京语言学院出版社，1993 年。

[7] 崔希亮：《汉语熟语与中国人文世界》，北京：北京语言大学出版社，1997 年。

[8] 邓炎昌、刘润清：《语言与文化：英汉语言文化对比》，北京：外语教学与研究出版社，1989 年。

[9] 方汉文：《比较文化学》，桂林：广西师范大学出版社，2003 年。

[10] 符淮青：《现代汉语词汇》，北京：北京大学出版社，1985 年。

[11] 甘瑞瑗：《“国别化”对外汉语教学用词表制定的研究》，北京：北京大学出版社，2006 年。

[12] 高燕：《对外汉语词汇教学》，上海：华东师范大学出版社，2008 年。

[13] 高一虹：《语言文化差异的认识与超越》，北京：外语教学与研究出版社，2000 年。

[14] 辜正坤：《互构语言文化学原理》，北京：清华大学出版社，2004 年。

[15] 顾嘉祖、陆昇：《语言与文化》，上海：上海外语教育出版社，1990 年。

[16] 顾嘉祖：《跨文化交际：外国语言文学中的隐蔽文化》，南京：南京师范大学出版社，2000 年。

［17］关世杰：《跨文化交流学：提高涉外交流能力的学问》，北京：北京大学
　　　出版社，1995 年。

［18］郭锦桴：《汉语与中国传统文化》，北京：中国人民大学出版社，1993 年。

［19］郭熙：《中国社会语言学》，杭州：浙江大学出版社，2004 年。

［20］何晓明：《姓名与中国文化》，北京：人民出版社，2001 年。

［21］胡明扬：《西方语言学名著选读》，北京：中国人民大学出版社，1988 年。

［22］胡文仲：《跨文化交际学概论》，北京：外语教学与研究出版社，1999 年。

［23］胡文仲：《文化与交际》，北京：外语教学与研究出版社，1994 年。

［24］胡裕树：《现代汉语》，上海：上海教育出版社，1962 年。

［25］扈中平、李方、张俊洪：《现代教育学》，北京：高等教育出版社，2005 年。

［26］黄伯荣、廖序东：《现代汉语》，北京：高等教育出版社，2011 年。

［27］黄涛：《语言民俗与中国文化》，北京：人民出版社，2002 年。

［28］蒋祖康：《第二语言习得研究》，北京：外语教学与研究出版社，1999 年。

［29］金惠康：《跨文化交际翻译：续编》，北京：中国对外翻译出版公司，2003 年。

［30］李明、周敬华：《双语词典编纂》，上海：上海外语教育出版社，2000 年。

［31］李泉：《对外汉语课程、大纲与教学模式研究》，北京：商务印书馆，2006 年。

［32］李泉：《初级读写 I》（第二版），北京：北京语言大学出版社，2012 年。

［33］李晓琪：《对外汉语文化教学研究》，北京：商务印书馆，2006 年。

［34］廉德瑰：《东方韵味：中国文化泛读教程》，北京：北京大学出版社，2008 年。

［35］廖七一：《当代西方翻译理论探索》，南京：译林出版社，2000 年。

［36］林宝卿：《汉语与中国文化》，北京：科学出版社，2000 年。

［37］林大津：《跨文化交际研究：与英美人交往指南》，福州：福建人民出版
　　　社，1996 年。

［38］刘润清：《西方语言学流派》，北京：外语教学与研究出版社，1995 年。

［39］刘珣：《对外汉语教育学引论》，北京：北京语言大学出版社，2000 年。

［40］刘珣：《新实用汉语课本：第 4 册》，北京：北京语言大学出版社，
　　　2010 年。

［41］鲁健骥：《对外汉语教学思考集》，北京：北京语言大学出版社，1999 年。

［42］吕必松：《对外汉语教学发展概要》，北京：北京语言学院出版社，1990 年。

［43］罗常培：《语言与文化：注释本》，北京：北京大学出版社，2009 年。

［44］毛泽东：《毛泽东选集》（第 1 卷），北京：人民出版社，1991 年。

［45］莫彭龄：《成语联想教学法初探》，上海：上海三联书店，2005 年。

［46］莫彭龄：《汉语成语与汉文化》，南京：江苏教育出版社，2001 年。

［47］倪宝元：《语言学与语文教育》，上海：上海教育出版社，1995 年。

［48］潘红：《英汉国俗词语例话》，上海：上海外语教育出版社，2005 年。

［49］彭增安：《语用·修辞·文化》，上海：学林出版社，1998 年。

［50］曲彦斌：《民俗语言学》，沈阳：辽宁教育出版社，1989 年。

［51］邵敬敏：《文化语言学中国潮》，北京：语文出版社，1995 年。

［52］邵敬敏：《现代汉语通论》，上海：上海教育出版社，2001 年。

［53］沈孟璎：《新词·新语·新义》，福州：福建教育出版社，1987 年。

［54］史锡尧、杨庆蕙：《现代汉语》，北京：北京师范大学出版社，1991 年。

［55］苏新春：《汉语词汇计量研究》，厦门：厦门大学出版社，2002 年。

［56］苏新春：《汉语词义学》（第二版），广州：广东教育出版社，1997 年。

［57］苏新春：《文化语言学教程》，北京：外语教学与研究出版社，2006 年。

［58］孙德金：《对外汉语词汇及词汇教学研究》，北京：商务印书馆，2006 年。

［59］谭汝为：《民俗文化语汇通论》，天津：天津古籍出版社，2004 年。

［60］万艺玲：《汉语词汇教学》，北京：北京语言大学出版社，2010 年。

［61］王冬龄：《画人学书概述》，北京：高等教育出版社，1989 年。

［62］王福祥、吴汉樱：《文化与语言（论文集）》，北京：外语教学与研究出版社，1994 年。

［63］王汉生：《现代汉语实用教程》，合肥：中国科学技术大学出版社，2009 年。

［64］王建勤：《汉语作为第二语言的学习者语言系统研究》，北京：商务印书馆，2006 年。

［65］王晓娜：《歇后语和汉文化》，北京：商务印书馆，2001 年。

［66］吴国华：《文化词汇学》，哈尔滨：黑龙江人民出版社，1996 年。

［67］吴友富：《国俗语义研究》，上海：上海外语教育出版社，1998 年。

［68］邢福义：《文化语言学》，武汉：湖北教育出版社，2000 年。

［69］许威汉：《汉语词汇学导论》，北京：北京大学出版社，2008 年。

［70］颜迈：《现代汉语复式教程》，北京：高等教育出版社，2009 年。

［71］杨承淑：《口译教学研究：理论与实践》，北京：中国对外翻译出版公司，
　　　2005 年。

［72］杨德峰：《汉语与文化交际》，北京：北京大学出版社，1999 年。

［73］杨贵雪、翟富生：《现代汉语教程》，北京：国防工业出版社，2009 年。

［74］杨寄洲：《汉语教程》，北京：北京语言大学出版社，2006 年。

［75］杨文全：《现代汉语》，重庆：重庆大学出版社，2010 年。

［76］姚淦铭：《汉字与书法文化》，南宁：广西教育出版社，1996 年。

［77］洪堡特：《洪堡特语言哲学文集》，姚小平译，长沙：湖南教育出版社，
　　　2001 年。

［78］游汝杰：《中国文化语言学引论》，上海：上海辞书出版社，2003 年。

［79］于根元：《应用语言学理论纲要》，北京：华语教学出版社，1999 年。

［80］俞理明：《语言迁移与二语习得——回顾、反思和研究》，上海：上海外
　　　语教育出版社，2004 年。

［81］张博：《基于中介语语料库的汉语词汇专题研究》，北京：北京大学出版
　　　社，2008 年。

［82］张岱年、方克立：《中国文化概论》，北京：北京师范大学出版社，2004 年。

［83］张公瑾、丁石庆：《文化语言学教程》，北京：教育科学出版社，2004 年。

［84］张和生：《对外汉语课堂教学技巧研究》，北京：商务印书馆，2006 年。

［85］张维鼎：《语言文化纵论》，成都：四川辞书出版社，2002 年。

［86］张志公：《现代汉语：试用本》，北京：人民教育出版社，1982 年。

［87］赵爱国、姜雅明：《应用语言文化学概论》，上海：上海外语教育出版社，
　　　2003 年。

［88］赵金铭：《对外汉语教学概论》，北京：商务印书馆，2004年。

［89］中国对外汉语教学学会：《中国对外汉语教学学会第五次学术讨论会论文选》，北京：北京语言学院出版社，1996年。

［90］周小兵、李海鸥：《对外汉语教学入门》，广州：中山大学出版社，2004年。

［91］周芸、邓瑶、周春林：《现代汉语导论》，北京：北京大学出版社，2011年。

［92］朱芳华：《对外汉语教学难点问题研究与对策》，厦门：厦门大学出版社，2006年。

［93］兹维金采夫：《普通语言学纲要》，伍铁平、马福聚、汤庭国等译，北京：商务印书馆，1981年。

二、辞书类

［1］国家对外汉语教学领导小组办公室：《高等学校外国留学生汉语教学大纲：短期强化》，北京：北京语言文化大学出版社，2002年。

［2］国家对外汉语教学领导小组办公室汉语水平考试部：《汉语水平等级标准与语法等级大纲》，北京：高等教育出版社，1996年。

［3］《汉语国际教育用音节汉字词汇等级划分》课题组：《汉语国际教育用音节汉字词汇等级划分》，北京：北京语言大学出版社，2010年。

［4］国家汉语水平考试委员会办公室考试中心：《汉语水平词汇与汉字等级大纲》，北京：经济科学出版社，2001年。

［5］胡文仲：《英美文化辞典》，北京：外语教学与研究出版社，1995年。

［6］许慎：《说文解字：插图足本》，北京：九州出版社，2001年。

［7］中国社会科学院语言研究所词典编辑室：《现代汉语词典》（第6版），北京：商务印书馆，2012年。

三、期刊论文类

［1］毕继万：《"貌合神离"的词语文化涵义对比研究》，《外语与外语教学》2000年第9期，第17-20,23页。

[2] 毕继万：《"礼貌的语用悖论"与礼貌的文化差异》，《语言建设》1996年第6期，第24-26页。

[3] 蔡建平：《文化感知对语义的影响》，《外语与外语教学》1997年第3期，第19-21页。

[4] 蔡丽、贾益民：《海外华语教材选词共性分析》，《暨南学报(人文科学与社会科学版)》2004年第2期，第109-112,141页。

[5] 蔡忠元：《英汉语数字文化对比研究》，《山东外语教学》2009年第30卷第3期，第3-9页。

[6] 曹琪、余晓强：《"女"字文化内涵探析》，《鸡西大学学报》2012年第12卷第10期，第123-125页。

[7] 陈光磊：《语言教学与文化背景知识的相关性》，《语言教学与研究》1987年第2期，第125-133,160页。

[8] 陈光磊：《语言教学中的文化导入》，《语言教学与研究》1992年第3期，第19-30页。

[9] 陈灼：《制订〈中级汉语课程词汇大纲〉的原则及理论思考》，《语言教学与研究》1995年第4期，第47-57页。

[10] 程棠：《关于"结构——功能——文化相结合"的教学原则的思考》，《世界汉语教学》1996年第4期，第81-93页。

[11] 戴文静、任晓霏：《从林语堂〈吾国与吾民〉国俗语翻译看其翻译的现代性》，《沈阳农业大学学报(社会科学版)》2010年第1期，第113-115页。

[12] 戴欣欣、常荣：《谈英汉语言中动物文化的异同》，《海外英语》2010年第7期，第225-226,228页。

[13] 邓恩明：《编写对外汉语教材的心理学思考》，《语言文字应用》1998年第2期，第58-64页。

[14] 董金权、徐柳凡：《传统节日文化的内涵回归与外延伸展》，《中国国情国力》2008年第7期，第48-51页。

[15] 杜世洪：《汉语国俗语的几例英译问题剖析》，《长春大学学报》2006

年第 7 期，第 36–38 页。

［16］段德斌：《几种学习方式之比较》，《当代教育论坛（宏观教育研究）》
2003 年第 3 期，第 89–90 页。

［17］伏春宇：《文化词汇研究综观》，《河北理工大学学报 (社会科学版)》
2011 年第 3 期，第 109–112 页。

［18］葛中华：《文化考察的新视角：语言文化与超语言文化》，《汉语学习》
1994 年第 3 期，第 55–59 页。

［19］顾曰国：《礼貌、语用与文化》，《外语教学与研究》1992 年第 4 期，
第 10–17,80 页。

［20］洪波：《对外汉语成语教学探论》，《中山大学学报论丛》2003 年第 2 期，
第 297–300 页。

［21］胡翠娜：《洪堡特关于语言民族特性的研究》，《陕西师范大学学报 (哲
学社会科学版)》2006 年第 S1 期，第 323–325 页。

［22］胡明扬：《对外汉语教学中的文化因素》，《语言教学与研究》1993 年第 4 期，
第 103–108 页。

［23］胡文仲：《试论跨文化交际研究》，《语言文字应用》1992 年第 3 期，
第 71–75 页。

［24］胡艳霞、贾瑞光：《满族与蒙古族语言文化互动研究》，《满族研究》
2013 年第 2 期，第 111–113 页。

［25］黄振定：《西学中译与语言文化互动——例析〈论自由〉的不同译本》，
《外国语 (上海外国语大学学报)》2002 年第 3 期，第 74–78 页。

［26］吉颙、杨秀英：《汉语称谓词研究的力作——〈汉语称谓大词典〉评述》，
《中国图书评论》2003 年第 10 期，第 32–33 页。

［27］贾淑华：《文化词的分类及其词典释义中的翻译原则》，《牡丹江大学学
报》2010 年第 6 期，第 46–48 页。

［28］臧加香、彭利元：《从自然空间看相关文化词汇的表达》，《湖南科技学
院报》2009 年第 7 期，第 163–165 页。

［29］北京大学汉语语言学研究中心《语言学论丛》编委会：《语言学论丛（第三十八辑）》，北京：商务印书馆，2008 年。

［30］康艳红、董明：《初级对外汉语教材的词汇重现率研究》，《语言文字应用》2005 年第 4 期，第 94–99 页。

［31］黎昌抱、邵伟国：《英、汉姓名的国俗差异》，《四川外语学院学报》1997 年第 1 期，第 69–75 页。

［32］李大农：《韩国留学生"文化词"学习特点探析——兼论对韩国留学生的汉语词汇教学》，《南京大学学报（哲学·人文科学·社会科学）》2000 年第 5 期，第 142–147 页。

［33］李开：《对外汉语教学中的词汇教学与设计》，《语言教学与研究》2002 年第 5 期，第 55–58 页。

［34］李丽生、马艳：《谈外语教学中的文化词语教学》，《云南师范大学学报（哲学社会科学版）》1998 年第 1 期，第 81–85 页。

［35］李清华：《〈汉语水平词汇与汉字等级大纲〉的词汇量问题》，《语言教学与研究》1999 年第 1 期，第 50–59 页。

［36］李泉、金允珍：《论对外汉语教材的科学性》，《语言文字应用》2008 年第 4 期，第 108–117 页。

［37］李泉：《近 20 年对外汉语教材编写和研究的基本情况述评》，《语言文字应用》2002 年第 3 期，第 100–106 页。

［38］李泉：《论对外汉语教材的实用性》，《语言教学与研究》2007 年第 3 期，第 28–35 页。

［39］李如龙、吴茗：《略论对外汉语词汇教学的两个原则》，《语言教学与研究》2005 年第 2 期，第 41–47 页。

［40］李绍林：《〈等级大纲〉与汉语教材生词的确定》，《汉语学习》2006 年第 5 期，第 54–59 页。

［41］李树新：《论人名题材熟语的文化特性》，《内蒙古大学学报（哲学社会科学版）》2009 年第 4 期，第 128–132 页。

［42］李恕仁：《汉语熟语的民族性与时代性》，《云南民族学院学报（哲学社会科学版）》1995年第3期，第90–94页。

［43］李维清：《英语中有关apple的趣味习语》，《中国科技翻译》2004年第1期，第55–57页。

［44］李行健：《〈现代汉语通用词表〉（国家标准）的研制工作》，《语言文字应用》2000年第2期，第86–89页。

［45］李月松：《汉语动物词语之国俗语义研究》，《汉语学习》2008年第6期，第106–112页。

［46］连晓慧：《隐喻思维与中西方节日隐喻研究》，《河南社会科学》2011年第4期，第212–214页。

［47］林国立：《对外汉语教学中文化因素的定性、定位与定量问题刍议》，《语言教学与研究》1996年第1期，第100–107页。

［48］林国立：《构建对外汉语教学的文化因素体系——研制文化大纲之我见》，《语言教学与研究》1997年第1期，第18–29页。

［49］刘长征、秦鹏：《基于中国主流报纸动态流通语料库（DCC）的成语使用情况调查》，《语言文字应用》2007年第3期，第78–86页。

［50］刘长征：《〈词汇大纲〉与2005媒体高频词语比较研究》，《云南师范大学学报（对外汉语教学与研究版）》2007年第3期，第14–19页。

［51］刘宏：《试论语言与文化应用研究的相关理论基础》，《外语与外语教学》2008年第12期，6–11页。

［52］刘孟兰、姜凌：《外语教学中的知识文化与交际文化》，《黑龙江教育学院学报》2002年第1期，第80–81页。

［53］刘珣：《新一代对外汉语教材的展望——再谈汉语教材的编写原则》，《世界汉语教学》1994年第1期，第58–67页。

［54］刘振前：《汉语四字格成语平仄搭配的对称性与认知》，《山东大学学报（哲学社会科学版）》2004年第4期，第44–51页。

［55］娄毅：《关于AP汉语与文化教材文化内容设计的几点思考》，《语言文

字应用》2006 年第 S1 期，第 93-98 页。

［56］陆夏波、乔秋颖：《偏正式成语的韵律问题初探》，《常州工学院学报（社科版）》2013 年第 2 期，第 60-63 页。

［57］吕慧芳：《语言与文化的关系——从词汇的角度看语言与文化的亲密关系》，《科学导报》2014 年第 8 期，第 243 页。

［58］吕文华：《对外汉语教材语法项目排序的原则及策略》，《世界汉语教学》2002 年第 4 期，第 86-95 页。

［59］毛华奋：《论语义的国俗性与国俗词语的可译性》，《杭州大学学报（哲学社会科学版）》1994 年第 3 期，第 119-126 页。

［60］毛静林、董伟娟：《文化负载词"红语"的解读及英译》，《台州学院学报》2008 年第 2 期，第 47-50 页。

［61］梅立崇：《汉语国俗词语刍议》，《世界汉语教学》1993 年第 1 期，第 33-38 页。

［62］彭正银：《语言认知与文化互动浅论》，《外语与外语教学》2005 年第 9 期，第 10-12 页。

［63］浦小君：《外语教学与跨文化交际技能》，《外语界》1991 年第 2 期，第 25-30 页。

［64］戚雨村：《语言·文化·对比》，《外语研究》1992 年第 2 期，第 3-10 页。

［65］齐沛：《对外汉语教材再评述》，《语言教学与研究》2003 年第 1 期，第 58-61 页。

［66］钱润池：《简论对外汉语词汇教学中的语素义教学》，《暨南大学华文学院学报》2004 年第 2 期，第 33-36 页。

［67］申小龙：《汉语言文化特征探析》，《学习与探索》1988 年第 3 期，第 73-81 页。

［68］申小龙：《论人类思维与文化的语言性》，《益阳师专学报》1990 年第 4 期，第 31-36 页。

［69］沈孟璎：《汉语新的词缀化倾向》，《南京师大学报》1986 年第 4 期，

第 93-99 页。

［70］沈孟缨：《修辞方式的渗入与新词语的创造》,《山东大学学报（哲学社会科学版）》1988 年第 3 期, 第 93-101 页。

［71］施仲谋：《中华文化教学系统化探索》,《云南师范大学学报 (对外汉语教学与研究版)》2009 年第 2 期, 第 13-17 页。

［72］史有为：《对外汉语教学最低量基础词汇试探》,《语言教学与研究》2008 年第 1 期, 第 73-81 页。

［73］杨彩梅、宁春岩：《人类语言的生物遗传属性》,《现代外语》2002 年第 1 期, 第 103-110 页。

［74］束定芳：《语言·文化·外语教学》,《山东外语教学》1988 年第 2 期, 第 10-17 页。

［75］苏宝荣：《词的语言意义、文化意义与辞书编纂》,《辞书研究》1996 年第 4 期, 第 1-8 页。

［76］苏新春：《对外汉语词汇大纲与两种教材词汇状况的对比研究》,《语言文字应用》2006 年第 2 期, 第 103-111 页。

［77］苏新春：《计量方法在词汇研究中的作用及频级统计法》,《长江学术》2007 年第 2 期, 第 118-124 页。

［78］苏新春：《文化词语词典的收词与释义》,《辞书研究》1995 年第 5 期, 第 38-44 页。

［79］万璐璐：《中英日色彩词的文化象征意义对比——以"黑、白"为例》,《黑河学刊》2010 年第 10 期, 第 67 页。

［80］万艺玲：《对外汉语词义教学中的两个问题》,《语言教学与研究》1997 年第 3 期, 第 51-60 页。

［81］王秉钦：《文化与翻译三论——三论词的文化伴随意义与翻译》,《外语教学》1993 年第 1 期, 第 37-43 页。

［82］王海平：《"文化词语" 和"国俗词语" 的概念及其翻译》,《天水师范学院学报》2010 年第 6 期, 第 73-75 页。

［83］王希杰：《关于词义的层次性问题的思索》，《汉语学习》1995 年第 3 期，第 4-8 页。

［84］王一涛：《从方言词语的文化意蕴看语言与文化的关系——以山西方言为例》，《社会科学家》2012 年第 7 期，第 153-156 页。

［85］王玉英：《社会生活与新词新语》，《浙江树人大学学报》2001 年第 3 期，第 43-46 页。

［86］魏春木、卞觉非：《基础汉语教学阶段文化导入内容初探》，《世界汉语教学》1992 年第 1 期，第 54-60 页。

［87］肖模艳：《面向对外汉语教学的国俗词语释义方法研究》，《长春师范学院学报 (人文社会科学版)》2010 年第 6 期，第 128-132 页。

［88］谢荣：《论词的文化义》，《韩山师专学报》1992 年第 2 期，第 93-98 页。

［89］谢少万：《语言中的人类精神与民族精神——对洪堡特语言世界观的再认识》，《广西社会科学》2008 年第 2 期，第 152-155 页。

［90］徐婷婷：《论王渔洋诗歌连绵词运用的艺术》，《宁波教育学院学报》2010 年第 4 期，第 63-66 页。

［91］许其潮：《常规关系意识：文化教学的关键》，《外语与外语教学》1998 年第 3 期，第 8-11 页。

［92］许威汉、徐时仪：《语言文化差异的比较——双语词典编纂的灵魂》，《外语与外语教学》1998 年第 8 期，第 53-55 页。

［93］杨德峰：《初级汉语教材语法点确定、编排中存在的问题——兼议语法点确定、编排的原则》，《世界汉语教学》2001 年第 2 期，第 81-88 页。

［94］杨国章：《文化教学的思考与文化教材的设计》，《世界汉语教学》1991 年第 4 期，第 237-239 页。

［95］杨寄洲：《编写初级汉语教材的几个问题》，《语言教学与研究》2003 年第 4 期，第 52-57 页。

［96］杨金成：《试论对外汉语教学目标分类》，《汉语学习》2006 年第 1 期，第 56-59 页。

[97] 杨明、尹平：《英语文化词的含义与其来源关系》，《重庆科技学院学报（社会科学版）》2008 年第 8 期，第 167–168 页。

[98] 杨跃：《谈文化词的翻译》，《华北科技学院学报》2002 年第 3 期，第 96–98 页。

[99] 叶洪：《跨文化外语教学中的"内文化交际"研究与实践》，《外国语文》2012 年第 3 期，第 114–117 页。

[100] 余丽华、付香平：《语言与文化的关系及其在交际中的作用》，《江西社会科学》2008 年第 12 期，第 207–209 页。

[101] 袁嘉：《汉语交际文化与对外汉语语法教学》，《西南民族学院学报（哲学社会科学版）》2001 年第 7 期，第 215–218 页。

[102] 袁平华、俞理明：《加拿大沉浸式双语教育与美国淹没式双语教育》，《比较教育研究》2005 年第 8 期，第 86–90 页。

[103] 曾剑平、张玲玉：《论词语的文化性》，《江西社会科学》2001 年第 1 期，第 99–101 页。

[104] 曾昭聪：《一种特殊的文化词语——数词词素参与构成的詈词特点及其语源分析》，《汉字文化》2005 年第 4 期，第 22–24 页。

[105] 张高翔：《对外汉语教学中的文化词语》，《云南师范大学学报》2003 年第 3 期，第 61–65 页。

[106] 张华：《文化负载词及其教学方法》，《山东师范大学外国语学院学报（基础英语教育）》2007 年第 3 期，第 52–55 页。

[107] 张慧晶：《试论汉语词语的文化附加义》，《汉语学习》2003 年第 3 期，第 45–48 页。

[108] 张捷鸿：《对外汉语高级阶段的词汇教学》，《山东师大学报（社会科学版）》1996 年第 5 期，第 103–106 页。

[109] 张丽平、郝素贞：《论中西数字文化内涵之迥异》，《河北学刊》2010 年第 1 期，第 250–252 页。

[110] 张绍杰：《语言研究与语言研究方法》，《东北师大学报》1996 年第 3 期，

第 72–76 页。

[111] 张绍麒：《词义的文化标记及其在跨文化交际中的语用策略》，《烟台师范学院学报（哲学社会科学版）》2001 年第 1 期，第 74–82 页。

[112] 张占一、毕继万：《如何理解和揭示对外汉语教学中的文化因素》，《语言教学与研究》1991 年第 4 期，第 113–123 页。

[113] 张占一：《交际文化琐谈》，《语言教学与研究》1992 年第 4 期，第 96–114 页。

[114] 张志强：《双语词典中的"文化词语"释义》，《四川外语学院学报》2002 年第 1 期，第 123–124 页。

[115] 赵虹、赵庭弟：《广告语创作中的语言文化互动现象》，《南平师专学报》2006 年第 3 期，第 107–109 页。

[116] 赵金铭：《论对外汉语教材评估》，《语言教学与研究》1998 年第 3 期，第 4–19 页。

[117] 赵明：《对俄汉语文化词教学初探》，《中国校外教育（理论）》2008 年第 S1 期，第 399–400 页。

[118] 赵世开：《语言研究中的观念变化：回顾和展望》，《外国语（上海外国语大学学报）》2000 年第 2 期，2–6 页。

[119] 赵淑梅：《对外汉语教学中民俗文化语汇的渗入与导读》，《辽宁教育行政学院学报》2008 年第 9 期，第 100–102 页。

[120] 赵贤洲：《文化差异与文化导入论略》，《语言教学与研究》1989 年第 1 期，第 76–83 页。

[121] 赵振臻：《英汉国俗词语成因探析》，《开封教育学院学报》2011 年第 2 期，第 87–89 页。

[122] 赵忠江：《对外汉语"词的文化义"教学几个基本问题解析》，《理论界》2010 年第 4 期，第 170–173 页。

[123] 郑柳依：《从翻译中的"文化流失"论语言与文化的关系》，《中南民族大学学报（人文社会科学版）》2012 年第 6 期，第 177–180 页。

[124] 周洪波：《修辞现象的词汇化——新词语产生的重要途径》，《语言文字应用》1994 年第 1 期，第 39–42 页。

[125] 周小兵、刘娅莉：《初级汉语综合课教材选词考察》，《语言教学与研究》2012 年第 5 期，第 26–33 页。

[126] 周一民：《新词新义的收录与规范》，《语言文字应用》2003 年第 4 期，第 65–72 页。

[127] 朱晓文：《称谓语的多角度研究》，《修辞学习》2005 年第 4 期，第 72–74 页。

[128] 朱永锴、林伦伦：《二十年来现代汉语新词语的特点及其产生渠道》，《语言文字应用》1999 年第 2 期，第 18–24 页。

[129] 朱志平、江丽莉、马思宇：《1998—2008 十年对外汉语教材述评》，《北京师范大学学报（社会科学版）》2008 年第 5 期，第 131–137 页。

四、学位论文类

[1] 奥其尔：《蒙汉语颜色词之国俗语义对比研究》，上海外国语大学博士论文，2007 年。

[2] 车路路：《秦皇岛方言在英语语音习得中的负迁移现象研究》，内蒙古师范大学硕士论文，2013 年。

[3] 陈敬玺：《国际汉语语言交际能力论——以韩国和泰国的学习者为例》，陕西师范大学博士论文，2012 年。

[4] 陈璐珊：《对外汉语初级精读教材文化项目导入考察与分析》，复旦大学硕士论文，2012 年。

[5] 陈舒：《中国学生俄语习作中汉语句法负迁移现象研究》，西北师范大学硕士论文，2009 年。

[6] 陈思：《从汉英词义不对等现象看文化因素在对外汉语教学中的影响》，中央民族大学硕士论文，2012 年。

[7] 成理理：《对外汉语教材中的交际文化编写研究——以〈发展汉语〉系列

教材为例》，南京师范大学硕士论文，2011 年。

[8] 代莉娟：《对外汉语教学初级阶段文化因素导入研究——以〈汉语教程〉为例》，新疆师范大学硕士论文，2013 年。

[9] 丁志斌：《语言调查词表研究》，上海师范大学博士论文，2012 年。

[10] 杜佳：《跨文化交际下的对韩汉语词汇教学策略》，广西师范大学硕士论文，2012 年。

[11] 冯婷：《文化元素在对外汉语教学中的作用研究》，华中师范大学硕士论文，2011 年。

[12] 干科安：《初、中级对外汉语教材之中国文化词语及其教学研究——以〈新实用汉语课本〉和〈成功之路〉为例》，浙江大学硕士论文，2012 年。

[13] 甘瑞瑗：《国别化“对外汉语教学用词表”制定的研究：以韩国为例》，北京语言大学博士论文，2004 年。

[14] 郭静：《对外汉语成语教学研究》，中国海洋大学硕士论文，2011 年。

[15] 郭奕晶：《反义相成词探究》，山东师范大学硕士论文，2000 年。

[16] 韩晶：《从文化词教学看文化因素对外国学生汉语学习的影响——以泰国教学实践为例》，南京师范大学硕士论文，2009 年。

[17] 何峰：《〈东方韵味——中国文化泛读教程〉的教材分析》，浙江师范大学硕士论文，2012 年。

[18] 洪晓静：《从文化词语看文化因素对母语为英语的汉语学习者之影响——以汉语国俗词语和汉英不等值词的问卷调查与分析为例》，厦门大学硕士论文，2008 年。

[19] 胡鹤宁：《跨文化视角下对外汉语教学中节日类名词研究》，华中师范大学硕士论文，2012 年。

[20] 黄海萍：《〈汉语新目标〉中文化项目的考察分析》，黑龙江大学硕士论文，2013 年。

[21] 黄筠：《对外汉语综合课教学中的成语教学》，湖南师范大学硕士论文，2012 年。

[22] 纪苏娜：《论汉英翻译中的"中式英语"及翻译对策——以家庭教育材料的英译为例》，湖南师范大学硕士论文，2012 年。

[23] 姜美玉：《从若干汉语文化词语看文化因素对韩国学生汉语学习的影响》，北京语言文化大学硕士论文，2000 年。

[24] 李冰：《论对韩汉语成语教学参照表的制定》，山东师范大学硕士论文，2012 年。

[25] 李东平：《〈汉语主题词表〉的词汇学分析》，天津师范大学硕士论文，2003 年。

[26] 李光群：《对外汉语中级文化教材研究——以〈文化全景〉和〈中国人的故事〉为例》，安徽大学硕士论文，2012 年。

[27] 李莉：《国俗语义的认知阐释》，上海外国语大学博士论文，2006 年。

[28] 李栗纬：《交际文化词语对留学生词义获得的影响》，四川师范大学硕士论文，2012 年。

[29] 李璘：《非汉字文化圈留学生汉语成语理解调查与分析》，华中师范大学硕士论文，2011 年。

[30] 李宁：《〈汉语国际教育用音节汉字词汇等级划分〉中的文化词语研究》，辽宁师范大学硕士论文，2012 年。

[31] 李善容：《试论新词新语的生命力》，中国社会科学院研究生院硕士论文，2001 年。

[32] 李毓贤：《泰国高校初级汉语教材词汇选编研究》，浙江大学硕士论文，2009 年。

[33] 李月松：《汉日动物词之国俗语义对比研究》，上海外国语大学博士论文，2008 年。

[34] 廖长敬：《对外汉语中级阶段教材中的文化因素研究》，黑龙江大学硕士论文，2011 年。

[35] 廖继彦：《近三十年新词新语研究》，四川师范大学硕士论文，2011 年。

[36] 林家琦：《对外汉语教学中的成语教学问题》，黑龙江大学硕士论文，2012 年。

[37] 林晓凤：《韩国高中汉语教学大纲及现行汉语教材分析》，山东大学硕士论文，2011 年。

[38] 刘雁玲：《对外汉语初级教材文化项目的编排研究》，厦门大学硕士论文，2007 年。

[39] 刘阳：《"隐性小词表 + 专业小词库"的自动分词技术研究》，湖南师范大学硕士论文，2007 年。

[40] 刘羽佳：《母语对俄罗斯留学生汉语判断句习得的迁移影响研究》，新疆师范大学硕士论文，2013 年。

[41] 于波：《对外汉语教学中成语教学的研究》，黑龙江大学硕士论文，2014 年。

[42] 孟鹏丽：《对外汉语文化词语及其教学研究》，陕西师范大学硕士论文，2012 年。

[43] 彭晓：《当代汉语词汇新质研究——以改革开放以来的词汇新质为例》，四川大学博士论文，2010 年。

[44] 朴点熙：《七种汉语教材选词分析》，北京语言文化大学硕士论文，2000 年。

[45] 秦思：《对韩汉语词汇教学中韩国汉字词的迁移作用及教学策略》，黑龙江大学硕士论文，2012 年。

[46] 盛译元：《美国高校汉语教材研究》，中央民族大学博士论文，2013 年。

[47] 宋静：《对外汉语教学中的文化词语教学》，辽宁大学硕士论文，2012 年。

[48] 宋颖：《对外汉语词汇教学的方法探究》，郑州大学硕士论文，2012 年。

[49] 苏丽：《对外汉语综合课成语教学初探》，天津大学硕士论文，2011 年。

[50] 孙红：《面向泰国汉语教学"国别化"词表的研制》，暨南大学硕士论文，2009 年。

[51] 孙昕：《对外汉语教学中交际文化因素的分析及教学对策研究》，山东师范大学硕士论文，2012 年。

[52] 万兵：《面向二语学习者的汉语成语教学大纲研究》，山东大学硕士论文，2013 年。

[53] 万日升：《对泰汉语初级阶段教学词表研究》，厦门大学硕士论文，2008 年。

［54］王江英：《对外汉语教学及教材的俗语研究》，中国海洋大学硕士论文，
2012 年。

［55］王美玲：《对外汉语文化语用教学研究》，陕西师范大学博士论文，2010 年。

［56］王美玲：《试论对外汉语教学中的成语教学》，湖南师范大学硕士论文，
2004 年。

［57］王敏：《对外汉语词汇教学的国俗语义视角》，上海外国语大学硕士论文，
2012 年。

［58］王平：《浅析对外汉语教材中文化项目的选取与编排——以〈桥梁〉为例》，
河北大学硕士论文，2013 年。

［59］王萍：《对外汉语中级精读教材文化项目导入研究》，东北师范大学硕士
论文，2009 年。

［60］王琼：《语言迁移理论及俄语教学实践》，东北师范大学硕士论文，2006 年。

［61］王小溪：《对外汉语教学中的文化词语研究——以〈（汉语水平）词汇等
级大纲〉为例》，安徽大学硕士论文，2009 年。

［62］王艳霞：《试论对外汉语教学中交际文化的教学》，黑龙江大学硕士论文，
2012 年。

［63］卫寒夕：《对外汉语教学中的国俗词语》，四川师范大学硕士论文，2011 年。

［64］吴平：《文化模式与对外汉语词语教学》，中央民族大学博士论文，2006 年。

［65］谢代：《从〈新实用汉语课本〉谈对外汉语教材的编写》，湖南师范大学
硕士论文，2012 年。

［66］谢佳贝：《两岸典型对外汉语中级教材比较研究——以〈新版实用视听华
语〉及〈发展汉语〉为例》，西南大学硕士论文，2013 年。

［67］杨绪明：《当代汉语新词族研究》，四川大学博士论文，2009 年。

［68］杨元刚：《英汉词语文化语义对比研究》，华东师范大学博士论文，2005 年。

［69］叶雯雯：《对外汉语口语教材（初、中级）的敬词研究》，华中师范大学
硕士论文，2012 年。

［70］李蒙蒙：《对外汉语初级阶段教材中的文化因素融入研究》，华中师范大

学硕士论文，2012 年。

[71] 伊志：《基于〈博雅汉语〉教材的文化因素调查研究》，新疆师范大学硕士论文，2012 年。

[72] 易玉叶：《论对外汉语教材交际文化项目的编写》，华中师范大学硕士论文，2013 年。

[73] 尹颖：《面向对外汉语教学的成语教学研究》，曲阜师范大学硕士论文，2013 年。

[74] 曾伟英：《中高级阶段对外汉语国俗语义教学调查研究》，西南大学硕士论文，2011 年。

[75] 张梦瑶：《对外汉语教材中的文化内容教学研究——以〈体验汉语〉教材为例》，广西大学硕士论文，2013 年。

[76] 张素玲：《新时期以来的新词语发展研究》，天津师范大学硕士论文，2008 年。

[77] 张威：《高级汉语综合课中的文化因素研究》，黑龙江大学硕士论文，2011 年。

[78] 张文：《北方官话 200 词表比较》，厦门大学硕士论文，2008 年。

[79] 张雪英：《〈高等学校外国留学生汉语教学大纲〉中的文化词研究》，沈阳师范大学硕士学位论文,2010 年。

[80] 张再红：《词汇文化语义的认知研究》，华中科技大学博士论文，2009 年。

[81] 章岑：《对外汉语教学中的文化因素教学方法研究》，华中师范大学硕士论文，2011 年。

[82] 赵丹：《国俗语义对比研究：语义分析及英汉互译策略》，广西师范大学硕士论文，2000 年。

[83] 赵熙罗：《韩国高中生汉语教学用词表研究》，东北师范大学硕士学位论文，2009 年。

[84] 周萧：《中高级留学生四字格汉语成语习得研究——基于中介语语料库》，中山大学硕士论文，2010 年。

[85] 周扬：《初级汉语综合教材研究——〈博雅汉语—初级起步篇〉与〈发展汉语—初级汉语〉的比较》，东北师范大学硕士论文，2010 年．

［86］周宇颂：《新 HSK（六级）中成语的分析研究》，辽宁师范大学硕士论文，
　　　　2012 年。

［87］朱长文：《对外汉语文化教材中知识文化项目的分析研究——以〈21 世
　　　　纪对外汉语教材—中国文化〉等为个案》，西北师范大学硕士论文，2013 年。

后记

本书是在我博士论文基础上修改而成。虽隔了几年，但是所研究的内容、所使用的材料还未过时，对中文教育还有实际借鉴意义，也想给博士求学阶段一个交代，最后决定将博士论文出版。

首先，我要感谢我的导师杨文全教授。杨老师治学严谨，亲切和蔼，他的言传身教对我有着极其深刻的影响。在我选题迷茫的时候，杨老师从下午两点到晚上八点，细心与我讨论，结合我的学科背景、兴趣爱好，帮我选定了这个论文题目，当我提出和杨老师共进晚餐时，老师欣然同意，但坚持只要一碗清汤抄手。那一刻，我再一次真切感受到了杨老师深厚的学术功底，诲人不倦的育人态度，以及崇高的师德。在论文写作的过程中，杨老师不断鼓励我要克服困难，完成学业，对我的论文有问必答，细心周全，针对论文提出了不少建设性的提议，为我论文的撰写开启了一盏引路明灯。论文的收笔，离不开杨老师悉心的指导。

我非常感谢我的硕士生导师刘荣教授。是刘荣教授将我领入汉语教学的大门，悉心教授我对外汉语的专业知识和对外汉语教学过程中的习得和技巧，使我对汉语国际教育专业产生了浓厚的兴趣，对教学工作有了更多的感悟和理解，我能从事汉语教学工作，永不会忘记刘老师的引领之恩。即便是毕业了，刘老师也从未间断过对我的关心，为我提供参加会议的机会，关心我的工作和生活。包括考博一事，都受到了刘老师的督促与鼓励。刚拜入刘老师门下的时候，感觉刘老师是一位要求苛刻的严师，但一路走来，真切体会到刘老师对学生的一颗赤诚之心。

我要感谢俞理明教授、雷汉卿教授。俞老师是一个实实在在的人，无论是学术上还是做人上，他的一言一行都真真正正、时时刻刻地影响着我，告诉我踏实做人的质朴却受用一生的为人处世的道理。雷老师为人和蔼风趣，对学术一丝不苟，和雷老师相见更多的是在聆听师兄师姐毕业论文的答辩会上。从雷老师的建议中，我总是自我比照，透过雷老师，我发现了自己学术上的不足和更加努力的动力。

我要感谢赵振铎先生、向熹先生、项楚先生，几位先生通过授课、讲座为我们传递知识和做人的道理，让我觉得真正的学者永远都不是高高在上，而是生活中的朴素，学术中的华美，各位先生身体力行地告诉着我们一个道理：做学术如同做人，耐得住学术冷板凳，才能换得学术的些许成就。感谢四川大学文学与新闻学院让我们接触到了这么多位可尊可敬的老师，为我们提供了良好的求学氛围。

我要感谢我的博士生同学杨锦芬、邱艳萍、黄弋桓、刘俊超、陈颖彦、魏海平、李韵、陈爱香、饶冬梅、陈家春、薛宝生，我们在学习上相互敦促，在生活上相互照顾，共励共勉。我要感谢我的硕士生同学兼好友朱燕、王海燕、杨莉、舒勤、白巧燕、吕彦，特别是吕彦同学，包揽了我答辩所有的准备工作，解决了我身在外地的诸多困难。从同学到朋友，我们是彼此倾诉的对象，愿意分享并分担点滴的开心与不开心，在论文写作中，感谢你们对我的鼓励与安慰，赶走我的慵懒与懈怠，让我找到鼓起勇气的力量。我永远爱你们！

我要感谢昆明理工大学国际学院的领导陆建生教授、沈玲教授、谭一红副院长、纪红江副院长。陆老师是领导，也是长辈，他工作上要求严格，生活上却对我们晚辈关怀备至，在求学的过程中，陆老师处处为我考虑，提供方便，一次又一次地接受我的不情之请。沈老师为人谦和友善，对学院的教职工关心备至，让我们感受到了集体的温暖。谭老师是我到昆明理工大学工作的第一位直接领导，与其说是领导，我更愿叫一声谭大姐，工作中的提点，生活中的关心，总是让我受宠若惊，她一直鼓励我工作上进和积极生活。纪老师年轻有为，未长我几岁，已是外事处副处长兼国际学院副院长。纪老师像一位大哥一样关心着我，督促我进步。我要感谢刘红老师，为我提供呈贡校区的办公室，让我在颠沛流离的论文撰写过程中，最终能有一个栖身之所，安心写作。

我要感谢我的家人，他们从未要求过我什么，反而是尽量满足我的任何要求，对我作的任何决定都是无条件的支持。中国古训"父母在，不远游"，现在父母年迈，而我却在千里之外工作，不能身边常侍，内心愧疚万分。父母从未要求我回家工作，每次电话中，叮嘱我的只是好好吃饭，好好睡觉。我是家中最小的孩子，也是得到爱最多的孩子。我的哥哥姐姐无怨无悔地担起照顾父母的责任，给我追求梦想的空间，为了家庭，他们放弃了很多，很多时候，我总觉得是我剥夺了他们追求自己理想生活的权利。我能做的只有让自己过得更好，让我的家人过得更好，这是我的心愿，也是我义不容辞的责任。好在父母身体康健，哥哥姐姐生活稳定幸福，心中也多了一份安慰。你们是我一生前进和奋斗的永恒动力，我永远爱你们！

我要特别感谢同事兼好友郑佳佳老师。我们总是调侃佳佳是一位胸怀世界的人，因为她总是希望身边的每一位亲人朋友都能拥有她理想中的美好生活。也正因如此，她关心着身边每一位她能够关心到的人。而我，是幸运中的幸运者。佳佳、嘎子哥、叔叔、阿姨，待我如家人，让我远离父母、独自在外时，时时刻刻感受着家庭的温暖，谢谢你们，我也爱你们。我还要祝小渝开心、健康地成长。

谢谢所有关心、帮助过我的亲人朋友们。

李步军

2024 年 2 月于昆明理工大学